Suchen und Finden im Intern

Außerdem erschienen:

A. Picot, S. Doeblin (Hrsg.)
eCompanies – gründen, wachsen, ernten
ISBN 3-540-67726-7. 2001. IX, 160 S.

A. Picot, H.-P. Quadt (Hrsg.)
Verwaltung ans Netz!
ISBN 3-540-41740-0. 2001.
IX, 201 S.

J. Eberspächer, U. Hertz (Hrsg.)
Leben in der e-Society
ISBN 3-540-42724-4. 2002.
IX, 235 S.

J. Eberspächer (Hrsg.)
Die Zukunft der Printmedien
ISBN 3-540-43356-2. 2002.
VIII, 246 S.

A. Picot (Hrsg.)
Das Telekommunikationsgesetz auf dem Prüfstand
ISBN 3-540-44140-9. 2003.
VIII, 161 S.

M. Dowling, J. Eberspächer,
A. Picot (Hrsg.)
eLearning in Unternehmen
ISBN 3-540-00543-9. 2003.
VIII, 154 S.

J. Eberspächer, A. Ziemer (Hrsg.)
Video Digital – Quo vadis Fernsehen?
ISBN 3-540-40238-1. 2003.
VIII, 140 S.

A. Picot (Hrsg.) **Digital Rights Management**
ISBN 3-540-40598-4. 2003. V, 153 S.

J. Eberspächer, H.-P. Quadt (Hrsg.)
Breitband-Perspektiven
ISBN 3-540-22104. 2004.
VIII, 186 S.

A. Picot, H. Thielmann (Hrsg.)
Distribution und Schutz digitaler Medien durch Digital Rights Management
ISBN 3-540-23844-1. 2005. X, 153 S.

J. Eberspächer, H. Tillmann (Hrsg.)
Broadcast-Mediendienste im Spannungsfeld zwischen Märkten und Politik
ISBN 3-540-24345-3. 2005.
VIII, 191 S.

A. Picot, H.-P. Quadt (Hrsg.)
Telekommunikation und die globale wirtschaftliche Entwicklung
ISBN 3-540-25778-0. 2005.
VI, 110 S.

J. Eberspächer, A. Picot, G. Braun (Hrsg.)
eHealth
ISBN 3-540-29350-7. 2006.
X, 354 S.

J. Eberspächer, W. von Reden (Hrsg.)
Umhegt oder abhängig?
ISBN 3-540-28143-6. 2006.
IX, 230 S.

A. Picot (Ed.)
The Future of Telecommunications Industries
ISBN 3-540-32553-0. 2006.
VI, 190 S.

Th. Hess, S. Doeblin (Hrsg.)
Turbulenzen in der Telekommunikations- und Medienindustrie
ISBN 3-540-33529-3. 2006.
IX, 315 S.

Jörg Eberspächer · Stefan Holtel
Herausgeber

Suchen und Finden im Internet

Mit 136 Abbildungen

Professor Dr.-Ing. Jörg Eberspächer
Technische Universität München
Lehrstuhl für Kommunikationsnetze
Arcisstraße 21
80290 München
joerg.eberspaecher@tum.de

Stefan Holtel
Vodafone Pilotentwicklung GmbH
Chiemgaustraße 116
81549 München
stefan.holtel@vodafone.com

ISBN-10 3-540-38223-2 Springer Berlin Heidelberg New York
ISBN-13 978-3-540-38223-2 Springer Berlin Heidelberg New York

Bibliografische Information Der Deutschen Bibliothek
Die Deutsche Bibliothek verzeichnet diese Publikation in der Deutschen Nationalbibliografie; detaillierte bibliografische Daten sind im Internet über <http://dnb.ddb.de> abrufbar.

Springer ist ein Unternehmen von Springer Science+Business Media

springer.de

Printed in Germany

Umschlaggestaltung: Erich Kirchner, Heidelberg

SPIN 11834045 42/3153-5 4 3 2 1 0 – Gedruckt auf säurefreiem Papier

Vorwort

Es war nur eine Frage der Zeit: „Googeln“ ist seit der 23. Ausgabe des Dudens offizieller Bestandteil der deutschen Sprache. Damit erhält ein Wort Einzug in den Sprachschatz, das 1998 noch gar nicht existierte. Es spiegelt die rasante Geschichte der Suchmaschinen wider und reflektiert deren Einfluss auf unseren Alltag.

Suchmaschinen wie Google, Yahoo! und MSN Search verändern unser Verständnis dafür, wie wir mit Information und Wissen umgehen. Das Internet ist ein umfassendes Weltgedächtnis, gewissermaßen die moderne Bibliothek Alexandrias – allerdings von jedem Flecken der Erde aus zugänglich – und Suchmaschinen ermöglichen den qualifizierten Zugriff auf diese Datenflut.

Immer mehr Themen des menschlichen und gesellschaftlichen Alltags werden durch Suchmaschinen erschlossen, die Internet-Recherche etabliert sich als neue Kulturtechnik. Zu Beginn des 21. Jahrhunderts spielen Wissen und die neue Qualität von Wissen eine tragende Rolle. Während früher Wissen auf Papier gedruckt und dem Einzelnen nur durch mühsame Recherche in zentralen Archiven verfügbar war, ist digital prozessiertes Wissen überall sofort im Zugriff.

Dieser radikale Wandel des Nutzens von Information wirft Fragen auf: Was bieten Suchmaschinen für das Individuum, was für Unternehmen? Wie verändert sich eine Gesellschaft, die den Weg beschreitet vom Wissen zum „Wissen über das Wissen“? Entscheidet die Suchmaschine, wie wir die Welt sehen und verstehen werden?

Suchmaschinen produzieren eine neue mediale Wirklichkeit. Sie stellen bekannte Spielregeln auf den Kopf. Die Grenzen zwischen Produzenten und Konsumenten verschwimmen. Es entsteht der Gegenpol einer klassischen Tauschökonomie: Die „Geschenkökonomie“ entfaltet neue und unerwartete Potenziale, lässt bisher unbekannte Szenarien entstehen. Der Einfluss von Geld verringert sich in einer Internet-Ökonomie, der Einfluss durch Aufmerksamkeit dagegen wird zum Leitprinzip und kritischen Erfolgsfaktor.

Als neue Arena für private, politische, ökonomische Verständigungen zementieren Suchmaschinen den Eckpunkt eines neuen Verständnisses von Gesellschaft, Politik und Wirtschaft. Sie entwickeln sich zu Universalschnittstellen zwischen Mensch und Maschine im Kampf um Aufmerksamkeit und erfordern deshalb genaue Analyse und kritische Begutachtung.

Der MÜNCHNER KREIS präsentierte und diskutierte die vielfältigen Aspekte und zukünftigen Szenarien von Suchmaschinen in einer Fachkonferenz. Dabei wurde die

Technik von Suchmaschinen grundsätzlich erläutert, eine Psychologie des Suchens und Findens mit praktischen Beispielen erörtert, und die Benutzerschnittstelle von Suchmaschinen eingehend betrachtet. Chancen und Risiken von Suchmaschinen wurden thematisiert, Märkte und Geschäftsmodelle gegenübergestellt und so ein Gesamtbild des Schlüsselthemas „Suchmaschinen“ herausgearbeitet und kritisch hinterfragt.

Jörg Eberspächer Stefan Holtel

Inhalt

1 Begrüßung und Einführung

Prof. Dr. Arnold Picot
Universität München

Ich begrüße Sie im Namen des Münchner Kreises sehr herzlich zu unserer Konferenz „Suchen und Finden im Internet“. Zur Einführung möchte ich nur wenige Worte sagen und dann mit Ihnen zusammen ins Programm einsteigen.

Meine Damen und Herren, was wir heute diskutieren, ist zumindest eine prägende Begleiterscheinung, vielleicht auch eine Kernentwicklung des Zeitalters der Digitalisierung, in dem wir uns befinden. Digitalisierung heißt: Was immer digital abbildbar ist auf dieser Welt wird auch letztlich abgebildet werden und wird dann auch irgendwo, irgendwie zumindest temporär gespeichert. Die Frage ist nun, wie weiß man, was man in diesem digitalen Meer suchen könnte? Wie findet man das, was man sucht? Wie kann einem dabei geholfen werden?

Das Aufkommen des Internet in den 90er Jahren hatte zunächst die Erwartung geweckt, dass wir sehr viel an so genannter Disintermediation sehen würden, also die Ausschaltung, das Überspringen von Vermittlern, wie Verleger, Händler, Makler usw. Die Erwartung bestand darin, dass direkter Kontakt zwischen Angebot und Nachfrage auf den verschiedensten Informations- und Gütermärkten dieser Welt möglich sein würde.

Zwar gibt es Beispiele dafür, dass solche Intermediäre teilweise verschwunden sind oder sich teilweise stark verändern mussten. Aber wir haben zusätzlich etwas ganz anderes erlebt, nämlich die so genannte New Intermediation, die neue Intermediation, die neue Vermittlung, manche sprechen sogar von Hypermediation, einer ausufernden Intermediationsspäre. Dazu gehören all diejenigen Institutionen, Hilfsmittel und Instrumente, aber auch neuen Geschäftsmodelle und Unternehmen, die mithilfe von Suchmaschinen und Portalen, mithilfe von elektronischen Marktplätzen, mithilfe von Empfehlungs-, Referenz- und Verweis-systemen den Menschen helfen, in der Galaxy des Internet zu finden, was sie suchen.

Gerade Suchmaschinen nehmen inzwischen eine außerordentlich prominente, ja dominierende Rolle in der Struktur der Internetwirtschaft ein. Sie sind unverzichtbarer Bestandteil unseres täglichen Lebens geworden. Sie helfen uns bei Navigation und Orientierung. Es trifft zu, dass Suchmaschinen, wenn sie wirklich gut sind, Findemaschinen sind, dass sie eben helfen zu finden, nicht nur zu suchen. Denn der Zweck des Suchens ist natürlich das Finden. „Googeln“ hat sich als Begriff eingebürgert für Aktivitäten bei Orientierung, Suche und Finden im Internet. Aber nicht nur Suchmaschinen à la Google sind hier wichtig, sondern auch die erwähnten Portale, Kataloge, Marktplätze und viele andere Referenzhilfen. Sie alle sind nicht mehr wegzudenken aus unserem Leben und verändern unsere Verhaltensweisen auf vielen Gebieten und damit auch die wirtschaftliche und soziale Realität im privaten wie im geschäftlichen Bereich, bei Unterhaltung wie bei Fachinformation.

Suche- und Findehilfen reduzieren zum Teil radikal die Transaktionskosten, also den Aufwand, den man bei Suche und Bewertung von Informationen tätigen muss. Sie sind nicht selten zu den Einstiegsseiten oder zu den Einstiegspforten ins Internet geworden, und sie verlangen vor allen Dingen während der Suche- und Findeprozesse einige Aufmerksamkeit und Konzentration. Daher sind sie eine attraktive Basis für Werbebotschaften, die ja der Aufmerksamkeit bedürfen. Diese Werbebotschaften können dann auch nicht selten kontextabhängig platziert werden können, also quasi individualisiert und dynamisch.

Aus diesen Zusammenhängen resultieren die besonderen Economics, also die Geschäftsmodelle des Suchens und Findens im Internet. Der Suchende zahlt in der Regel gar nichts oder sehr wenig, z.B. für den Anschluss zum Internet. Aber der Werbekunde zahlt für die Platzierung seiner Botschaft und das in zum Teil neuartiger Weise. So ziehen manche Suchmaschinen und Portale Werbeerlöse auf sich, von denen andere klassische Medien nur träumen können. Der Werbekuchen der letzteren, der traditionellen Werbemedien scheint zu schrumpfen. Darüber hinaus gruppieren sich um die Suchmaschinen und Suchportale herum immer mehr und größtenteils ebenfalls unentgeltliche Zusatzdienste, wie beispielsweise Landkarten und Stadtplandienste, Kommunikations- und Telefondienste, Kleinanzeigen usw. Und die machen die Such- und Findeplattformen noch attraktiver. Andere traditionelle Branchen, die diese Dienste bisher anboten, geraten dadurch teilweise in Turbulenzen.

Die heutige Konferenz bietet Einblick in die Psychologie, Technologie und Ökonomie des Suchens und Findens vor allem, aber nicht nur, im Internet. Sie reflektiert die angesprochenen Entwicklungen. Sie zeigt Trends und offene Fragen auf und soll letztlich uns und Ihnen allen helfen, diese sehr dynamischen und spannenden Veränderungen zu verstehen und in die eigenen Pläne und Aktionen einzubeziehen.

2 Interaktive Einleitung: Zur Psychologie des Findens und Verknüpfens

Klaus Marwitz
Institut für Kommunikation und Zeitdesign, Bergheim bei Bonn

Suchmaschinen wie Google, Yahoo oder MSN Search sind als Repräsentanten des Internet zu verstehen. Diese Repräsentanten erbringen Dienstleistungen in Servicemanier, allerdings, das muss aus der Sicht eines Benutzers gesagt sein, immer seltener zu unserer Zufriedenheit, zur Zufriedenheit der Benutzer. Wieso? Die Mechanik funktioniert folgendermaßen: Auf die Äußerung eines Suchwunsches hin setzen sich Suchmaschinen in Bewegung und kehren nach kurzer Zeit mit großen Mengen von Informationen zurück, die sie als Antworten ausgeben. Aber sind das wirklich die Antworten, die Sie als Benutzer gewollt haben? Sind das die Antworten, die Sie benötigen? Dann geht es weiter: um den Antwortenberg zu verkleinern oder abzutragen, muss der Benutzer an seiner Frage herumbasteln bis die Informationsmenge für ihn handhabbar geworden ist. Suchen muss er dann aber immer noch.

Diese Form des Servicegedankens bei Suchmaschinen – Du hast einen Wunsch, und ich erfülle ihn – ist inzwischen aber nicht mehr „State of the Art". Bei der Zukunft von Suchmaschinendiensten rückt immer stärker das „Stewardship-Modell" in den Vordergrund. Stellen Sie sich ein Traumschiff vor und einen Steward auf einem Traumschiff. Dieser Steward erfüllt nicht nur den Wunsch des Gastes, sondern er erkennt auch den individuellen Hintergrund dieses Wunsches, weil er sich zusätzlich Informationen über den Gast eingeholt hat. Diesen Hintergrund bezieht er beim Erfüllen des Auftrags mit ein. „Wie schön, dass Sie daran gedacht haben", freut sich der Gast. An diesem Modell werden sich zukünftige Suchmaschinen ausrichten müssen.

Und diesen Hintergrund, dieses „zwischen den Zeilen" schauen wir uns gleich etwas näher an, denn, ob wir mit den Ergebnissen einer Suchmaschine etwas anfangen können, hängt von den Präferenzen ab, mit denen wir Informationen verarbeiten. Um Ihnen zu verdeutlichen, welche Präferenzen Sie benutzen, habe ich ein kurzes Frage- und Antwortspiel vorbereitet und bitte, einfach mitzumachen.

Ich stelle Ihnen einige Fragen (Bild 1). Schauen Sie sich an, zu welcher Antwort Sie tendieren, zu 1a, 1b oder 1c.

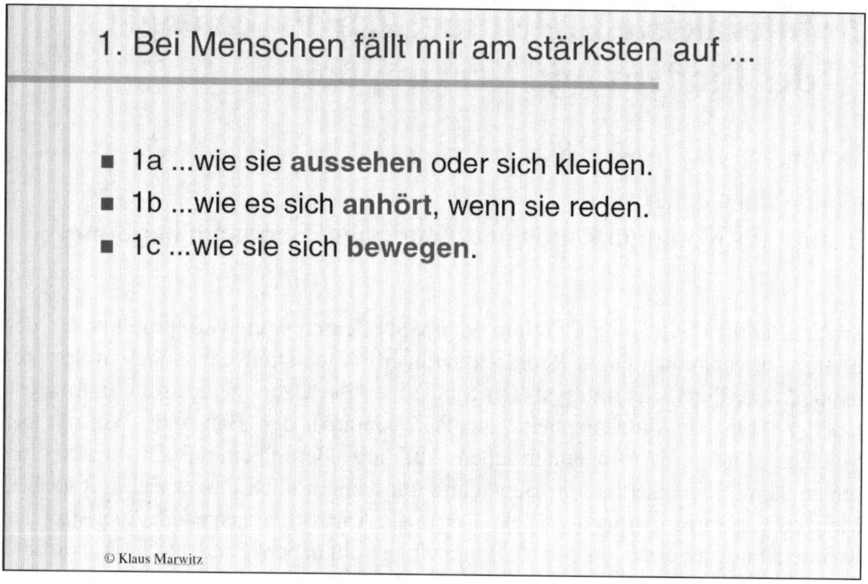

1. Bei Menschen fällt mir am stärksten auf ...

- 1a ...wie sie **aussehen** oder sich kleiden.
- 1b ...wie es sich **anhört**, wenn sie reden.
- 1c ...wie sie sich **bewegen**.

© Klaus Marwitz

Bild 1

Entschließen Sie sich spontan. Die nächste Frage (Bild 2) ist die Frage nach den Beziehungen zwischen den drei Rechtecken.

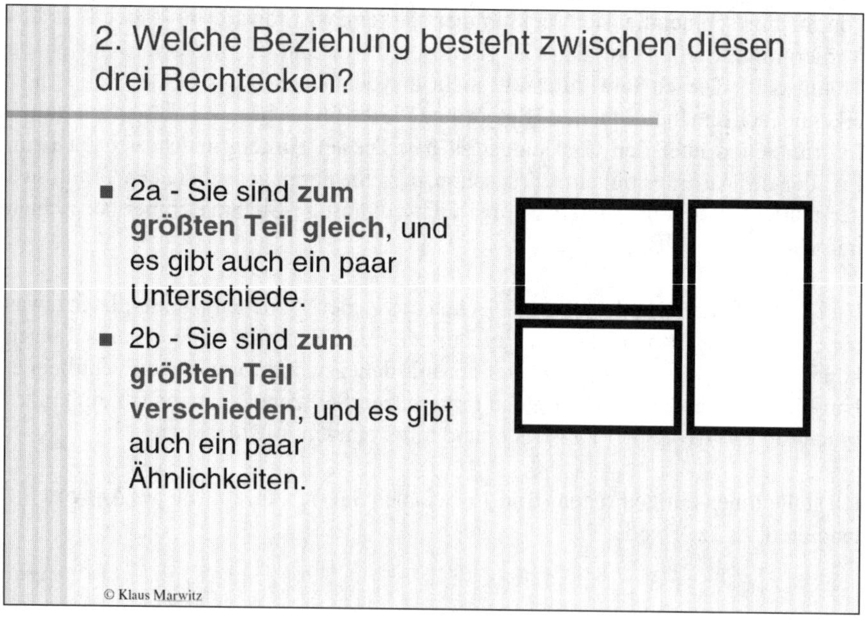

Bild 2

Sind sie zum größten Teil gleich, und es gibt auch ein paar Unterschiede? Oder sind sie zum größten Teil verschieden, und es gibt auch ein par Ähnlichkeiten? Entscheiden Sie sich bitte. Kleiner Tipp: Schalten Sie die Logik aus!

Drittens (Bild 3): Wie oft oder wie lange muss Ihnen jemand seine Kompetenz beweisen, bevor Sie davon überzeugt sind?

3. Wie oft oder wie lange muss Ihnen jemand seine Kompetenz beweisen, bevor Sie davon überzeugt sind?

- 3a - einmal oder mehrmals
  - wieviel mal? ( )
- 3b - über einen gewissen Zeitraum,
  - einige Tage oder Wochen - wie lange? ( )

© Klaus Marwitz

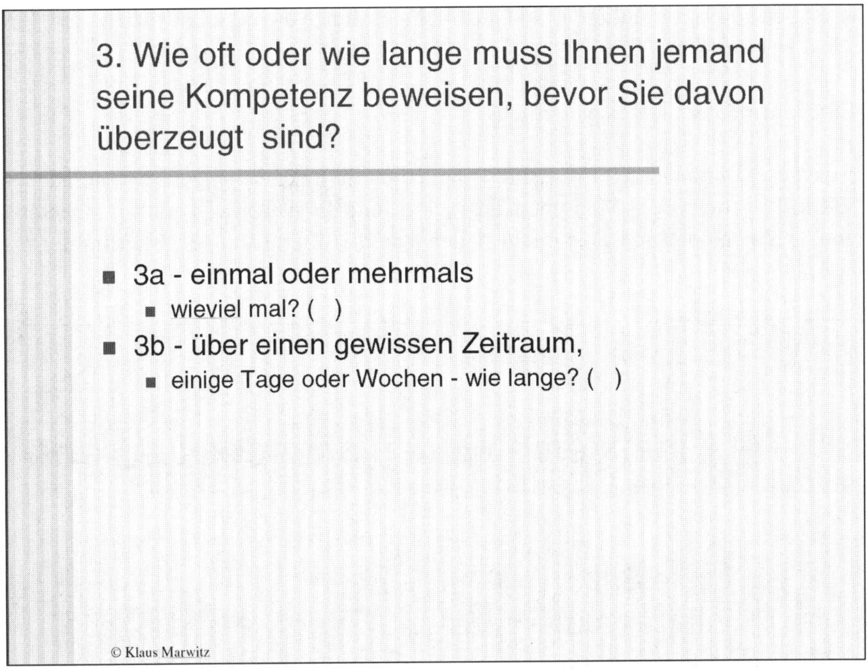

Bild 3

3a: einmal oder mehrere Male oder
3b: über einen gewissen Zeitraum?
Als kleine Hilfe: vielleicht einige Tage oder Wochen. Sie haben sich entschieden? Das war der erste interaktive Teil. Am Ende meines Beitrags werde ich ein paar Kommentare dazu abgeben.

Die Grundlage jeder Art von Informationsaufnahme und -verarbeitung ist das menschliche Lernen. Deshalb kommt dem Verständnis Ihrer eigenen Lernstrategien eine herausragende Rolle zu, wenn Sie erfolgreich mit Suchmaschinen interagieren wollen. Noch einmal: Die Art, wie Sie neue Informationen verarbeiten und sie mit bereits vorhandenen verknüpfen, beeinflusst ihre Arbeit mit Suchmaschinen. Die Suchmaschinen kennen aber Ihre Art nicht, und zur Sicherheit schütten sie Sie erst einmal mit allen irgendwie passenden Informationen zu.

Anhand einiger Bilder zur Entwicklung des menschlichen Lernens zeige ich Ihnen die Wandlung von der unpersönlichen Informationsmassenbeförderung, die auch das Wort „vergessen“ in die Welt brachte, hin zu höchst qualifiziertem Lernverhalten. Hier geht es nicht so sehr um die Menge der Informationsaufnahme im Sinne von mehr desselben, um es vielleicht auch draußen, zum Beispiel bei Jauch, vorzuzeigen, sondern um die Qualifizierung der persönlichen Kompetenzen, um mittel- und langfristige Ziele erreichen zu können. Wenn Sie in der Lage sind, Ihre Ziele zu erkennen und zu formulieren, sind die Suchmaschinen dazu da, Ihnen zu helfen, Ihre Ziele zu erreichen.

Eine kleine Geschichte des Lernens:

Auf dieser einfachen Grafik (Bild 4) bedeutet die linke Seite (mit dem stilisierten Gehirn) das Innere des Menschen, die rechte Seite die Außenwelt, also intrapersonal und extrapersonal und hier unten haben wir die „Lernöffnung“, was immer das bedeuten mag.

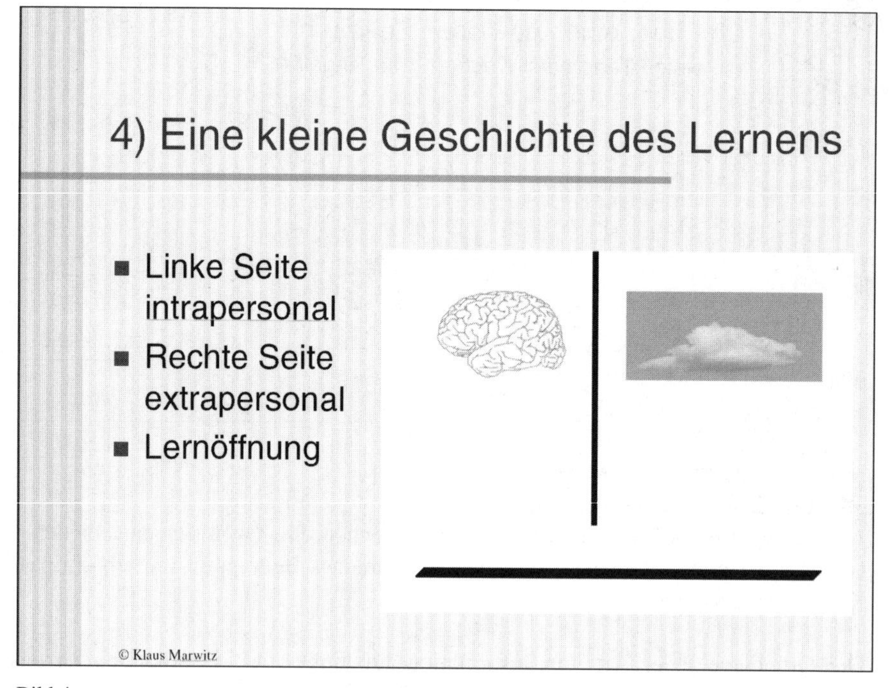

Bild 4

Das ist der Ort, an dem Informationen von außen nach innen oder auch von innen nach außen transportiert werden können. Es geht darum, dass der Lernstoff außen liegt – das Lernen ist meist an eine Institution gebunden und gelernt wird, was gelehrt wird (Bild 5).

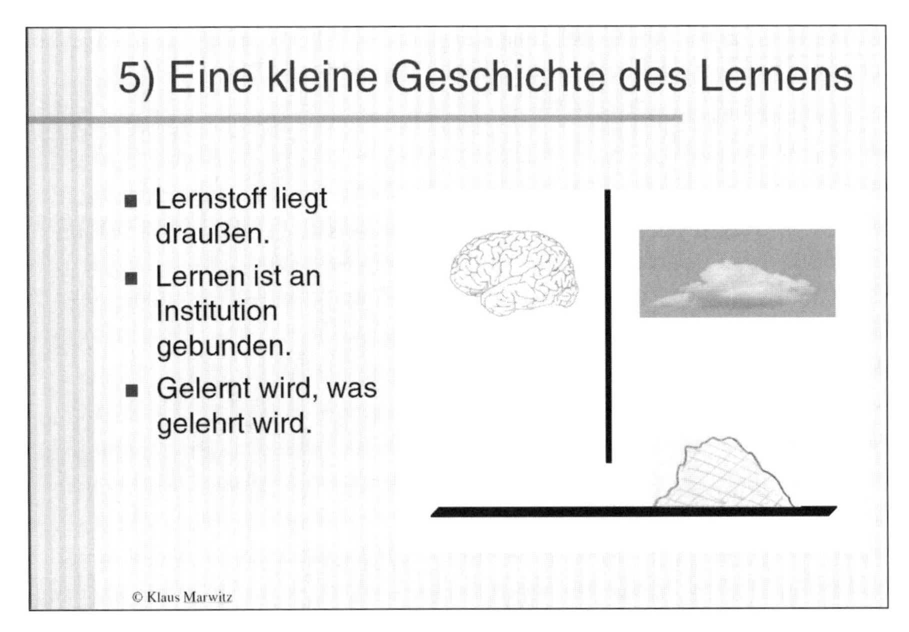

Bild 5

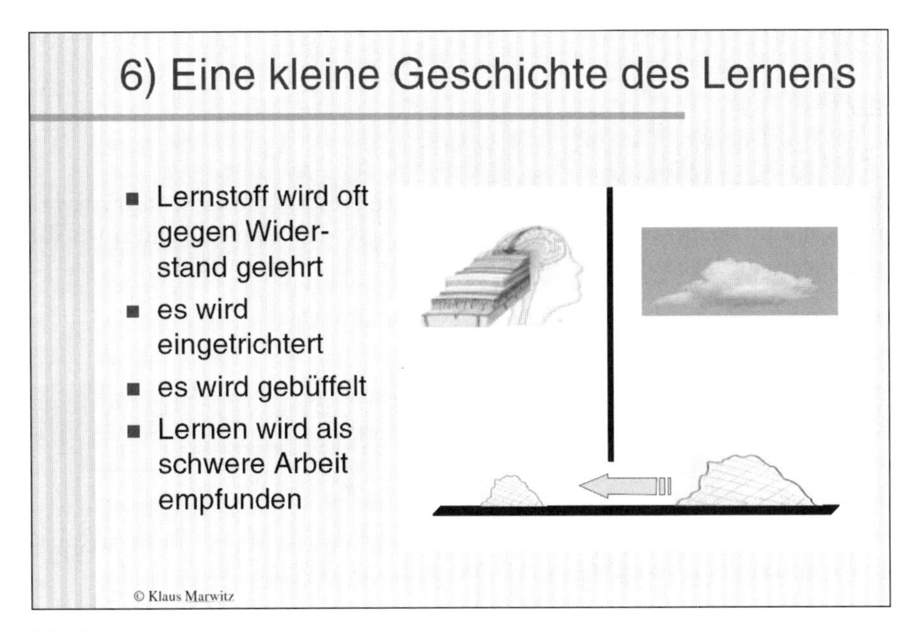

Bild 6

Es wird oft gegen Widerstände eingetrichtert (Bild 6). Es wird gebüffelt, und Lernen wird manchmal – oder war es nur früher so? – als schwere Arbeit empfunden. Und es wurde etwas von außen nach innen transportiert. Aber es wurde auch vergessen, und dann befindet sich der Lernstoff wieder extrapersonal (Bild 7).

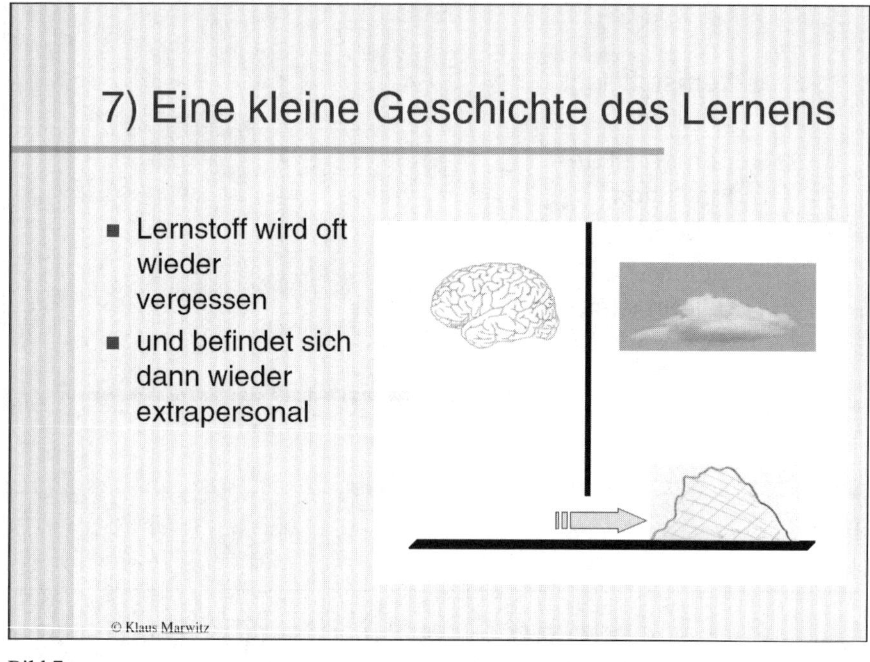

Bild 7

In der Geschichte des Lernens geht es dann weiter. Frederick Vester schlägt vor, dass der Lernstoff in einer besonderen Weise strukturiert werden muss, damit er von den sehr unterschiedlichen Lerntypen besser rezipiert werden kann (Bild 8).

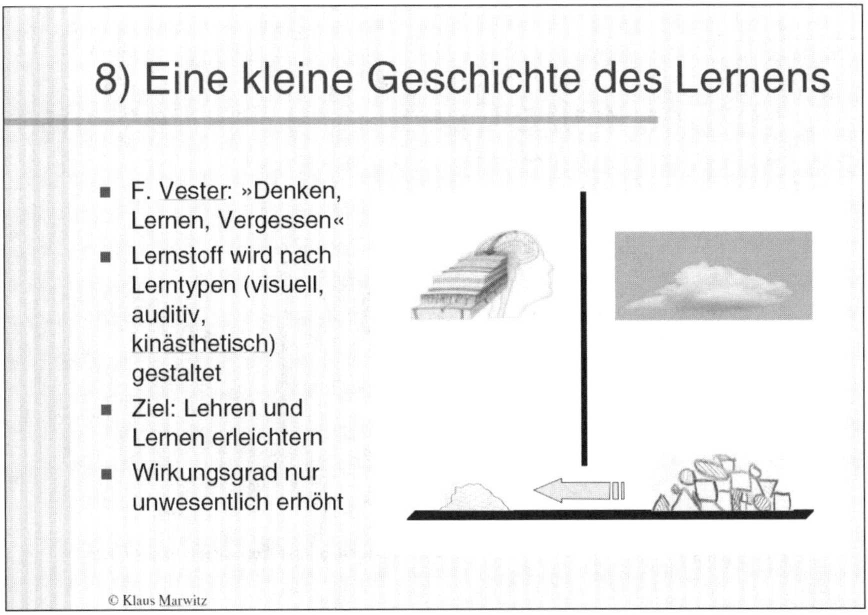

8) Eine kleine Geschichte des Lernens

- F. Vester: »Denken, Lernen, Vergessen«
- Lernstoff wird nach Lerntypen (visuell, auditiv, kinästhetisch) gestaltet
- Ziel: Lehren und Lernen erleichtern
- Wirkungsgrad nur unwesentlich erhöht

Bild 8

Er unterteilte den Lernstoff in auditiv, kinästhetisch und visuell, einfach auch um Widerstände bei der Aufnahme zu umgehen und das Lehren und Lernen zu erleichtern, das immer noch als eine schwere Aufgabe empfunden wurde. Der Wirkungsgrad hatte sich dadurch allerdings nur unwesentlich erhöht. Es kam danach das so genannte Superlearning, die Suggestopädie, das Lernen im entspannten Zustand.

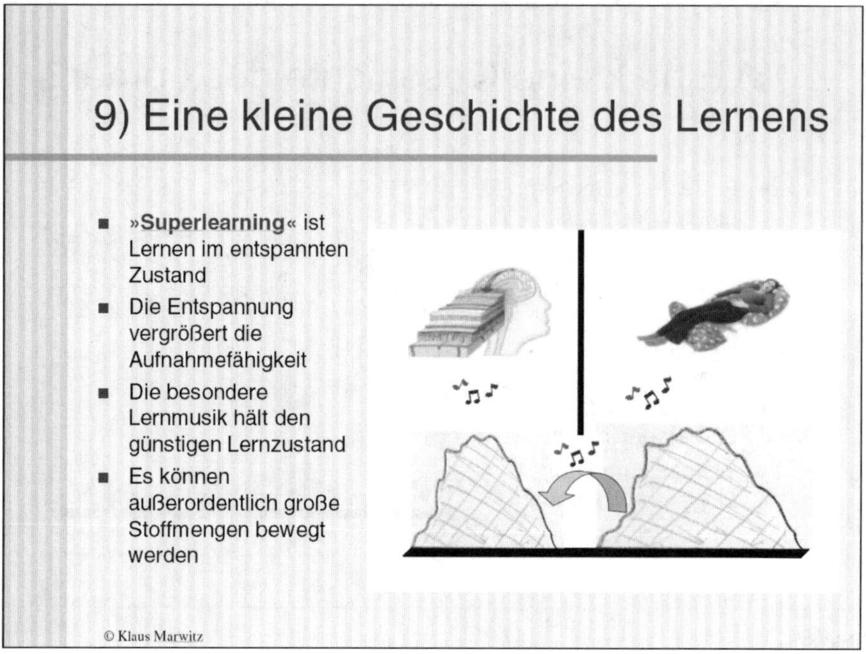

9) Eine kleine Geschichte des Lernens

- »**Superlearning**« ist Lernen im entspannten Zustand
- Die Entspannung vergrößert die Aufnahmefähigkeit
- Die besondere Lernmusik hält den günstigen Lernzustand
- Es können außerordentlich große Stoffmengen bewegt werden

Bild 9

Wie Sie sehen, wird die Lernöffnung im entspannten Zustand vergrößert und besondere Musik, z.B. Barockmusik, hält diesen Zustand (Bild 9). Das bedeutet, dass durch die so vergrößerte Lernöffnung außerordentlich große Stoffmengen von außen nach innen transportiert werden konnten, große Mengen pro Zeiteinheit. Wie Sie aber auch auf den Grafiken gesehen haben, häuft sich der Stoff innen lediglich auf.

Bis hierhin wird mit mehr oder weniger strukturierten Massen von Informationen hantiert. Wenn die Aufnahmekapazität des Menschen es nicht hergibt, bleiben eben große Mengen von Informationen draußen. Diese Menschen sprechen dann von einer Informationsflut, die sie überspülen, überrollen könnte. Sie fürchten sich davor. Genau dieses Phänomen kennen Sie, wenn Sie googeln und von einer unverhältnismäßig großen Zahl von Treffern eingedeckt oder auch erschlagen werden – Informationsflut eben. Um sich wieder besser zu fühlen, werden Reduktionsmaßnahmen etabliert; gerade aktuell: das Ranking, um die Menge zu verkleinern. Sie Suchmaschine Otto-Such hat als Kontrast das Zufallsprinzip ausgewählt: nicht mehr das Ranking steht im Vordergrund, sondern die Treffer werden nach Zufall ausgesucht, um die Masse zu verkleinern. Hier noch einmal die Informationsflut (Bild 10).

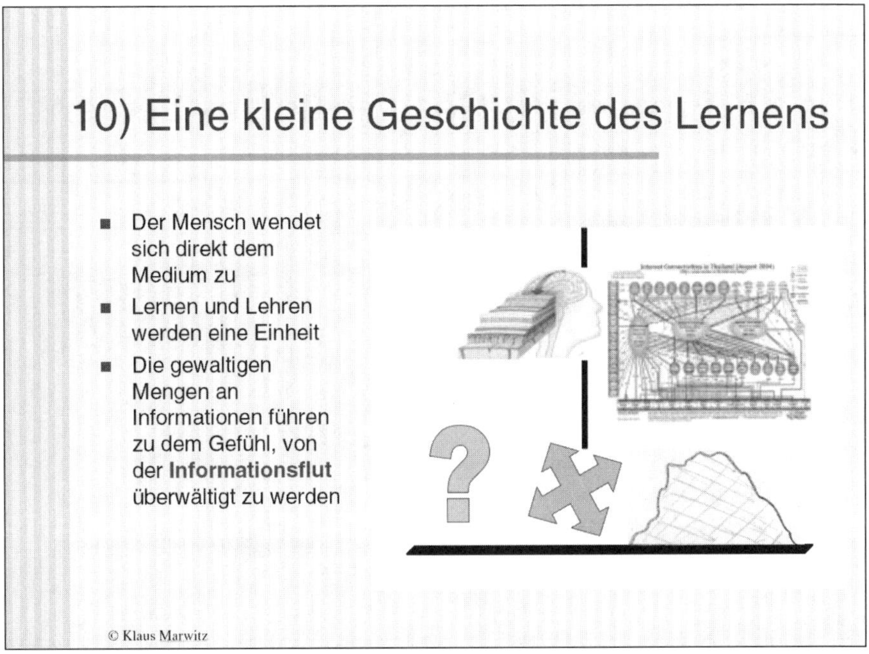

10) Eine kleine Geschichte des Lernens

- Der Mensch wendet sich direkt dem Medium zu
- Lernen und Lehren werden eine Einheit
- Die gewaltigen Mengen an Informationen führen zu dem Gefühl, von der **Informationsflut** überwältigt zu werden

© Klaus Marwitz

Bild 10

Ich möchte noch einmal darauf hinweisen, dass bis hier das Augenmerk auf dem Lernstoff als Informationsmasse und auf dem Bemühen lag, diesen Stoff einzutrichtern. Suchmaschinen sind typische Eintrichterer. Aber diese Strategie funktioniert nicht mehr reibungslos. Es sind einfach zu viele Informationen, die eingetrichtert und eingegliedert werden sollen. Hier muss sich Entscheidendes ändern. Verschiedene wissenschaftliche Ansätze zeigen, dass für das erfolgreiche Lernen und auch das Benutzen von Suchmaschinen Methoden geeignet sind, die in den letzten Jahren in anderen Bereichen an Bedeutung zugenommen haben.

Schauen wir uns einmal an, wie die Entwicklung des Lernens weitergegangen ist.

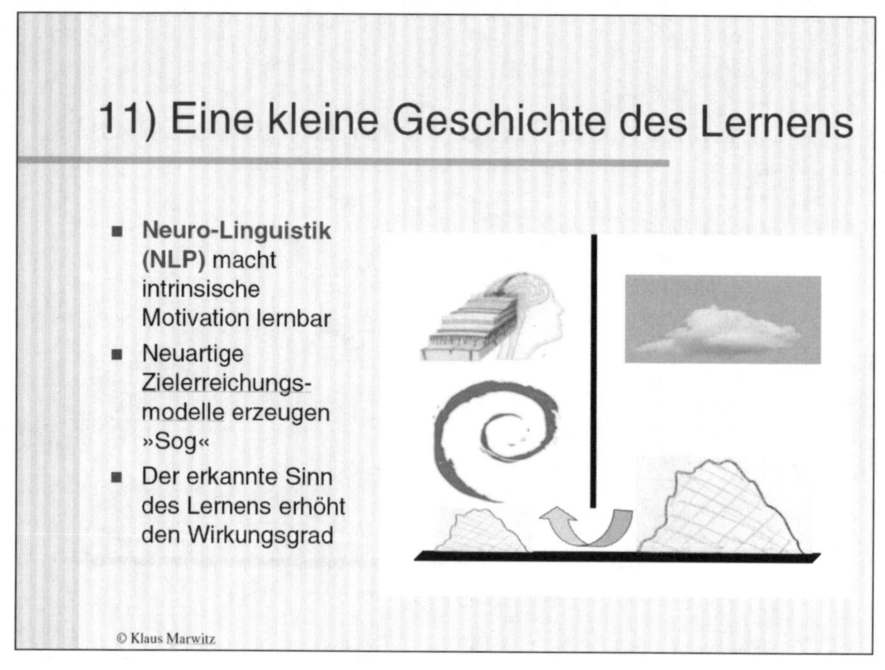

Bild 11

Das neurolinguistische Programmieren zum Beispiel machte die intrinsische, die von innen kommende, Motivation erlernbar (Bild 11). Das NLP, wie es auch kurz genannt wird, hat neuartige Zielfindungs- und Zielerreichungsmodelle entwickelt und macht dadurch den Sinn des Lernens und damit das sinnvolle Benutzen von Suchmaschinen auch bewusster.

Das Mind-Mapping, das sich danach am Horizont zeigte, ist eine Kulturtechnik, die das sprachliche mit dem bildhaften Denken verbindet.

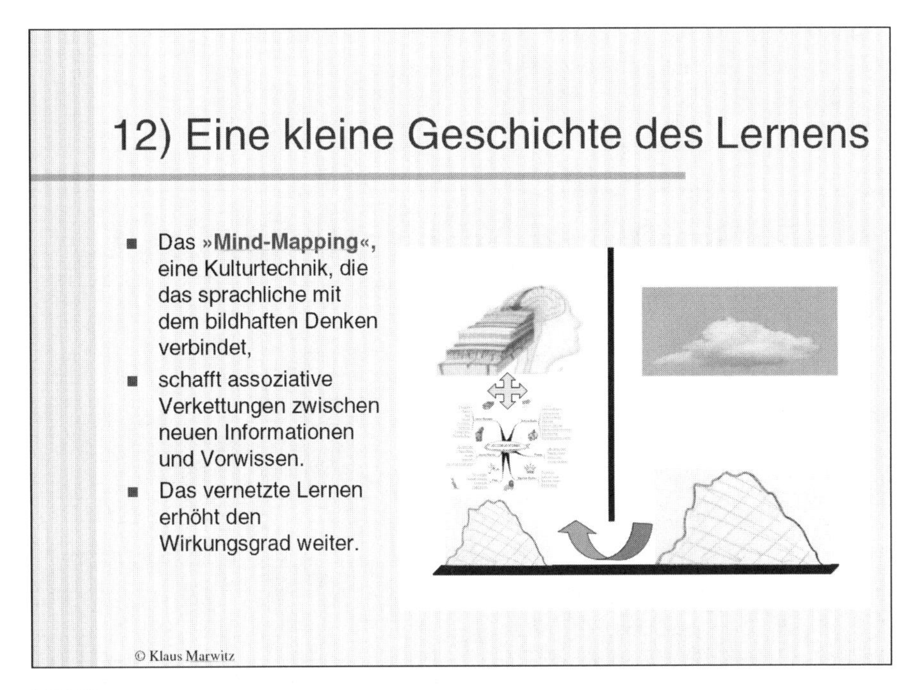

Bild 12

Hier haben wir die Grafik eines Mind-Maps eingebunden (Bild 12). Das Mind-Map-Denkmodell ermöglicht das assoziative Fragen und ist damit prädestiniert für das Benutzen beim Auswerten, Verstehen, Aufbereiten und Verknüpfen von Suchmaschinentreffern.

Der Mensch ist nun nicht mehr durchweg ein belehrter, sondern ein lernender Mensch, der Fragen zu seinen Problemen und Zielen stellt, auf die er dann aber keine zeitraubenden und nervtötenden Masseninformationen erwartet, sondern speziell auf ihn zugeschnittene Problemlösungsvorschläge oder konstruktive Bausteine seiner Zielebauwerke.

Aus der Kommunikationsforschung ist bekannt, dass im nichtsprachlichen Anteil der menschlichen Kommunikation, das ganze Universum der Persönlichkeit mitschwingt. Und über das Gelingen eines Kommunikationsaktes zwischen Partnern entscheidet, ob die Universen der Kommunikationspartner zusammenpassen, ob sie miteinander harmonieren. Die Parameter des persönlichen Universums sind inzwischen erforscht und damit bekannt. Es ist eine überschaubare Anzahl, allerdings mit unendlich vielen Verknüpfungsmöglichkeiten. Also, die Suchmaschine als Herr über das Universum Internet darf nun nicht mehr nur den verbalen Teil der Frage als Auftrag auffassen, sondern zusätzlich, wie der schon genannte Steward die anderen

Parameter, die nichtsprachlichen Parameter ebenfalls, um die Suche einzugrenzen oder eventuell in eine andere Richtung zu bringen.

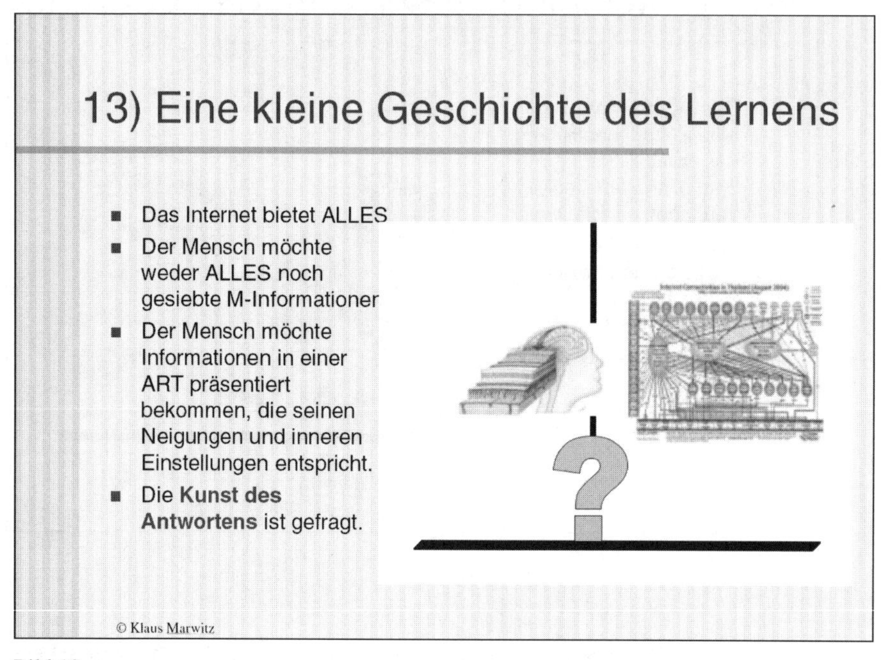

Bild 13

Was aber sind die Parameter der Persönlichkeit des Fragenden? Woraus besteht der persönliche Sucher-Fingerabdruck? Ist die Suchmaschine in der Lage, diesen Fingerabdruck zu erkennen? Die Antwort lautet: noch nicht (Bild 13).

Ich habe unter den immerhin mehrere Dutzend umfassenden Katalog an Charakteristika drei ausgewählt.

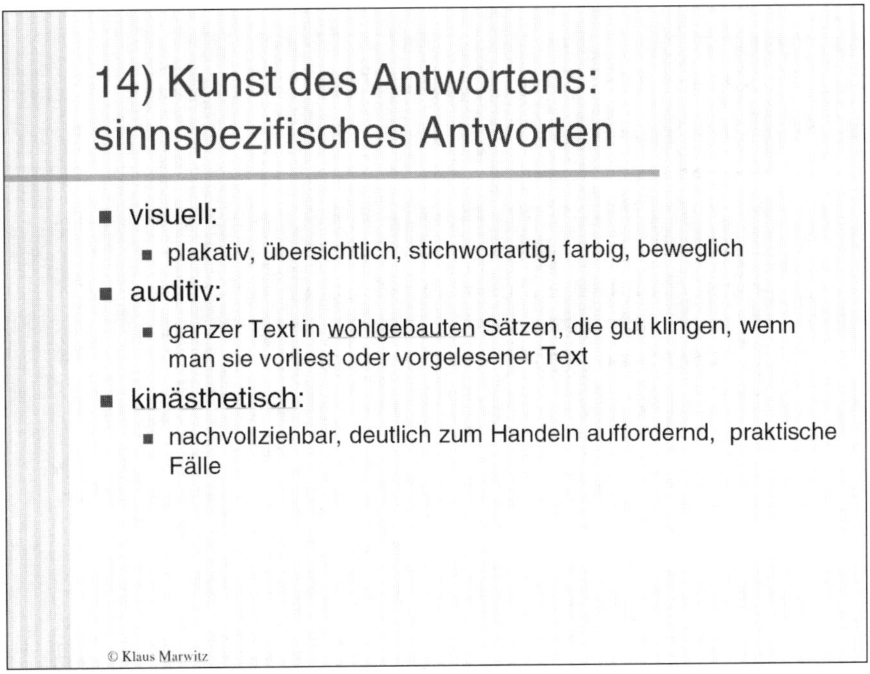

Bild 14

Wir sind jetzt bei der Kunst des Antwortens, und zwar bei den Antworten visueller Menschen. Antworten, die visuelle Menschen erwarten, sollten plakativ sein, übersichtlich, stichwortartig, farbig, beweglich (Bild 14). Ich belasse es jetzt einfach mal bei diesen wenigen Nennungen. Auditive Menschen, d.h. die Menschen, die ihren Hauptinformationskanal im auditiven Sinnesbereich haben, möchten gern als Antwort einen ganzen Text in wohl gebauten Sätzen haben, die auch gut klingen, wenn man sie vorläse oder gleich vorgelesenen Text, eben etwas Auditives. Und die Kinästheten, die Gefühlsmenschen erwarten in den Antworten Nachvollziehbares, etwas, das deutlich zum Handeln auffordert bzw. eben praktische Fälle enthält.

Es gibt natürlich Mischformen, das ist völlig klar. Bleiben wir bei den Hauptpräferenzen.

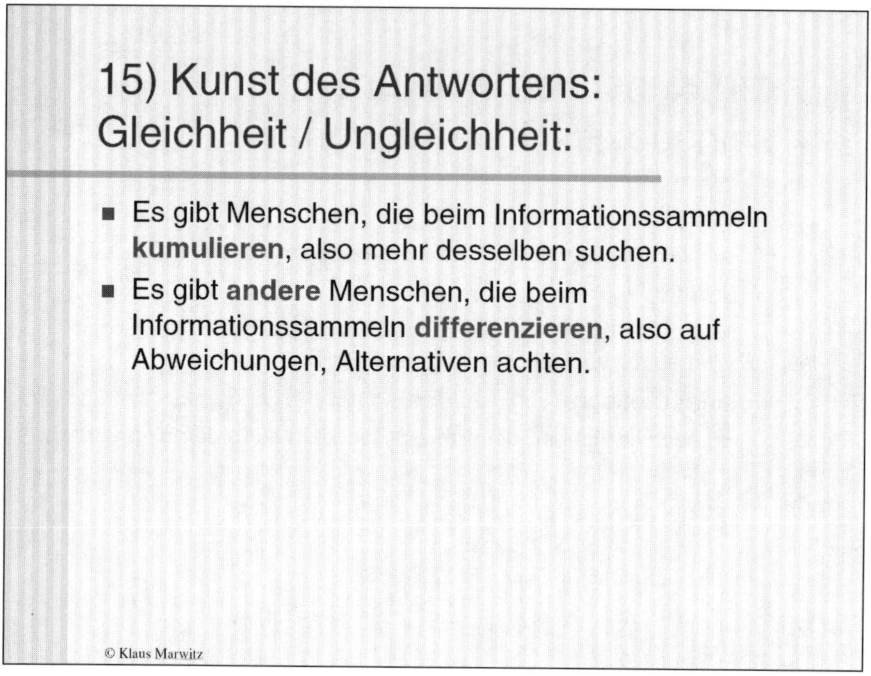

15) Kunst des Antwortens:
Gleichheit / Ungleichheit:

- Es gibt Menschen, die beim Informationssammeln **kumulieren**, also mehr desselben suchen.
- Es gibt **andere** Menschen, die beim Informationssammeln **differenzieren**, also auf Abweichungen, Alternativen achten.

Bild 15

Dann gibt es die Präferenz, nach Gleichheit oder Ungleichheit sortieren. Es gibt Menschen, die beim Informationssammeln kumulieren, also immer mehr desselben oder stark Ähnliches suchen (Bild 15). Und es gibt andere Menschen, die beim Informationssammeln eher differenzieren, also auf die Abweichungen und die Alternativen aus sind und darauf ansprechen. Diese langweilen sich, wenn immer dasselbe kommt oder wenn die Sachen zu ähnlich sind und davon noch ein großer Berg.

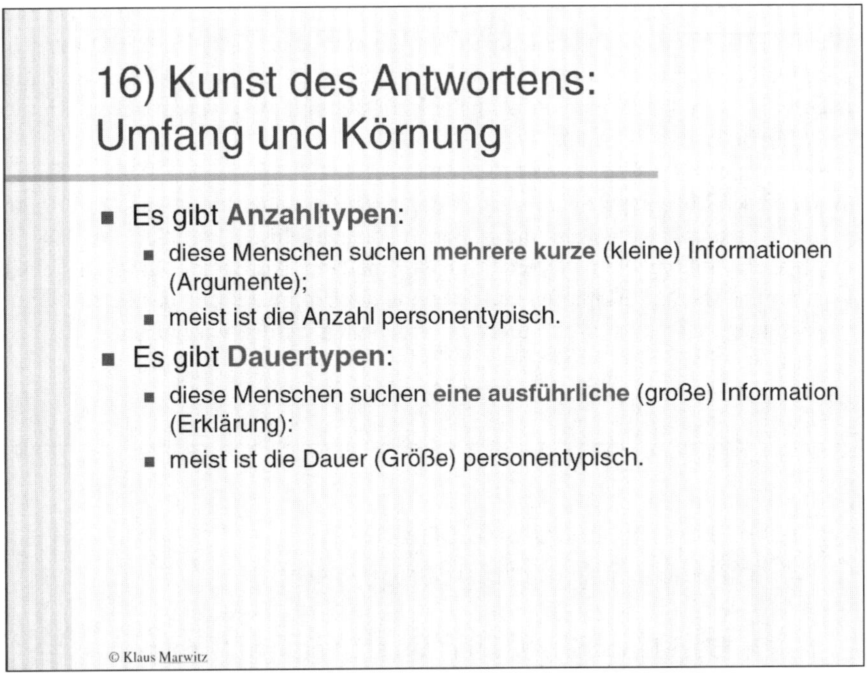

Bild 16

An der dritten Stelle liegen Umfang und Körnung einer Antwort. Gut ein Viertel bis ein Drittel der Menschheit besteht aus so genannten Anzahltypen (Bild 16). Diese Menschen suchen mehrere kurze oder kleine Informationen. Sie stehen auf Einzelargumente und nicht auf großartig langen Erklärungen, mehreres und Kleines also.

Und es gibt die Dauertypen: diese Menschen suchen eine Erklärung, eine ausführliche große Information. Es nervt sie fürchterlich, wenn sie mit mehreren kleinen Sachen behelligt werden. Diese große ausführliche Information kann einen gewissen Umfang oder eine gewisse Dauer haben. Das Interessante an diesem Metaprogramm Umfang und Körnung, dass im ersten Fall bei den Anzahltypen, die Anzahl der Argumente, die ein Mensch erwartet und die er selbst übrigens benutzt, wenn er andere überzeugen möchte, konstant ist. Man kann es z.B. daran erkennen, dass Menschen beim Aufzählen 1. und 2. und 3. sagen und dann aufhören. Bei anderer Gelegenheit taucht es dann wieder auf, dass sie drei Alternativen suchen und dann erst entscheiden. Während es bei den Dauertypen so ist, dass tatsächlich ein gewisser Zeitumfang für jede Erklärung vorgesehen werden muss, was sich eben auch in der Länge eines Textes niederschlägt.

Die Antworten auf meine Fragen vom Anfang meines Beitrages bedeuten: so frage ICH und in dieser Form erwarte ICH die Antworten einer Suchmaschine zurück, und zwar in meinem spezifischen Sinnesystem und in meiner Vergleichsstrategie nach Gleichheit und Ungleichheit und in der Art, die mich als Dauer- oder Anzahltyp würdigt. Wohlgemerkt, das sind jetzt nur drei Kriterien, die ich einfach herausgegriffen habe, weil sie vielleicht am publikumswirksamsten sind. Wir werden sehen, wie sich das dann in Ihren Antworten zeigt.

Wenn dieses Muster getroffen wird, werden Zufriedenheitsemotionen in mir ausgelöst. Nur diese Antworten, die in einem solchen Muster kommen, werden sich erfolgreich mit meinen Vorerfahrungen, meinem Vorwissen usw. zu einem bestimmten Thema verknüpfen und so meine Kernkompetenzen, das Persönlichste, was ich habe, erweitern. Kurz: diese Informationen werden wir nützen.

Ich komme auf die Muster (Bild 17, 18):

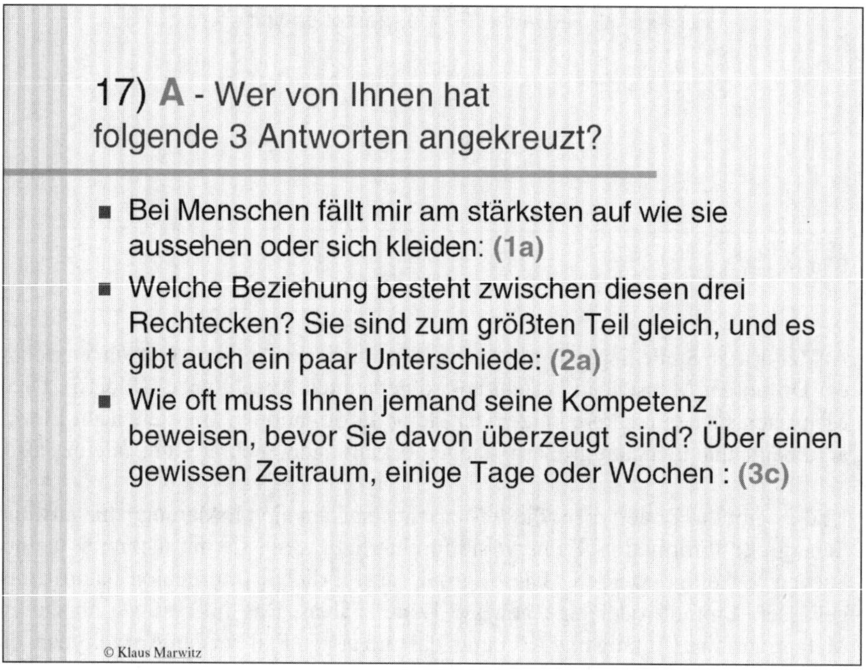

17) A - Wer von Ihnen hat folgende 3 Antworten angekreuzt?

- Bei Menschen fällt mir am stärksten auf wie sie aussehen oder sich kleiden: (1a)
- Welche Beziehung besteht zwischen diesen drei Rechtecken? Sie sind zum größten Teil gleich, und es gibt auch ein paar Unterschiede: (2a)
- Wie oft muss Ihnen jemand seine Kompetenz beweisen, bevor Sie davon überzeugt sind? Über einen gewissen Zeitraum, einige Tage oder Wochen : (3c)

Bild 17

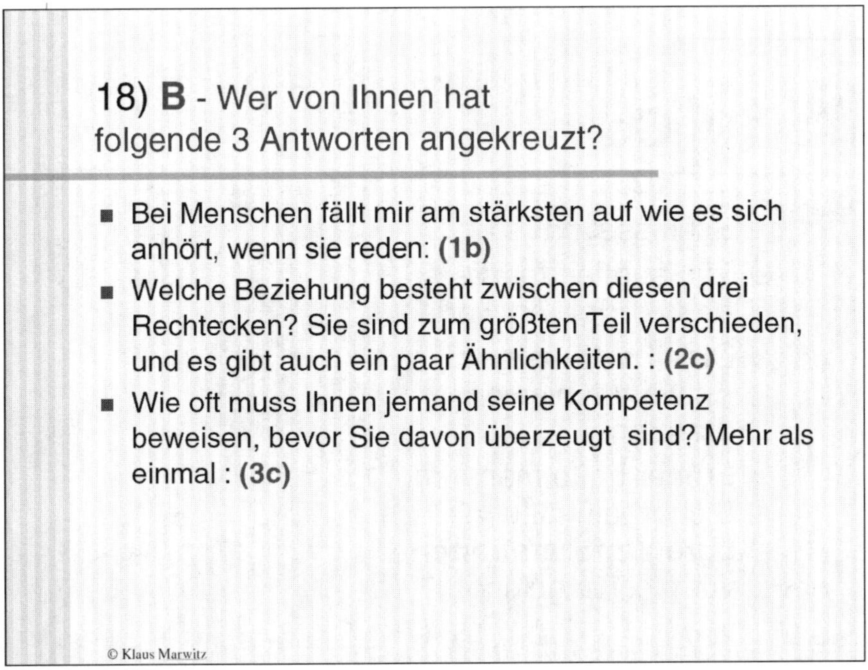

18) **B** - Wer von Ihnen hat folgende 3 Antworten angekreuzt?

- Bei Menschen fällt mir am stärksten auf wie es sich anhört, wenn sie reden: **(1b)**
- Welche Beziehung besteht zwischen diesen drei Rechtecken? Sie sind zum größten Teil verschieden, und es gibt auch ein paar Ähnlichkeiten. : **(2c)**
- Wie oft muss Ihnen jemand seine Kompetenz beweisen, bevor Sie davon überzeugt sind? Mehr als einmal : **(3c)**

Bild 18

Die Menschen mit dem Muster A werden sich untereinander gut verstehen, desgleichen diejenigen mit dem Muster B, untereinander wohlgemerkt, während A und B sich nicht durchweg auf gleicher Wellenlänge fühlen.

Für eine Suchmaschine bedeutet das: sie muss den Benutzer in derselben Gruppe ansprechen – beide A. Und nicht der Frager oder Nutzer in A und die Suchmaschine kommt in B-Manier daher oder in irgendeinem anderen Muster – oder gleich als Informationsflut.

Der Suchmaschinen-Benutzer verlangt von der Suchmaschine die Kunst des Antwortens, dann und nur dann muss er nicht mehr mit einem Haufen Informationen vor der Tür kämpfen (Bild 19).

Bild 19

Der Suchmaschinen-Betreiber muss lernen, die Frage des Benutzers in Stewardship-Manier zu entschlüsseln, um vorzugsweise muster-identische Antworten zu präsentieren. Bedenken Sie auch hier: Schlüssel und Schloss öffnen, wenn sie zusammenpassen, Tür und Tor.

3 Wie Menschen Informationen finden

3.1 Erkenntnisse aus dem Suchverhalten im Web „Muster in Suchanfragen“

Nadine Schmidt-Mänz
Universität Karlsruhe (TH)

Einleitung und Motivation

Die hohe Relevanz von Suchmaschinen bei der Online-Recherche erfordert es, das Suchverhalten von Internetnutzern zu erforschen. Ohne die Kenntnis der Suchstrategie potentieller Besucher von Webseiten können Marketing-Maßnahmen nicht zielgerichtet eingesetzt werden. Die Erforschung des Online-Suchverhaltens erhält damit einen sehr wichtigen Bezug zum (Online) Marketing.

Für Betreiber von Suchmaschinen ist es wichtig, Erfahrungen über die Struktur von Suchanfragen zu sammeln, um dem Nutzer mit Hilfe einer optimierten, benutzerorientierten Suchoberfläche Empfehlungen auszusprechen oder Hilfestellungen bei der Formulierung von Suchanfragen zu geben. Weiterhin können Störfaktoren für Internetnutzer bei der Suche im Internet eliminiert werden. Web-Angebote können direkt am Verhalten der Suchenden ausgerichtet werden, indem die Inhalte an die Interessen der Suchenden und deren Suchbegriffe angepasst werden.

Ein Ziel dieser Arbeit lautet daher, nicht nur beschreibende Tatsachen und Auszüge der Ergebnisse darzulegen, sondern ebenfalls Implikationen für die beteiligten Parteien (Suchende, Suchmaschinen und Webseiten) bei der Online-Suche abzuleiten.

Im Folgenden werden Kernergebnisse einer 2004 durchgeführten Online-Umfrage angesprochen und dazu die Ergebnisse der Analyse von Suchanfragen verschiedener Suchmaschinen präsentiert. Im Anschluss werden Dauerbrenner und Eintagsfliegen bei Suchanfragen vorgestellt. Aus den Ergebnissen werden dann Handlungsempfehlungen abgeleitet und die weiterführende Forschung auf Basis der erhobenen Daten angesprochen.

Kernergebnisse der Umfrage

Die Startseite der Umfrage „Suchmaschinen und Suchverhalten im Internet“ wurde von 6.773 Personen aufgerufen, von denen 5.925 nahezu alle Fragen beantworteten.

In der Umfrage wurden Fragen zum Suchverhalten, zu Suchstrategien und zum Personalisierungsbedarf der Internetnutzer gestellt.

Durch den selbstselektiven Charakter der Online-Umfrage nahmen insgesamt versiertere Internetnutzer teil. Durch die Abfrage des Wissens über die Funktionsweise von Suchmaschinen kam aber heraus, dass nur ein Drittel der Teilnehmer tatsächlich über Grundkenntnisse verfügen. Weiterhin war der Altersunterschied bei den antwortenden Personen geringer und der Anteil der männlichen Teilnehmer höher, als dies bei klassisch durchgeführten Umfragen der Fall ist. Dieser Effekt wird bereits bei Theobald (2000) angesprochen.

Insgesamt werden nur wenige Suchbegriffe eingegeben und Ergebnisseiten angeschaut. Die Recherche nach Personen und Produkten spielt eine große Rolle bei der Internetrecherche. Die Probanden lehnen Werbung im Internet ab und führen keine Personalisierung „ihrer" Suchmaschine durch, indem die Suchmaschine den Bedürfnissen angepasst wird. Die Teilnehmer störte vor allem die Angabe von Ebay-Webseiten und Trefferduplikaten in den Ergebnislisten.

Bei der Durchführung von Gruppenvergleichen zeigte sich, dass Angestellte gegenüber der Gruppe der Studenten eine zeitoptimiertere Herangehensweise an die Internetrecherche haben. Frauen stöbern gegenüber Männern mehr in Nachrichten. Nutzer, die mehr Grundkenntnisse über die Funktionsweise von Suchmaschinen besitzen, lehnen Werbung stärker ab und gehen bei der Suche zielgerichteter vor.

Analyse von Suchanfragen

Seit 2004 werden drei Suchmaschinen (Fireball, Lycos, Metaspinner) beobachtet, indem die Suchanfragen aus der LiveSuche gespeichert und geeignet ausgewertet werden. Die LiveSuche wird nicht von allen Suchmaschinen angeboten. Es werden bei dieser Funktion zeitgleich durchgeführte Suchanfragen anderer Suchmaschinennutzer der gleichen Suchmaschine in einer Liste angezeigt. Von Metager wurden die top 4000 Suchbegriffe des Tages per eMail zugesendet.

Suchmaschine	Erster Tag	Letzter Tag	Zeitraum	Anzahl Tage
Fireball	18.08.2004	20.09.2005	13 Monate	399
Lycos	14.08.2004	20.09.2005	13 Monate	403
Metager	11.11.2004	20.09.2005	10 Monate	314
Metaspinner	28.09.2004	20.09.2005	12 Monate	358

Tabelle 1: Erhebungszeiträume der Suchmaschinen

Die Erhebung der Suchanfragen wird für ausgewählte Suchmaschinen fortgeführt, um die aktuelle Datenbasis von Suchanfragen weiter auszubauen. Die Ergebnisse, die an dieser Stelle vorgestellt werden, beziehen sich auf einen Zeitraum bis zum September 2005. Die genauen Erbungszeiträume sind in Tabelle 1 dargestellt.

Als Eckdaten zur Beschreibung des Datensatzes seien die gesamte Anzahl der Suchanfragen (SA) und der Terme genannt. Die Summe aller Suchanfragen, die während eines bestimmten Zeitraumes eingegangen sind, wird als Bruttoanzahl der Suchanfragen bezeichnet. Das gleiche gilt für die Terme. Die Anzahl der eindeutigen Suchanfragen bzw. Terme wird als Nettoanzahl angeführt. Hierbei wird nicht die Anzahl des Auftauchens summiert, sondern die Anzahl Suchanfragen oder Terme, die überhaupt aufgetaucht sind. Die Zahlen sind in Tabelle 2 gegenübergestellt. Von Spink/Jansen (2004) oder Silverstein et al. (1999) wurden ähnliche Erhebungen durchgeführt. Die Datenbasis war jedoch jeweils eine andere und wurde zudem zu unterschiedlichen Zeitpunkten erhoben. Es mangelt dadurch an Vergleichbarkeit der einzelnen Studien.

Suchmaschine	Brutto SA	Netto SA	Brutto Terme	Netto Terme
Fireball	132.833.007	17.992.069	241.833.877	6.296.833
Lycos	189.930.859	29.322.366	344.242.099	11.232.710
Metager (Top-4000)	4.407.566	678.655	7.333.343	430.338
Metaspinner	4.089.731	1.287.417	7.853.501	627.507

Tabelle 2: Brutto- und Nettoanzahlen der Suchanfragen und Terme

Bei der Analyse der Suchanfragen stellte sich beispielsweise heraus, dass die Anfragelänge in allen Suchmaschinen ähnlich kurz ist. Die durchschnittliche Anzahl der Terme pro Suchanfrage beträgt 1,6 (Metager), 1,7 (Lycos) und 1,8 (Fireball und Metaspinner). Diese Zahlen basieren auf der Bruttomenge der Suchanfragen.

Der prozentuale Anteil von allen Suchanfragen, die eine Phrasensuche (z.B. „Münchner Kreis") enthielten, war sehr gering. Bei Fireball waren nur 2,1 %, bei Lycos nur 1,7 % und bei Metaspinner nur 2,1 % vorhanden. Für Metager wurde diese Zahl nicht bestimmt, da dies auf Grund der vorliegenden Datenbasis nicht möglich war.

Bei Fireball und Metaspinner konnten zusätzlich die Suchbereiche ausgewertet werden. Es stellte sich hier heraus, dass bei beiden Suchmaschinen die „Deutsche Suche" bevorzugt wird. Bei Fireball lag hier der Anteil bei 66,4 % und bei Metaspinner bei 88,1 %. Bei Fireball spielt danach die Bildersuche mit 24,5 % die nächstwichtige Rolle. Diese Ergebnisse sind nicht überraschend, da die Suche nach deutschen Inhalten der Voreinstellung entspricht. Passend zu den Antworten der Umfrage wird also keine personalisierte Suche durchgeführt.

Ein weiteres Ergebnis aus der Analyse ist, dass ein starker Montagseffekt bei der Internetsuche vorhanden ist. Die Internetnutzer suchen verstärkt an Montagen. Das Volumen der Suchanfragen pro Tag nimmt dann während der Woche ab, um am Wochenende wieder langsam anzusteigen. Man kann hier die Hypothese unterstellen, dass die Suchenden die Informationen, die an Wochenenden gesammelt werden, an dem darauffolgenden Tag verarbeiten. Liegt auf einem Montag ein Feiertag (bspw. Ostermontag), dann verschiebt sich der Effekt auf den Dienstag darauf. Eine weitere Hypothese ist, dass die Internetrecherche nicht als Freizeitvergnügen angesehen wird. Sie ist durchaus zeitaufwendig und wird zu Gunsten anderer Aktivitäten am Wochenende zurückgestellt. Der Start in die Woche beginnt dann mit dem Abbau des „Informationsdefizits".

Bei der Betrachtung der Top-10 der Suchanfragen und Terme wird deutlich, dass diese Listen nicht repräsentativ sind, beziehungsweise aus verschiedenen Gründen absichtlich verfälscht werden. In diesen Listen sind lediglich erotische Inhalte und Füllwörter zu finden. Zudem sind die Listen auf Seiten der Suchanfragen ebenfalls durch Terme besetzt: Die häufigsten Suchanfragen bestehen nur aus einem Term. Auf eine Darstellung wird in diesem Rahmen verzichtet. Um die Relevanz von Termen oder Themengebieten zu erkennen, muss eine tiefere und zeitabhängige Auswertung vorgenommen werden.

Dauerbrenner und Eintagsfliegen

In diesem Zusammenhang werden nur noch Terme betrachtet, da Suchterme im Schnitt häufiger wiederauftauchen als Suchanfragen. Um einen Einblick in die Verteilung der Terme zu bekommen, wird betrachtet, wie groß die Nachfrage nach einem Term pro Tag ist. Taucht ein Term während der gesamten Periode nur an einem Tag auf, dann wird dieser als eine Eintagsfliege (Mayfly) bezeichnet. Kommt er an vielen Tagen der Erhebungsperiode vor, dann wird von einem Dauerbrenner (Evergreen) gesprochen. Man kann einen Dauerbrenner auch dahingehend definieren, dass er nur an 90 % der erhobenen Tage auftauchen muss. Weiterhin kann wahlweise auch eine Mindestschranke eingeführt werden, über der das nachgefragte Volumen eines Terms an einem Tag liegen muss, damit er überhaupt in Betracht gezogen wird.

Die Dauerbrenner zeigen, dass über den erhobenen Observationszeitraum verstärkt nach Erotik, Reise, Multimedia und Füllwörtern gesucht wird. Der Einblick in die Dauerbrenner liefert bessere und detailliertere Ergebnisse als die Betrachtung der Top-10 Listen. Weiterhin ist erkennbar, dass die Suchenden keine Grundkenntnisse über die Funktionsweise von Suchmaschinen haben, da ansonsten nicht so viele Personen Füllwörter eingäben, die bei der Suche nach Webseiten keine verfeinernde Wirkung für die Suche haben.

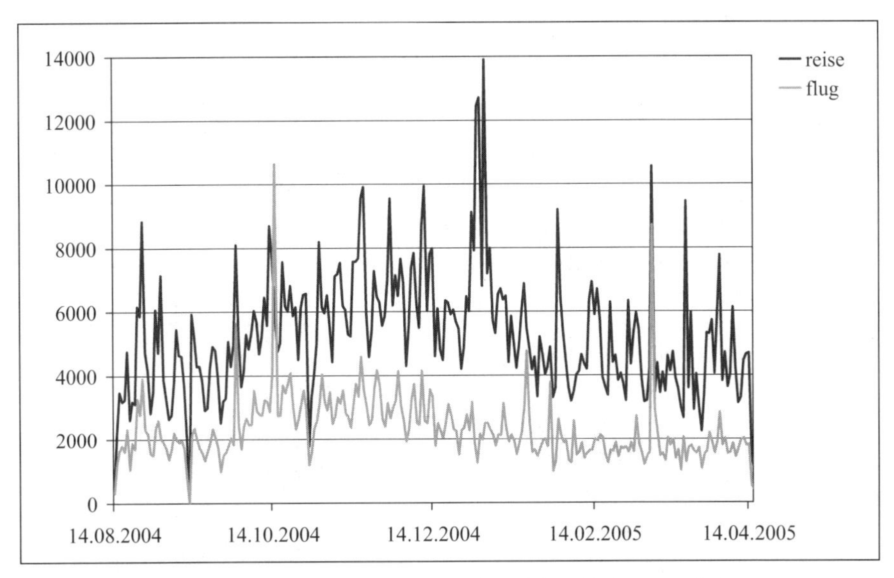

Bild 1: Nachfragevolumen von Dauerbrennern während der Erhebungsperiode

Sieht man sich den Verlauf des Nachfragevolumens über die Zeit der Erhebungsperiode in Bild 1 bei den Termen Reise und Flug an, dann ist erkennbar, dass sich Dauerbrenner auf einem sehr hohen Niveau befinden und kontinuierlich über einem imaginären Schwellwert liegen. Es treten aber trotzdem Schwankungen auf.

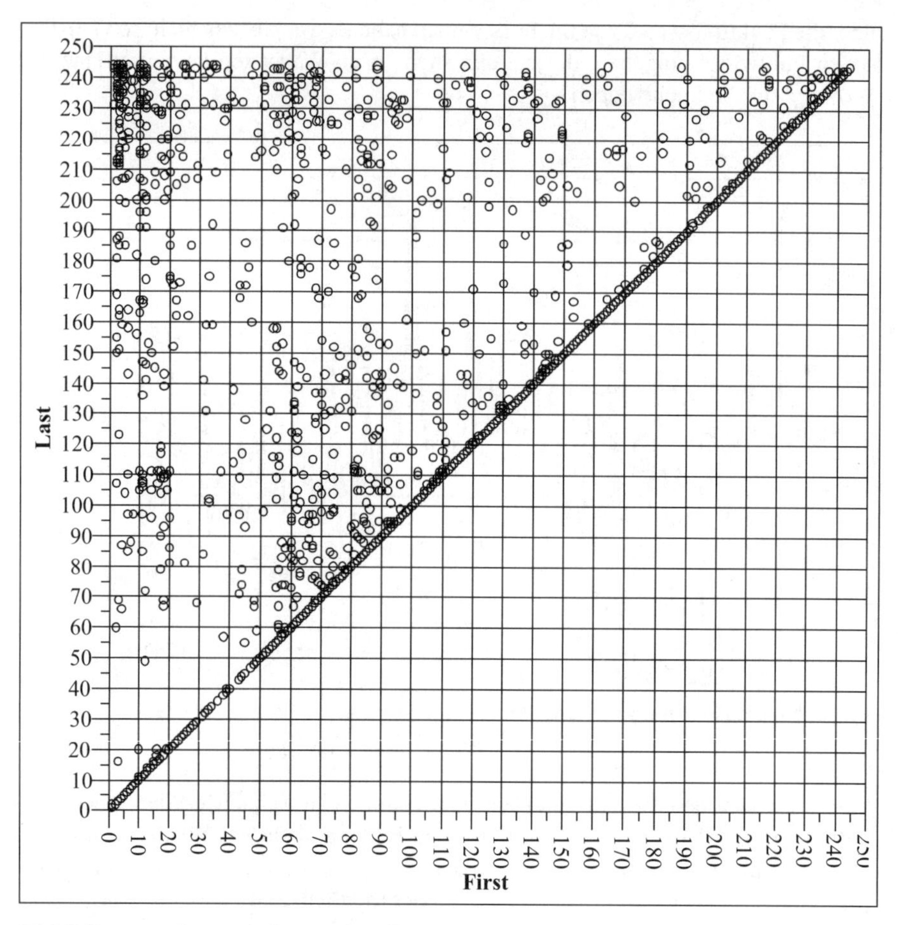

Bild 2: Erstes vs. letztes Auftreten eines Terms

In Bild 2 ist das erste Auftreten eines Terms (x-Achse) gegenüber dem letzten Auftreten (y-Achse) abgetragen. Wie man sieht sind sehr viele Eintagsfliegen vorhanden, welche die Winkelhalbierende bilden. Die Dauerbrenner sind als dunkler Pulk in der linken oberen Ecke zu finden.

Insgesamt konnten mit der Definition dieser Terme generelle zeitliche Klassen von Termen gefunden werden. Interessant ist die Kenntnis dieser Dauerbrenner, um beispielsweise Caching Strategien für Suchmaschinen abzuleiten. Terme und Suchanfragen, die immer nachgefragt werden, müssen nicht bei jeder neuen Anfrage auf ein Neues gesucht werden. Die Personen, die nach diesen Termen suchen, können einfach aus dem Cache bedient werden. Zudem müssen die Trefferlisten nicht jedes Mal neu berechnet werden, sondern können als statische Liste der empfohlenen Webseite ausgegeben werden, die nur von Zeit zu Zeit aktualisiert werden.

Handlungsempfehlungen und weitere Forschung

Da die Suchenden keine Operatoren bei der Suche einsetzen und auch die Phrasensuche selten genutzt wird, um Suchbegriffe einschränkender zu verwenden, wird empfohlen, eine Tabu-Suche einzuführen. In diesem Fenster kann der Suchmaschinennutzer Begriffe eingeben, die er auf keinen Fall in den darauf angezeigten Ergebnissen finden möchte. Dies hilft dem Konsumenten bei der Suche insofern, da er meist nicht artikulieren kann, was er haben möchte, aber sehr wohl deutlich machen kann, was er nicht möchte.

Der Einsatz von Werbung sollte gezielt vorgenommen werden, da ein Ergebnis der Umfrage war, dass Werbung generell abgelehnt wird.

Die Caching Strategien für Dauerbrenner von Suchtermen wurden schon oben besprochen. Für die Gestaltung von Websites ist die Kenntnis dieser Terme interessant, um beispielsweise Themen auf den Seiten aufzunehmen, die einen Dauerbrenner-Charakter haben. Bei den Eintagsfliegen können keine Strategien abgeleitet werden, da diese Terme zu selten auftauchen, als dass sie für Marketing-Aktionen interessant werden.

Insgesamt wird die weitere Erforschung der Online-Informationsverarbeitung von Menschen angestrebt. Wenn es Dauerbrenner und Eintagsfliegen gibt, dann sind dazwischen ebenfalls Terme vorhanden, die andere Charakteristiken aufweisen. Beispielsweise sind periodisch auftretende Terme vorhanden und solche, die in Zusammenhang mit einem bestimmten Ereignis auftreten. Diese Charakteristiken sind interessant, um Empfehlungen auszusprechen, wann und wie lange bezahlte Anzeigen in Trefferlisten von Suchmaschinen gebucht werden sollen. Diese Empfehlungen des Buchens geeigneter Schlagwörter können allgemein ausgesprochen werden, wie im Fall der Dauerbrenner, oder sie werden für eine Webseite angepasst, nachdem diese inhaltlich analysiert wurde. Man kann also noch zwischen der globalen und der spezialisierten Analyse solcher Muster unterscheiden.

Zudem ist es möglich, durch die Ähnlichkeiten im zeitlichen Verlauf der Nachfrage verschiedener Terme Rückschlüsse zu ziehen, dass diese ein gemeinsames Thema betreffen. Für weitere Schlüsse und Analysen ist die mathematische Formulierung verschiedener Termklassen und deren Charakteristika wichtig.

Die Kenntnis der Dauer des Online-Informationsbedürfnisses von Suchenden ist für die Zukunft wichtig, um mehr über die Psychologie des Menschen bei der Informationsaufnahme zu erfahren. Die changierenden Volumina von Suchanfragen pro rata temporis können als Gehirnströme gesehen werden, die das Informationsbedürfnis wiedergeben. Verschwindet dieser Strom, dann ist die Recherche online abgeschlossen, die Suchenden sind dann aber offline immer noch auf einem aktivierten Niveau der Informationsaufnahme. Mit dieser Kenntnis lassen sich auch Offline-

Marketingaktionen verbessern. Hierbei ist die Länge der Informationsaufnahme und die Aktivität der Gehirnströme, die mit der Wichtigkeit bzw. Brisanz des Themas zusammenhängen, erhebenswert.

Weiterhin können durch das Erkennen von (Mikro)Trends in Suchanfragen neue Möglichkeiten von Produkten und Diensten aufgezeigt werden. Ein Anbieter kann so an einem sehr frühen Zeitpunkt auf Bedürfnisse des Konsumenten reagieren bzw. diese vorhersehen. Die Einbeziehung dieser psychologischen Aspekte bei der Online-Suche werden zukunftsweisend für die Weiterentwicklung von Suchmaschinen und anderer Online-Dienstleistungen sein.

Die Datenerhebung von Suchanfragen wird weitergeführt, um diese Forschungsansätze weiterzuverfolgen. Mit der wachsenden Länge der Observationsperiode werden zeitliche Analysen von Periodizitäten und Trends besser möglich. Die Muster auf globaler Ebene werden ebenfalls deutlicher und aussagekräftiger werden.

Die hier vorgestellten Ergebnisse stellen einen kurzen Auszug der durchgeführten Analysen und Ergebnisse dar. Detaillierte Auszüge sind bei Schmidt-Mänz/ Koch (2005 und 2006) und bei Schmidt-Mänz/Bomhardt (2005) zu finden.

Literatur

Schmidt-Mänz, N./Bomhardt, Ch. (2005): Wie Suchen Onliner im Internet?, in: Science Factory 2/2005, Absatzwirtschaft, http://www.absatzwirtschaft.de/pdf/sf/Maenz.pdf.

Schmidt-Mänz, N./Koch, M. (2006): A General Classification of (Search) Queries and Terms, angenommen, 3rd International Conference on Information Technologies: Next Generations, Las Vegas, Nevada, USA.

Schmidt-Mänz, N./Koch, M. (2005): Patterns in Search Queries, in: Baier, D., Decker, R., and Schmidt-Thieme, L. (Eds.) (2005): Data Analysis and Decision Support. Springer, Heidelberg, S. 122-129.

Silverstein, C./Henzinger, M./Marais, H./Moricz, M. (1999): Analysis of a Very Large Web Search Engine Query Log, ACM SIGIR Forum, 33(1), S. 6-12.

Spink, A./Jansen, B. (2004): Web Search: Public Searching of the Web, Kluwer Academic Publishers.

Theobald, A. (2000): Das World Wide Web als Befragungsinstrument, Gabler Edition Wissenschaft, Interaktives Marketing.

3.2 Digitales Jagen und Sammeln: Ein kritischer, bedürfnis-semantischer Exkurs aus Nutzersicht

Oliver Gerstheimer
chilli mind GmbH, Kassel

Digitales Jagen und Sammeln bezeichnet das antriebsinitiierte und kontextuelle Aufsuchen, Nachstellen, Einfangen, Durchdringen und Aneignen von Daten und Informationen aus digitalen Quellen des weltweiten Cyberspace. Zukünftig didaktische Gesamtkonzepte sind nötig, um bedürfnisgerechte Lösungen anzubieten, die eine gezielte Jagd nach Wissen und eine systemische Sammlung von nutzenwertiger Information aus der IP-Welt unterstützen.

Übergeordnetes Ziel sind neuartige Dienstleistungskreationen die kundenzentrierte Mustererkennungen und Segmentierungen möglich machen, um kundenrelevante Informationen nachhaltig dingfest zu machen, so dass sie in reminiszenter Form zu einem später abrufbaren, begreifbaren und verkörperten Wissensartefakt werden.

Aus dem Blickwinkel des Nutzers ist eine Suchmaschine nur ein Dienst. Möchte man etwas wissen, so gibt man das Suchwort, Themenfeld oder eine Begriffsreihung „mal eben so" ein und lässt sich überraschen und zum Informationsvoyeurismus verführen. Der flüchtige – weil schnelle und prompte – Zugang zu Daten, Informationen oder Gesuchtem ist vordergründig kostenfrei und zunächst inspirationswertig. Ursächliche Bedürfnisorientierung jedes angetriebenen Daten- und Informationsjägers ist ein schneller Überblick, die effiziente Selektion auf das Wesentliche und der Einblick in entsprechende Suchthemen oder Suchbegriffe – aber auch die zeitvertreibende Ablenkung und das unterhaltende Abschweifen. Der Anspruch an Suchergebnisse verwässert mittlerweile in beiden Bedürfnisdimensionen zu einem unscharfen, undifferenzierten Wert, der nicht mehr bewertbar ist.

Die Sicht des Nutzers einnehmen

Die kristallklare Sicht des Nutzers spielt für die strategische Weiterentwicklung und Positionierung der jungen, technologischen Suchmaschinendisziplin eine zukunftsentscheidende und wertschöpfende Innovationsrolle. Neben dem Fokus der anbietenden Entwicklungsunternehmen auf den technologischen Wettlauf neuer und assoziativer Technologien gilt es darüber hinaus das „Digitale Jagen und Sammeln" in zukünftigen mobilen Alltagskontexten von virtuellen Endkunden-Nomaden zu verstehen und zu erkunden. Neue, bedürfnis- und kontextschlüssige Dienste im situativen Gesamtzusammenhang des Kunden sind das Credo für eine Relativierung rein technologischer Zielsetzungen und Optimierungsvorhaben. Eine Technikfolgen- und Wirkungsabschätzung dessen was kommen wird oder kommen soll ist nur dann planungsrelevant, wenn der Nutzer in seinem medialen Veränderungsprozess detailliert studiert wird und seine Rituale sozio-technisch abgeleitet und migriert werden zu alltagskonstruktiven Diensteinnovationen mit deutlichem Mehrwert. Eine konsequente Sicht als „Anwalt des Nutzers“ – oder als planungsvermittelnder „Ombudsmann“ zwischen Technologiezielen und Nutzenwert – der stellvertretend die Wirklichkeit werdenden Zukünfte untersucht, wird es möglich machen sich von der Konkurrenz über einen Technologievorsprung hinaus abzugrenzen und erfolgreich zu sein.

Rasender Stillstand & Beliebigkeit der Werte

Suchmaschinen sind heute der neue rasende Stillstand für eine bisher undefinierte und wenig untersuchte Art der neuen Informationsnutzung – die kein Wissen ist sondern Flüchtigkeit und Datenkonsum ohne deutliche Wissensnachhaltigkeit. Im allgegenwärtigen Spannungsfeld des Menschen zwischen System- und Eigenzeit werden die Versuchung zur Suche und das Auffinden von vielfach Unnützem zur Kompensation von wirklichem Wissensaufbau immer mehr legitimiert. Der unreflektierte Datenbesitz und die Suche als Selbstzweck stehen vor der eigentlichen Nutzung und Verinnerlichung. Die Informationsflut im Internet verkörpert sich über die Suchanfragen im Medium selbst zu einer neuen Art von digital verfügbarem Wissen und stilisiert sich – häufig ohne Grund – zum Wert. Ergebnis ist eine ahnungslose Gutgläubigkeit Suchmaschinen gegenüber bei geringer Qualitätsdifferenzierung.

Digital Aufgefundenes im Internet hat kaum Erinnerungswert und bildet beim Nutzer kaum lang anhaltende oder merkbare Reminiszenzstrukturen aus. Aufgefundenes hat keine wieder erkennbare Gebrauchspatina, welche bei der Orientierung in der eigenen, digitalen Wissensheimat helfen könnte. Beliebig wandern wir ohne Priorisierung und Wertigkeitsvorstellung durch das WorldWideWeb. Der Suchmaschinenzugang wird zum Zeitvertreiber mit Ablenkungscharakter. Informationsartefakte erhalten jedoch erst einen Wert, wenn Sie im Gebrauch oder in der Zweit- oder Weiterverwertung sind. Ohne Jagdtrophäe gibt es keinen stolzen Jäger. Und ohne Ort an dem Trophäen demonstrativ zur Schau gestellt werden, kann es keine Erinnerung oder kein Teilen des Erlebten geben, welches im übertragenden Sinne gleichbedeutend für das Thema Wissen ist. Kilo- und Megabit-Souvenirs von Surf-Reisen und Exkursionen im Webland sind demnach allzu häufig wichtigtuende Jagdausflugbeweise ohne Trophäen-Ort. Diese Download-Trostpflaster sind das was übrig bleibt von der verlorenen Zeit in Suchmaschinen. Sie verschwinden still und ohne Wiederkehr in Ordnerfriedhöfen – den häufig genannten „RMA/LMA-Ordnern“ (Räum-Mich-Auf /Leg-Mich-Ab Ordner). Die unendlichen Weiten des

Internets sind für den Nutzer weder in räumlichen noch in zeitlichen Dimensionen begreifbar. Didaktische Anleitungen oder hilfreiche Zusatzdienste, die den Lernpfad und Verhaltensregeln im Informationsnirvana aufzeigen fehlen. Der menschliche Eros – die Leidenschaft – für das Jagen und Sammeln von Information und die Sucht nach Mehr-Wissen ohne gezielte Reflexion formulieren einen Appell weg von der Beliebigkeit hin zur Zielführung und Orientierung in digitalen Informationsräumen.

Der Blick zurück – 1995

Welche Bedeutung hatte das Internet vor über zehn Jahren? Bernhard E. Bürdek formulierte in seinem Vortrag „Über Jäger und Sammler in einer virtuellen Welt" vor fast genau 10 Jahren eine treffliche Bestandsaufnahme des Status quos und einen zusammenfassenden Ausblick. (HKD Halle (Hrg.): Virtualität contra Realität? 16. Designwiss. Kolloquium. Burg Giebichenstein HKD Halle, 1995).

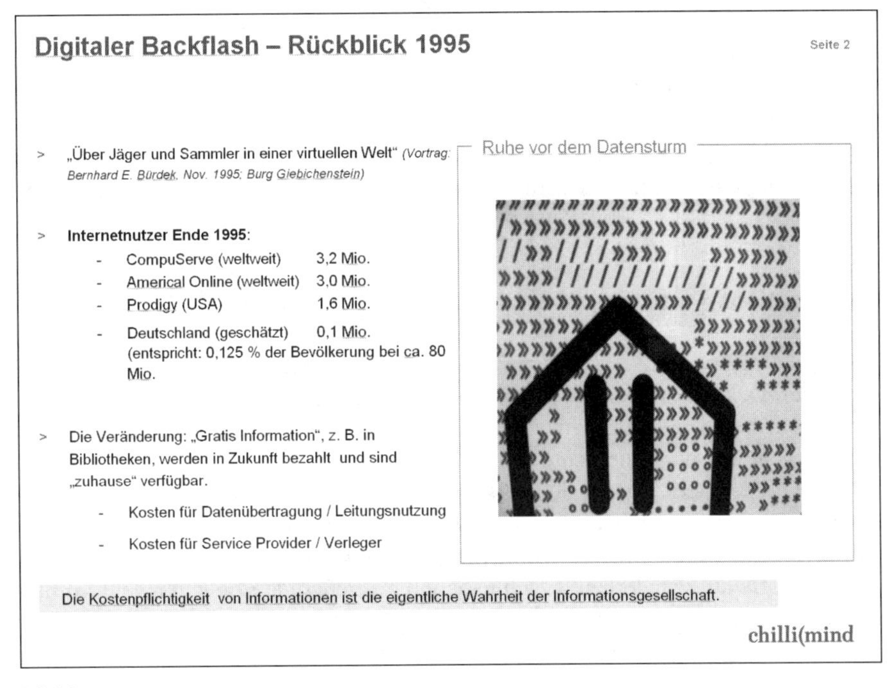

Bild 1

Schätzungsweise 100.000 Menschen hatten Mitte 1995 Internet und erkundeten das damals noch beschaulichen World Wide Web (Bild 1). Das entsprach Bürdeks Umrechnung zufolge ca. 0,125 % der deutschen Bevölkerung bei 80 Millionen Einwohnern. Damals waren die großen Anbieter CompuServ, mit weltweit ca.

3,2 Mio. Kunden, American Online (AOL) ebenso 3 Mio. Kunden und Prodigy mit ca. 1,6 Mio. Usern allein in den USA.

Im Vergleich zu den hohen 3-stelligen Millionen-Zahlen an Internetnutzern heute kann diese Zeit als „Ruhe vor dem Datensturm“ genannt werden. Bereits damals kündigte sich der elementare Paradigmenwechsel durch das Internet an. Bürdek brachte es auf den Punkt, dass die neue Kostenpflichtigkeit von Information die eigentliche Wahrheit der Informationsgesellschaft ist.

Ehemalige Gratis-Informationen und das gesammelte Wissen in Bibliotheken, deren Zugang umsonst war und ist, werden in Zukunft bezahlt, weil sie via Internet „Zuhause“ verfügbar sind. Die neuen Aufwendungen spiegeln sich in Form von Rechner-, Datenübertragungs- und Leitungsnutzungskosten wieder. Im Informationszeitalter wird über Rechnerkapazitäten, Leitungen und Datenübertragung abgerechnet und verdient. Der Kreislauf ist einfach und spiralisiert sich unaufhaltsam weiter. Breitband- und Mobilfunktechnologien kommen nun als neue Migrationsstufe und Katalysatorstufe des Wachstums hinzu und gießen Öl ins Feuer. Mehr Daten brauchen größere Chips, schnelle Computer benötigen dickere Leitungen, neue Kanäle der Distribution brauchen neuartige Contentformate und so weiter und so fort. Die logische Folge davon: der Nutzer benötigt für die viel zu vielen unreflektierten Informationen Such-Hilfen, Finde-Unterstützungen und Orientierungsstrukturen. Die erfolgreiche Geburtsstunde der Suchmaschinen hatte begonnen.

Informationswahrheit und Vertrauen

Aus anwaltlicher Sicht des Nutzers müssen die passierten Entwicklungen der vergangenen Dekade kritischer betrachtet werden. Hierzu ein Exkurs: Im Internet da draußen haben wir heute dem Nutzerverständnis nach „Alles“ zugänglich. Und Suchmaschinen, ohne die heute das Internet gar nicht vorstellbar ist, versprechen mir den hilfreichen Zugang. Soweit so gut! Auch mein Rechner googelt sich morgens als Startseite hoch und wenn ich während des Tages eine Frage habe, die mich auch nur länger als ein Augenzwinkern beschäftigt, gebe ich prompt das Suchwort ein und hoffe auf wunderbare Ergebnisse und bereichernde Erleuchtungen. Mittlerweile ruft mich bereits meine wissbegierige Mutter an, wenn ihr Bonsai krank ist und fordert mich in vollstem Gut-Glauben der Informationsgesellschaft auf: „Du kannst ins Internet, da ist die Lösung, schau doch mal nach!“ Und dann versuche ich stammelnd zu erklären, dass das alles nicht ganz so einfach ist und Suchmaschinen eigentlich Marketingplattformen sind und der Eingabebegriff Bonsai nicht gut ist, unglaublich viele Ergebnisse ausgespuckt und ich unbedingt noch den botanischen oder japanischen Namen des Minibaumes benötige. Das wachsende und bereits vorauseilende Vertrauen in Suchmaschinen ist sozialpsychologisch gesehen gefährlich und mit jedem Tag kann es ins Gegenteil umschlagen. Wohin also führt der Weg der Such(t)maschinen und Ihrer gutgläubigen Nutzer?

Informationsüberfluss und Nutzenwert

Der suchende Informationssüchtige wird heute förmlich von Daten und Informationen überrollt. Oder wie es John Naisbitt trefflich in seinem Buch Megatrends (2000) beschreibt: „Wir dürsten nach Wissen, aber wir ertrinken in Informationen." Das Geschehen der Nutzer erinnert dabei in vielen Fällen an das Entdeckerprinzip wie es T.S. Eliot in Little Gidding – Vier Quartette (1943) beschreibt: „Und das Ende all unseres Kundschaftens, wird sein, am Ausgangspunkt anzukommen, und den Ort zum ersten Mal zu erreichen."

Der ehemals unbeschwerte und lustvolle Antrieb zum Googeln wird von Tag zu Tag unlustiger. So vertraue ich auf dem technikgerüsteten Kriegspfad der Informationssuche eigentlich nur noch der PDF-Dokumentensuchen, weil ich Angst vor dem erschlagenden Ergebniswiderhall einer „Alles-Anfrage" habe. Werbung, Werbung und nochmals Werbung vermiest mir den gutgläubigen Tatendrang nach Information, Recherche und Wissen. Das Ergebnis ist zumeist: gestohlene Zeit oder die bloße Erkenntnis stark angestiegener, selbst verursachter Werbeblocknutzung – Sitebesuche – ohne Sinn, Zusammenhang und Verstand."

Es geht also zukünftig um das Verhältnis von Zweck-Motivation und -Handlung und den Mehrwert der Such- und Finde-Dienstleistungen.

Hierzu ein Bild: „Wenn man eine Schraube festdrehen will, dann nutzt man der Effektivität wegen einen Schraubendreher. Will man effizient sein bei vielen Schrauben so hilft der elektrische Schrauber. Findige Heimwerkermärkte verkaufen, wissend der Bedürfnisse des immer-etwas-zu-tuenden Heimwerkers, hierzu eine Kiste, in der die Werkzeuge abgelegt, sicher und ordentlich verstaut und gefunden werden können. Effektivitäts- und Effizienzprinzipien gelten also auch für den gesamten Kontext des Heimwerkens. Verortung von Gegenständen, die geordnete Ablage und das erinnerbare Widerauffinden und Verstauen sind wichtige und umsatzwertige Angebote. Und nun frage ich Sie unter uns Hobbysuchhandwerkern: Wo ist die Kiste neben Ihrem Suchwerkzeug? Und haben Sie den Nutzer und seine Bedürfnisse im Grunde wirklich, wirklich verstanden? Weiter gefragt: Interessieren Sie sich eigentlich prinzipiell in der Forschung und Entwicklung für Bedürfnisse oder geht es bei Ihnen nur um die „assoziative und semantische" Weltmeisterschaft also die technisch und mathematischen Herausforderung in der Entwicklung? Arbeiten Sie vielleicht nur an der Effektivität und nicht an der Gesamteffizienz des Kundennutzenkontextes?"

Mobilisierung und Migration einer suchenden Technologie

Verständlich ist es natürlich, dass die Effektivität der Suchtechnologie als solches verbessert werden soll – das ist ein hehrer Tatendrang, welcher aber nicht allein die strategische Zielformierung sein darf. Anders ausgedrückt, wenn derzeit bei Suchmaschinenunternehmungen ein Großteil der Entwicklungsressourcen nur auf diese Ziele angesetzt sind, so wird entscheidendes übersehen. Nämlich mit was man wirklich Wertschöpfung betreiben kann – dem kontextuellen Vorausdenken und dem serviceorientierten Hineindenken in den Kundenalltag heute und morgen. Wer das Suchen anbietet sollte der puren Logik nach auch Lösungen für Ablagedienstleistungen anbieten.

Ich sage Ihnen auch gleich wieso: Auf meinem Rechner-Desktop ist eine Ablage für Downloads erst mal unproblematisch – vielleicht etwas unkomfortabel wie es derzeit passiert. Der Service „Suchmaschine" migriert aber unaufhaltsam in Richtung kleiner mobiler Taschencomputer – und damit wird das Problem offensichtlich. Glauben sie mir, weit über eine Milliarde Mobilfunknutzer können nicht irren – Suchmaschinendienste in lokalisierter und globaler Dimension werden dort bald eine gewichtige Rolle spielen – als Technologie im Netz für die Rechner selbst und insbesondere als Service. Auf Mobilfunkgeräten, dem zukünftigen Jäger und Sammler-Tool mobiler Menschen, können nirgendwo auf dem „Schreibtisch" Dokumente usabilitygerecht abgelegt werden. Spätestens im Zuge dieser konvergierenden Geräte- und Netzmigration des Dienstes „Suchmaschine" auf mobilisierte Computerformate stellt sich die Frage nach den durch- und vorgedachten Folgedienstleistungen zum „Jagen und Sammeln" besonders deutlich: Wird mein Handy zukünftig einen digitalen Rucksack oder einen leicht zugänglichen dezentralen Datenhafen bekommen, wo all die aufgefundenen Wissens- und Informationsartefakte aufbewahrt und sinnvoll abgelegt werden? Wie also geht das genau und wo ist der Beweis, dass es aus Nutzersicht komfortabel ist? Die Herausforderung ist offensichtlich: Nur wer die Handlungs- ketten alltäglicher Kundenkontexte als gesamtheitlichen Prozess oder als vernetzten Ablauf im sozio-technischen Migrationszusammenhang versteht, der wird die Zukunft seines Produkts richtig und wertschöpfend antizipieren und in zielführende Innovationsstrategien umsetzen können. Das Wissen um die Bedürfnisketten der Kunden Heute und Morgen ist damit das größte Indiz und der Wegweiser zu neuen Marktpotenzialen.

Suchen und Finden war heute „digitales Jagen und Sammeln" ist Morgen. Denn jagen und sammeln heißt: „Ich will es suchen und haben, ich will es essen und verinnerlichen, ich will es erlegen und verkörpern, ich will es besitzen und wieder auffindbar und nachhaltig als Wissen ablegen. Aufgefundenes ist der Zeit- und Besitzschatz des digitalen Jägers und Sammlers. Nur ein Werkzeug der Suche anzubieten ist zukünftig zu wenig. Die Gebrauchsanweisung, die Folgedienstleistung, der Zusatzservice und das personalisierte Verständnis, in welchem Kontext ich diese Informationen und Suchergebnisse eigentlich nutzen und weiterverarbeiten möchte, macht eine echte Dienstleitung mit wahrem Nutzenwert aus.

Überlegen Sie sich die Möglichkeiten, wenn Ihnen jemand das Potenzial aufgezeigt hätte, bereits in der Jugend damit zu beginnen rubrikbezogen digitale Sammlungen nachhaltig anzulegen. Adressen, Zitate, Vokabeln, Erkenntnisse usw. Wäre es nicht unglaublich Sie würden eine eigene Sammlung von selbst erjagtem Wissensgut besitzen – sorgfältig gewachsen über die Jahre, in benutzerfreundlich zu erreichenden Rubriken ihrer persönlichen Denk- und Ablagestruktur? Erahnen Sie die Möglichkeiten und den Sprengstoff den das nutzerzentrierte digitale Jagen und Sammeln im Bezug auf Innovationen hervorbringen kann? Suchmaschinen als Technologie und als Service können ein wichtiger Teil konvergierender Wertschöpfungsgefüge sein, wenn der Nutzer mehr in das Zentrum der Entwicklungsvorhaben gestellt wird. Zu den heutigen Such- und Sammelleidenschaften der Nutzer werden durch die mobilen Möglichkeiten weitere Such- und Findeparameter hinzukommen. Lokalisierung und Echtzeitaspekte werden das Suchen und Finden von digitalen Daten zum Beispiel auf Lebewesen, Gegenstände und zeit-/ortsgebundene Momente und Situationen profil- und kontextbezogen erweitern. Kartographische Navigations- und Ablagesysteme werden die mind-ergonomischen Denk- und Handlungsstrukturen der Nutzer aufgreifen.

Reminiszenz und Verkörperung von Erjagtem

„Ich suche nicht – ich finde" ist eines der Zitate von Pablo Picasso mit dem er die Zielorientierung und Ergebnismotivation beschreibt. Wer etwas Gesuchtes findet, möchte es behalten und sich zu einem entsprechenden Anlass oder Ereignis wieder daran erinnern oder es weiternutzen. Die Erinnerungsfähigkeit (Reminiszenz) an Gefundenes ist daher ein weiteres Potenzialfeld in der Bedürfniskette neuartiger Dienste. Wissen Sie denn wo „eben genau das eine Dokument" ist und wie es auffindbar ist, das Sie beim letzte googeln nach einer halben Stunde entdeckt hatten. Es hatte die Farben grün und blau, war aus dem Jahr 2005 und es war eine PowerPoint-Präsentation von einem Institut dessen Namen sie vergessen haben.

Der Mensch denkt analog in Form von Buchseiten, Systembäumen oder Kartenstrukturen und er denkt in visuellen Gestaltungsmerkmalen, wie zum Beispiel Farben, Fotos, Typografie und Grafik. Er kann Ihnen prompt sagen wann und mit wem er an welchem Ort war, und was er dort erlebt hat. Aber der Mensch kann nicht im Ansatz sagen wo er im digitalen Webspace vor ein paar Tagen ein bestimmtes Dokument gefunden hat. Die Erinnerungsstrukturen und Orientierungsfähigkeiten von Nutzern in digitalen Räumen unterscheiden sich elementar von analogen Informationsträgern, wie das Beispiel des Lernens von Lateinvokabeln aufzeigen soll. Es war nie das Problem das „gelbe" Vokabelbuch mit einem Griff auf dem Buchregal zu finden. Darüber hinaus wusste man auch nach Tagen noch genau, dass die gefragte Vokabel-Übersetzung auf „Seite 17, das Dritte oder vierte Wort links unten" war. Auch wenn häufig die eigentliche gesuchte Übersetzung nicht parat war, man hatte die Verortung vor Auge und die Erinnerung brachte viele Details zur Orientierung. Die mind-ergonomischen Fähigkeiten des Menschen Gesammeltes reminiszent zu Verortung, sich darin zu Orientieren und Informationen zu einem späteren Zeitpunkt wieder auffindbar zu machen, ist eines der wichtigsten Usability-Prinzipien der Zukunft die es zu gestalten gibt. Wo und wie finde ich nach menschgerechten Denkstrukturen und nicht suchmaschinentechnologischen Prinzipien Daten. Derzeit sind die Ergebnislisten und insbesondere downgeloadete Daten auf dem Desktop weit weg von benutzerfreundlichen Lösungen. Nur erlernt denken wir in Listen- und Baummenüstrukturen. Assoziative Verortung und semantische Strukturen und Darstellungen werden kommen und die blau unterringelte Hyper- und Cross-Links ablösen. Dateien werden „digitale Eselsohren", Fingerabdrücke oder Nutzungszähler bekommen, um sie semantisch mehrdimensional kenntlich zu machen. Digitale Patina (Gebrauchsspuren) sowie Erinnerungs- oder Bewertungsmerkmale für Aufgefundenes und Abgelegtes gilt es als zusätzliche Dienstleistung des Suchens zu gestalten. Die Erinnerung an Aufgefundenes als gestaltbar wahrzunehmen ist das Ziel. Die Möglichkeiten der Visualistik bieten hierfür mannigfaltige Lösungen an, um Suchstrukturen oder Ergebnisse und Daten zu visualisieren. Persönliches Branding, und die indizierte Markierung von Dokumenten schaffen aktive Transparenz über Datenbestände. Hier fehlt es rund um das Thema „Suchen und Finden" an elementaren Markierungsmöglichkeiten für eine bedürfnisgerechte Weiterverarbeitung. Zukünftig werden auch Lokalisierungs-, Verfalls- und Zeitmarkierungssysteme von großer Bedeutung werden. Der mobile Jäger und Sammler benötigt lokations- und kontextbasierte Kenntlichmachungsautomatismen, die er mit individuellen Elementen zu einer personalisierten Ablage ausbauen kann.

Kulturhistorisches über das Jagen und Sammeln

Kulturgeschichtlich waren die ersten Jäger Hetz- und Treibjäger, die hinter dem Wild kilometerlang, monatelang hergerannt sind bis es irgendwann erschöpft umgefallen ist. Dann stellte der Mensch seine Jagdtaktik um. Mit der Pirschjagd legte man sich auf die Lauer und wartete auf das erstrebte Ziel. In den heutigen Suchmaschinen agiert der Nutzer wie die erste Gattung Jäger. Sie jagen, angetrieben von Ergebnislisten kilometerlang klickend hinter dem erstrebten Informationswild her und sind unterwegs auf einer digitalen Hetz- und Treibjagd dach Daten. Nutzer sehnen sich nach der gezielten Pirschjagd bei der man sich auf die Lauer legt und abwartet dass das Gewünschte vor die suchende Informationsflinte läuft. Die geistige Hetzwanderschaft und die Verfolgung von Informationen sind nur selten von langfristiger Freude und Lust geprägt. Wir müssen uns im Klaren sein für was wir unsere Zeit und wie wir sie bewusst nutzen. Der Mensch kann in jeder Sekunde ca. 120 Informationseinheiten verarbeiten. Bewusstsein im Umgang mit dieser Verarbeitungsressource ist kontext- und motivationsabhängig. Die Bilanz aus Eigen- und Systemzeiten ist heute ein entscheidender Faktor für das Überleben im digitalen Alltag. Es wäre vermutlich für manchen Nutzer erschreckend zu erfahren, wenn er am Ende eines Tages statistisch ausgewertet erfahren würde, dass er in Summe eineinhalb Stunden gegoogelt hat, um fünf Kleinigkeiten zu erfahren, die er nicht wusste und schlussendlich unscharf beantwortet bekam. Noch vor zehn Jahren wäre es, qua der Möglichkeiten, gar nicht passiert, dass man sich um Informationen dieser „Körnung“ so detailverliebt und intensiv gekümmert hätte – man wäre einen anderen Weg gegangen oder hätte darauf verzichtet. Die Gefahr einer derartig entstehenden Negativbilanz, einer Offensichtlichkeit der fehlenden Effektivität der Suchmaschinen-Tools und der mangelnden Effizienz im Bezug auf die Zeitaspekte ist einerseits eine Gefahr und andererseits ein weiteres Potenzial für zukünftige Innovationsfelder im Spannungsfeld zwischen Jagen und Sammeln.

Die geringe Zeiteffizienz des Suchens und Findens im Internet steht dem eigentlichen zweckrationalen Handeln beim Prinzip des Sammelns entgegen. Sammeln ist ein meist in der frühen Jugend erlerntes didaktisches Prinzip bei dem der Sammelnde auf eine kriterienbasierten Selektion geschult wird. Grundsätzlich ist Sammeln das zielführende Anhäufen von Informationen und Dingen derselben Beschaffenheit, bzw. von ein und derselben Art oder Kategorie. Sammeln ohne Zielführung ist untypisch für den Menschen. Trotz alledem gleicht das heutige digitale Sammelverhalten auf den Suchpfaden im Internet eher dem verzweifelnden Verhalten von „digitalen Datenmessies“. Vielfach wird downgeloadet auf Teufel komm raus – ohne klare oder nachhaltige Strategien einer sammeltypischen Weiterverarbeitung. Von der beim Menschen kulturhistorisch angelegten Überlebenstechnik des Sammelns nach Qualität, anstelle von Quantität, ist im digitalen Nutzerverhalten bisher wenig zu erkennen. Der Sammler unterscheidet sich vom „glücklichen Finder“ in der stringenten Fokussierung auf gezielte Sammelkategorien. Der Lernpfad des Nutzers im digitalen Raum ist hier erst langsam im Entstehen. Die Leidenschaft für das (digitale) Sammeln ist grundsätzlich in Industrieländern ein stark ausgeprägtes Bedürfnis und zeigt sich auch heute schon in vielfältigen Strukturen im Internet. Digitale Sammlungen wie beispielsweise Top-Links, Musik- oder Fotos aber auch Dokumenten- oder SMS-Sammlungen zeigen jedoch nur die Spitze des Eisbergs zukünftiger digitaler Sammelwut. Der Status- oder Nutzenbesitz, das Herzeigenwollen aber auch das Teilen und insbesondere das effiziente Nutzen digital erjagten Sammlerguts sind typische Bedürfnisorientierungen, die von Suchmaschinenanbietern zukünftig mit neuartigen Diensten und Zusatzleistungen erfolgreich adressiert werden können.

Mustererkennung – das mündige Auge des Nutzers

Das selektierende Auge des surfenden Nutzers ist die Einkaufsabteilung des Menschen. Es ist „wählerisch und sehr mündig“, wenn es um die Kauf- und Bezahlmotivation geht. Visuelle Mustererkennungen, die auf latenten und rudimentären Kognitionsebenen ablaufen, helfen bei der flüchtigen Informationsselektion und Bewertung und prägen den ersten Eindruck des Suchenden elementar. Ohne diese Selektionsmechanismen könnten der Mensch nicht über 60 Ergebnis-Seitenlisten in Suchmaschinen in einer halben Stunde durchscreenen und glauben einen Überblick gewonnen zu haben. Nach Max Wertheimer ist im kognitivem System des Menschen angeborenes oder erworbenes Wissen darüber gespeichert, mit welcher Wahrscheinlichkeit bestimmte Konstellationen und Rhythmik von Mustermerkmalen für bestimmte Objekte kennzeichnend sind. Tatsache ist, der Mensch entwickelt je nach Erfahrungshintergrund in der visuellen Selektion eine Musterkompetenz – latent wissen, oder besser ahnend, welche Information Relevanz haben könnte und welche nicht.

Nutzer von Suchmaschinen im Web haben gelernt, Struktur, Text- und Gestaltungsmerkmale als metaphorisches Patchworkbild zu interpretieren – jeder für sich in einem eigenen Mustererkennungssystem. Texte werden visuell quergelesen und überflogen – ein oberflächlicher Begriffs- und Rhythmikeindruck prägt sich und wird verglichen mit dem intentionalen Zusammenhang der Suchanfrage. Diese Mustererkennung funktioniert faszinierend gut beim Menschen und ist stark abhängig von dem bekannten Medium in dem man sich bewegt. Das Web und entsprechende User-Interfacedarstellungen haben mittlerweile einen großen Bekanntheitsgrad. Kleinere Interfaces, wie beispielsweise bei Mobilfunkdevices müssen noch als Erfahrungswert aufgebaut werden. Ergonomisch gesehen bleibt festzuhalten, dass die Informationsrezeption und die Mustererkennung bei diesen Geräten bis zu dreimal schlechter und unschärfer passieren. Muster- und Merkmalserkennungen sind ein sehr wichtiges Auswahl- bzw. Motivationskriterium für neuartige Dienste. Für den Jäger von Information ist die Mustererkennung zudem ein wichtiges zeitliches Gradmaß. Bleibt eine Spannung erhalten die Hoffnung auf Jagderfolg verspricht? Bin ich im richtigen Jagdrevier und habe ich den trefflichen Begriff eingegeben? Eine schnelle und geschulte Mustererkennung ist für den digitalen Jäger und Sammler essentiell, um abzuschätzen, wie lange er bezogen auf den Informationshunger eigentlich googeln will. Wieso lasse ich mich im Internet, dem digitalen Raum von Belanglosem so leicht ver- und entführen? Wieso verhalten wir uns im Bezug auf die Antriebsmotivation und die Mustererkennung anders als im realen Leben? Wieso wird Zeiteffizienz anders bewertet? Wieso nehmen wir jeden Tag den direkten Weg zur Arbeit, ohne auch nur einen abschweifenden Umweg zu machen, obwohl es auch hier viel versprechende Anreize gibt? Dieses Hinterfragen von Suchmaschinenverhalten ist der Anfang von neuartigen Diensten und konkreter Innovationen. Googeln hat sich zu einer schönen aber auch gefährlich beliebigen Ersatzhandlung entwickelt. Der Nutzer kommt von Hölzchen auf Stöckchen durch das virtuelle Universum, um dann zum Schluss zu bemerken, dass er vergessen hat, was man am Anfang gesucht hat. Die aktive Reflexion von Suchergebniszeiten ist für den Nutzer etwas sehr Wertiges, wenn die Aufmerksamkeit darauf gelenkt wird. Den Nutzer anzureizen über sich nachdenken und sich abends selbst ernsthaft die Frage zu stellen, ob seine Wege bewusst und gewollt waren. Spiegeln Sie den Nutzer mit seinem Verhalten, geben Sie im einen Überblick auf seine Jagdreviere und die Wissenslandschaften in denen er sich im letzten halben Jahr aufgehalten, und wie viel Zeit er damit verbracht hat. Eine selbstreflexive Orientierung im Dickicht, Adlerperspektiven auf den durchforsteten Dschungel, Transparenz über Zeitverhalten sind die Suchfelder für Ergänzungsdienstleistungen und damit zukünftige Alleinstellungsmerkmale.

Zusammenfassung

Digitales Suchen und Finden ist heute – zielführendes Jagen und Sammeln im mobilen Unterwegskontext wird die sozio-technische Entwicklungen von Morgen prägen (Bild 2).

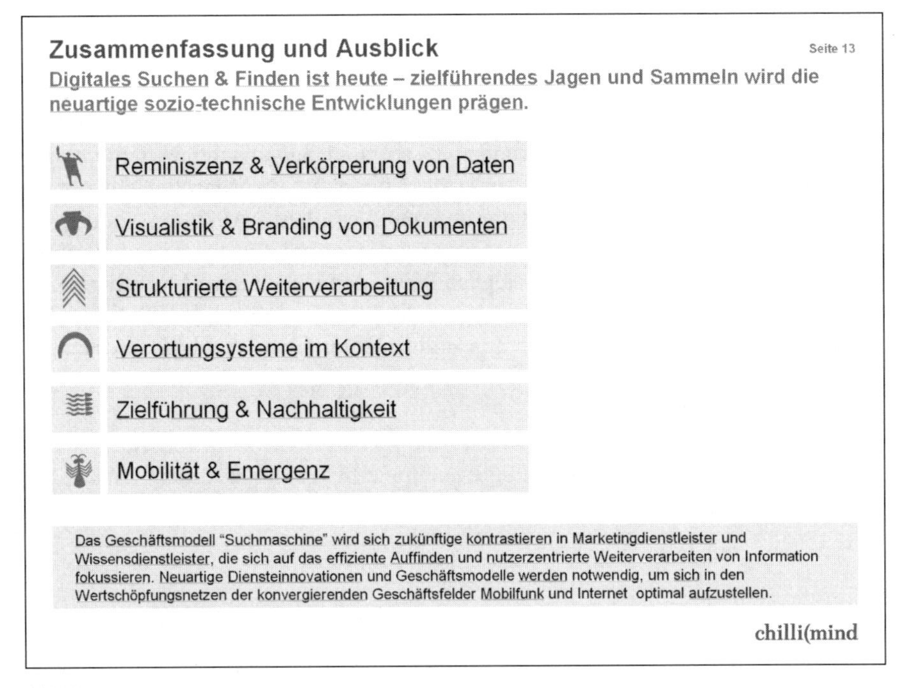

Bild 2

Das Geschäftsmodell „Suchmaschine" – der Service aus Nutzersicht – wird sich zukünftig kontrastieren in Marketingdienstleister und dezidierte Wissensdienstleister, die sich auf das effiziente Auffinden und nutzerzentrierte Weiterverarbeiten von Informationen fokussieren. Spezialisierte Orte im Netz für B2B- und B2C-Nutzungen werden sich herausbilden und entsprechend migrierende, assoziative Suchmaschinentechnologien in unterschiedlichsten Geschäftsfeldern anwenden. Neuartige Diensteinnovationen und Geschäftsmodelle werden notwendig, um sich in den Wertschöpfungsnetzen der konvergierenden Geschäftsfelder Mobilfunk und Internet optimal aufzustellen. Den Unternehmen dieser Welt wird es wichtig sein gefunden zu werden, bestmöglich im Netz positioniert zu sein und adäquat Werbung betreiben zu können. Dem Endkunde jedoch, der nach Wissen oder dezidierter Information sucht wird es Geld wert sein, schnell und effizient an gewünschte Daten zu gelangen und selbst Aufgefundenes weiternutzbar abzulegen.

Es liegt an der strategischen Weitsicht der heutigen Suchtechnologiedienstleister die richtigen Wege einzuschlagen um Beides zu vereinen oder sich auf einzelne Markt- oder Kundensegmente zu fokussieren. Die Kundensicht, dass eine Suchmaschine „nur ein Dienst ist", hilft bei der strategischen Hinterfragung und Identifikation zukünftiger Wertschöpfungsfelder. Der derzeitige Weg einer Suchmaschine für „Alle und Alles" erscheint wie der informationschaotische „digitale Bau zu Babel", der mittelfristig unvereinbar ist mit den wirklichen Anforderungen und Bedürfnissen der Kunden.

Entscheiden sie sich für eine kundensichtige Strategie und vertrauen sie mehr auf die offensichtlichen Bedürfnisse der Kunden als auf die Übergewichtung der Optimierung reiner Suchmaschinentechnologien. Der Mensch ist ein Mensch und bleibt ein Mensch mit seinen angelegten Denkmustern und Verhalternsstrukturen – immer auf der Suche nach Erkenntnis – immer wissens- oder informationsbegierig unterwegs als mobiler Jäger und Sammler. Es liegt an Ihnen, den Kunden von Morgen gesamtheitliche und alltagstaugliche Werkzeuge an die Hand zu geben oder Ihn zum mündigen Verweigerer zu machen, der Zeit und Ergebnis beim „Suchen und Finden" gegeneinander aufrechnet.

3.3 Diskussion

Moderation: Stefan Holtel
Vodafone Group R&D .DE, München

Herr Holtel:
Nach diesem für viele vielleicht herausfordernden Einstieg in eine Thematik, die Sie bisher möglicherweise anders gesehen haben, wollen wir uns noch ein wenig weiter vorwagen. Wir wollen das Thema „Welche Rolle spielt der Benutzer beim Benutzen von Suchmaschinen" nun genauer ausleuchten.

Als erstes begrüße ich Frau Nadine Schmidt-Mänz von der Uni Karlsruhe. Sie hat eine umfangreiche Studie erstellt zur Frage, wie Benutzer mit Suchmaschinen umgehen und was ihr Verhalten auszeichnet – es ist quasi der statistische Kontrapunkt zu dem, was Sie gerade von Klaus Marwitz hören konnten. Es geht jetzt um Empirie und ein Zahlenwerk, dass untermauern wird, was Menschen eigentlich tun, wenn sie sich an Suchmaschinen versuchen.

Frau Schmidt-Mänz
(Der Vortrag ist unter Ziffer 3.1 abgedruckt.)

Herr Holtel:
Ich danke Frau Nadine Schmidt-Mänz für ihre Ausführungen. Um den Kreis zu schließen, bitte ich Herrn Oliver Gerstheimer, Geschäftsführer der Firma chillimind, als Redner ans Pult. Er wird uns noch einen weiteren Zugang zum Thema Suchmaschinen präsentieren.

Sie kennen vielleicht den Ausspruch, dass man „von den meisten Dingen nie etwas zu wissen braucht". Möglicherweise wird dieses Motto bei ihm ja eine Rolle spielen. Zum Hintergrund des Redners: Oliver Gerstheimer beschäftigt sich mit Methoden und Verfahren für das Entwickeln neuer mobiler Dienste. Insofern wird er uns sicher einen sehr speziellen Blick gewähren auf die Frage, was Suchmaschinen auch für dieses Umfeld bedeuten könnten.

Herr Gerstheimer
(Der Vortrag ist unter Ziffer 3.2 abgedruckt.)

Herr Holtel:
Vielen Dank für diesen auch sehr ungewöhnlichen Ansatz, sich dem Thema Suchmaschinen zu nähern. Ich habe mal versucht aufzuzählen, wie viele Disziplinen in diesem Vortrag auftauchten: Philosophie, Soziologie, Design – und es waren noch ein paar mehr.

Wir haben jetzt drei relativ unterschiedliche Zugänge zur Fragestellung der Konferenz präsentiert bekommen. Ich möchte Sie nun auffordern, Ihre Fragen an die Referenten zu formulieren.

NN:
Ich habe eine Frage zur Mustererkennung. Gibt es gute Muster? Gibt es schlechte Muster? Sie haben in etwa angedeutet, dass man bei zu viel Flimmern, Text oder was auch immer, sofort abschaltet. Sind das jetzt Muster, die sozusagen alle User gleich haben oder gibt es auch welche mit sehr großen Toleranzen, die viel Text genau suchen, weil sie Information suchen oder die Werbung gerne mögen? Gibt es einmal gute, schlechte Muster? Und wie unterscheiden sich die Usergruppen in der Akzeptanz von guten und schlechten?

Herr Gerstheimer:
Das was Sie ansprechen ist ein wirkliches Designproblem und damit auch, nach Rittel ein typisch bösartiges Problem, weil natürlich die visuelle Ästhetik an vielen Stellen ausschlaggebend ist, parallel mit der Achse der technischen Affinität und Erfahrung im Umgang mit digitalen Dokumenten. Wenn jemand zum allerersten Mal im Internet ist, ist er relativ unvoreingenommen und noch nicht verdorben, er bewertet Dokument auf der Grundlage seines Erfahrungsschatzes mit Printdokumenten. Später baut sich ein sehr eigenes digitales Mustererkennungssystem auf, nach dem was man sucht und wie man filtert und Auswahlentscheidungen trifft. Diese Art des Auswahlprozesses im Internet kann man wiederum in Genres, in Alterklassen und auch wieder in Designkategorien ausdrücken – also wer eine trendy, konservative oder jugendlich-hippe Website mit neuartigen Interaktionsmöglichkeiten und Navigationsmöglichkeiten hat, oder wer mit vielen Bildern arbeitet und grafische Regeln in der Informationsaufbereitung gestalterisch beherrscht.

Ein Beispiel soll dies auf den Punkt bringen. Als die Computer auf den Markt kamen, hat jeder gemeint, er ist ein Designer und schaffte es vom Stand weg ohne Skrupel 10 oder 20 verschiedene Schriftarten mit drei Größen und verschiedenen Schnitten anzuwenden. Aus dieser Lebenszyklusphase der multiplen Schriftverwendung sind wir nun nahezu herausgewachsen. Eine gut gestaltete Seite hat heute zwei verschiedene Schriftschnitte und maximal drei Schriftgrößen oder umgekehrt – bei reduziertem farblichem Umgang. Auf solche visuellen Gestaltungsmuster wie auch textliche oder andere Visualistik, wie farbliche Gestaltung und grafische Unterstützung, basiert die erste Einschätzungserkennung des Nutzers beim Betrachten von Websites. Die gestalterischen Elemente, die Designauswahl, ist ein elementarer Bereich der Musterbewertung beim Nutzer. Ein weiterer ist die persönliche Suche in seinem Kontext zu einem bestimmten Suchmodus – der Zielführung seiner Suche. Wenn sich ein Nutzer nur berieseln lassen will, läuft auch bei ihm eine andere Mündigkeit und weichere Bewertungsmuster ab. Dann ist er im wahrsten Sinne des Wortes schmerzfreier als wenn er gezielt, unter Zeitdruck etwas Bestimmtes sucht.

In diesem Fall treten die Auswahl und gestalterischen Bewertungsmuster exakter zutage, weil er an der Stelle viel schneller selektiert und fortschreitet. Das sind zum Teil nur Sekundensequenzen einer Websitebetrachtung bis geöffnete Websites sofort wieder zugemacht werden, da eine rein gestalterische Auswahl erfolgt ist ohne wirklich bewusst Textinhalte bewertet zu haben. Diese schnellen Wahrnehmungsmuster der Bewertung fängt mit dem Domainnamen und -klang an und endet konkret bei Designparametern und dem Gesamteindruck der Website.

Herr Holtel:
Herr Eberspächer hat eine Frage.

Prof. Eberspächer, TU München:
Ich habe eine Frage an Herrn Gerstheimer, aber auch an Herrn Marwitz. Sie haben dieses „Lost in Cyberspace", das uns allen ja immer wieder passiert, schön geschildert. Auf der anderen Seite, schon in Zeiten des Konversationslexikons – ich erinnere mich da auch an meine Kindheit – war nichts schöner als sich in einem – natürlich guten – Lexikon zu verlieren und dabei viele Dinge zu lernen, die man sonst gar nicht gesehen hätte. Wie sehen Sie das in dem Umfeld Suchmaschinen? Mir geht es nämlich auch beim Surfen manchmal so, obwohl man natürlich die Zeit nicht hat, sich „fallen zu lassen". Aber ich glaube, das muss doch auch eine Rolle spielen bei dem Thema.

Herr Marwitz:
So oft würde ich ein Lexikon nicht zurate ziehen wie ich Suchmaschinen benutze. Mir ist inzwischen die Freude abhanden gekommen, die vorhanden ist, wenn ich in ein Lexikon schaue und mich darin verliere. Ich sehe das heute anders. Ich habe ein bestimmtes, durch meine Persönlichkeit geprägtes Suchmuster und gehe nach diesem Suchmuster jetzt in ein Medium, das von vornherein auch aufgrund der verwalteten Masse verspricht, mir Antworten zu geben. Ich möchte jetzt aber nicht alle Möglichkeiten durchsuchen, durchforsten, die es eventuell zu diesem Thema noch gibt, sondern ich möchte gern damit arbeiten. Ich möchte also schnell zu einem Ergebnis kommen. Ich hatte das auch vorhin schon erwähnt. Ich möchte nicht erschlagen werden vom zwölfbändigen Lexikon, sondern es soll mir gesagt werden: Greife zum Band 3 und dort findest du im ersten Drittel etwas. Das ist schon eine Eingrenzung. Aber dann möchte ich es noch genauer wissen und möchte aber nicht die dort im ersten Drittel vorhandenen 400 Seiten, je nach Lexikon, noch einmal durchsuchen müssen.

Ich gehe jetzt von meiner Mustererkennung aus. Ich hatte das vorhin auch geschildert. Es gibt keine guten und schlechten Muster, sondern es gibt nur zusammenpassende Muster. Für mich ist ein schlechtes Muster eines, das nicht zu meinen passt.

Herr Gerstheimer:
Vielleicht nur ganz kurz: Ja, ich habe es jetzt nicht stark beleuchtet. Wichtig sind die Zielführung, das Alter desjenigen sowie der Nutzungskontext und die Erfahrung, die der Suchende hat. Wenn ich sehe, wie man früher aus fünf Büchern eine gute Publikation gemacht hat und man heute von Studenten, die das gesamte Internet im Kreuz haben, zum Teil grottenschlechte Patchworkdokumente bekommt, so macht die Entwicklung, bzw. der Umgang mit dem „sich verlieren" nachdenklich, da wirklich nachhaltig auch Qualität verloren geht im Umgang mit Informationen. Das finde ich grausam und genau an der Stelle sage ich, es gibt im Design den schönen Begriff, der früher vom Reisen kam: den Blick schweifen zu lassen. Das ist medienunabhängig. Ob man ihn auf einer Reise durch das Gebirge schweifen lässt oder über Büchervorlagenmaterial. Verschiedene Kreativitätsforscher empfehlen jede Woche eine Zeitung, die man nie als eigene Zielgruppe kaufen würde, zu lesen. Ich habe mir jetzt einmal eine Jagdzeitung gekauft, auch sehr spannend. Man glaubt nicht, was es für inspirierende und spannende Zielgruppendetailbetrachtungen gibt, die helfen den Blick weit schweifen zu lassen. Für diesen neugierigen Begriff, den Blickschweifen zu lassen, dient meiner Meinung nach das Internet als wunderbare Quelle und optimale Inspirationsquelle. Aber dann auch genau nur zu diesem Grund.

Herr Holtel:
Wir nähern uns dem Ende des Panels. Eine letzte Frage bitte.

Eva Bak, Siemens AG:
Herr Marwitz, meine Frage an Sie ist folgende: Sie hatten vorhin die These, dass die Art und Weise wie jemand lernt, also mehr auditiv geprägt, visuell geprägt oder kinestetisch auch die Erwartung prägt, was er für Suchergebnisse haben möchte. Liegen Ihnen empirische Daten darüber vor, wie sich das in einer Bevölkerung verteilt? Gibt es kulturelle Abhängigkeiten, Unterschiede zwischen Männern und Frauen, altersabhängige Unterschiede? Unter Marketingaspekten sind diese Lerntypen und damit auch die Erwartungshaltung an die Suchergebnisse natürlich sehr wichtig.

Herr Marwitz:
Ja, er gibt Ergebnisse, es gibt sehr historische von Frederick Vester, der u. a. in seinem Buch „Denken, Lernen, Vergessen" darauf Bezug nimmt. Das ist auch die Quelle von verschiedenen Lehrplanänderungen gewesen; man hat dann versucht, Lernstoffe visuell, auditiv und kinästetisch zu gestalten. In der neueren Zeit findet man sehr viel in der Literatur zum Thema NLP, Neuro-Linguistisches-Programmieren, und zwar ganz ausgeprägt. Dazu gibt es so viele Bücher, dass ich jetzt kein einzelnes herausgreifen mag – vielleicht ein eigenes. Inwieweit das interkulturell ein Phänomen darstellt: Jein. Wenn wir uns jetzt einmal unseren Kulturkreis anschauen, sagt man, ja, dort kann man es finden. Wenn wir aber weiter östlich gehen, stellt man eine Verschiebung der Sinnes-Präferenzen in Richtung kinästetisch, olfaktorisch und gustatorisch fest, während wir in unserem westlichen Kulturkreis eine Verstär-

kung des visuell-auditiven Bereichs beobachten, und vor allen Dingen eine Verstärkung des kognitiven Bereichs, der zwar nicht direkt einen Sinn anspricht, aber die visuelle Mustererkennung unterstreicht.

Herr Holtel:
Ich möchte dieses Panel mit einer generellen Frage an das Publikum beschließen. Sie stimmen mir sicher zu, dass es sich um eher ungewöhnliche Beiträge der Referenten handelte.

Deshalb: Wer hat in diesen drei Vorträgen nichts Neues gelernt? ... Ich sehe ein, zwei Meldungen. Also darf ich daraus schließen, dass ca. 200 Anwesende offensichtlich irgendetwas aus diesem Panel mitnehmen können.

Hier sehen Sie eine weitere Analogie zur Suchmaschine: Wenn Sie es richtig aufbereitet bekommen, ist immer etwas dabei, was Sie gebrauchen können – auch, wenn Sie es möglicherweise gar nicht erwartet haben.

4 Wie arbeiten Suchmaschinen?

4.1 Search Engine Technologies: Status and Directions

Ingvar Aaberg
Fast Search & Transfer ASA, Oslo, Norwegen

First of all thank you for inviting FAST and me to give a presentation today. The objective of my talk is to bring you information on the basics of search technologies. What is enabling technology of the search engines that you are using? What is enabling technology of the web search engines that you use?

I will provide some background information on my and FAST's perspective. I will walk through the anatomy and the operations of the search engine. What happens when you enter a query? How are you able to a retrieve instant results from very large amounts of data? I will share some thoughts on the internet search market. And, I will briefly touch upon enabling technologies for the future which Dr. Mattos will cover in more depths in the following talk.

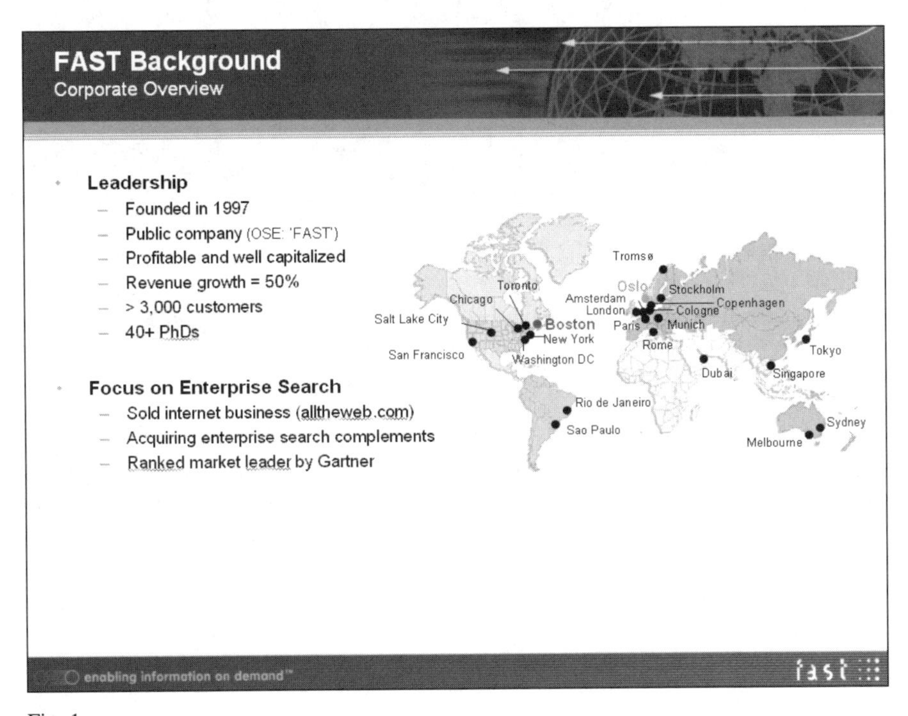

Fig. 1

Very briefly: FAST is a software company which came out of Academia in Norway in 1997 (Fig. 1). We are publicly listed in Oslo and growing very rapidly. We have a core set of extremely skilled engineers and scientists with more than 40 PhDs, in our team. Our focus is on delivering software to enterprises that have needs to deliver and build search solutions. Two, three years ago we sold our internet search engine which called "alltheweb" which now is a part of Yahoo. We have offices around the world including Munich where we in 2000 bought a company out of Ludwig-Maximilians-University group of computational linguists. So, lots of the work that we are doing in classification, semantics and so on is based in our office here in Munich, very good people.

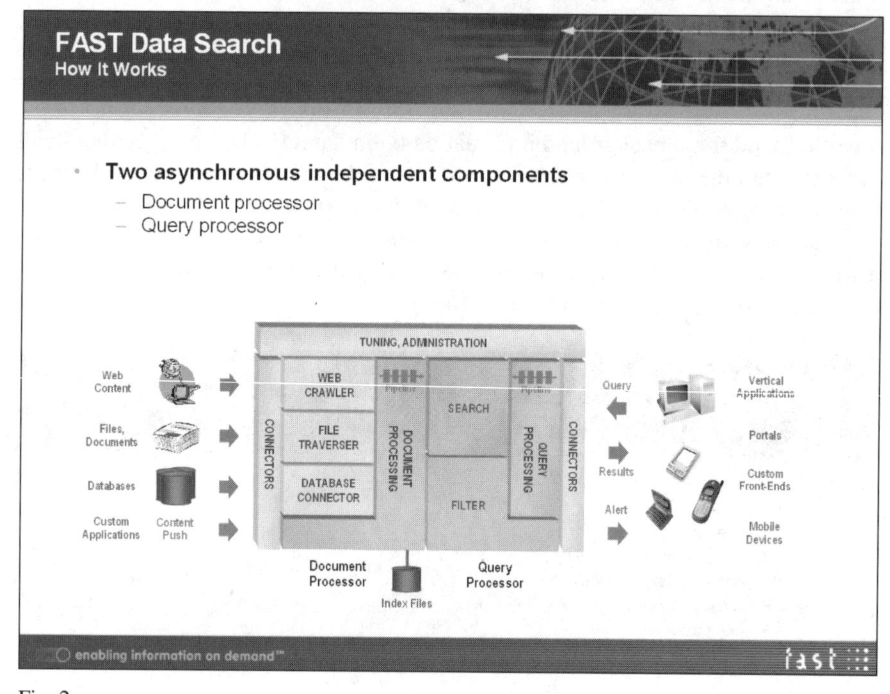

Fig. 2

How does this search engine work (Fig. 2)? What happens? Its basics, and you will find this in any search engine, whether it is from IBM, Google, FAST or whoever, are two independent processors which interact to create the search experience. What the search engine is all about is basically allowing a user using some sort of device, whether it is a computer, a PDA or a mobile phone – to access information which resides in some sort of electronic data repository That repository may be the internet, this is basically what Google does., which crawls the internet, builds an index and makes it searchable. For enterprises there are many different sorts of information sources that needs to be made searchable, including databases, office documents, and other applications.

Our reason of existence is basically to connect users with information which resides in some kind of repository. The development of the search engines originally started out by matching key words. The user was happy to find a document which contained exactly the word of the query. Now we are using sophisticated techniques and analysis to bring together the meaning of content with the meaning of a user query. We will get into some more details of that.

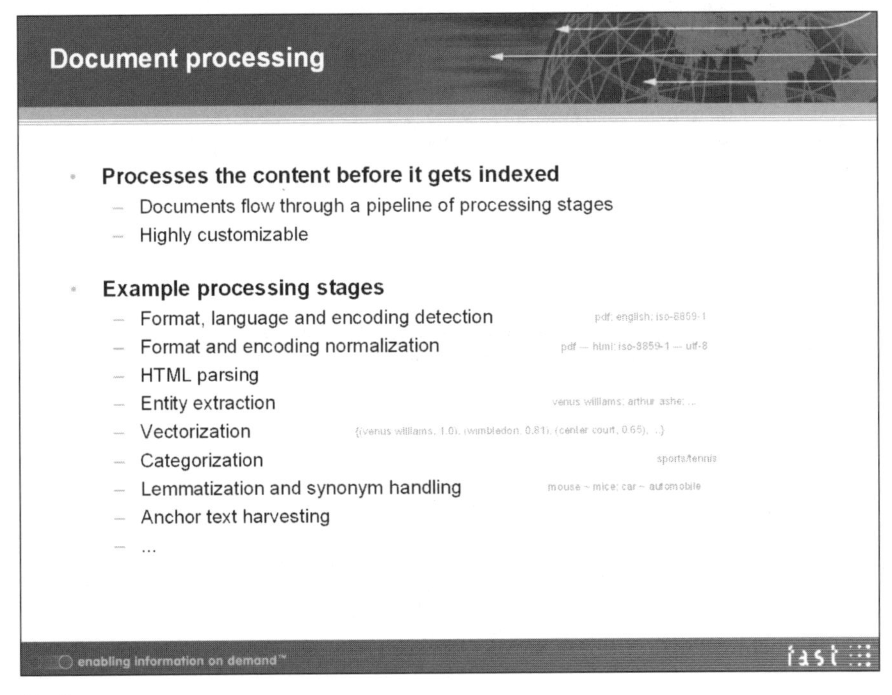

Fig. 3

The search engine basically consists of two processes. One process is responsible for aggregation data and storing it in the index (Fig. 3).

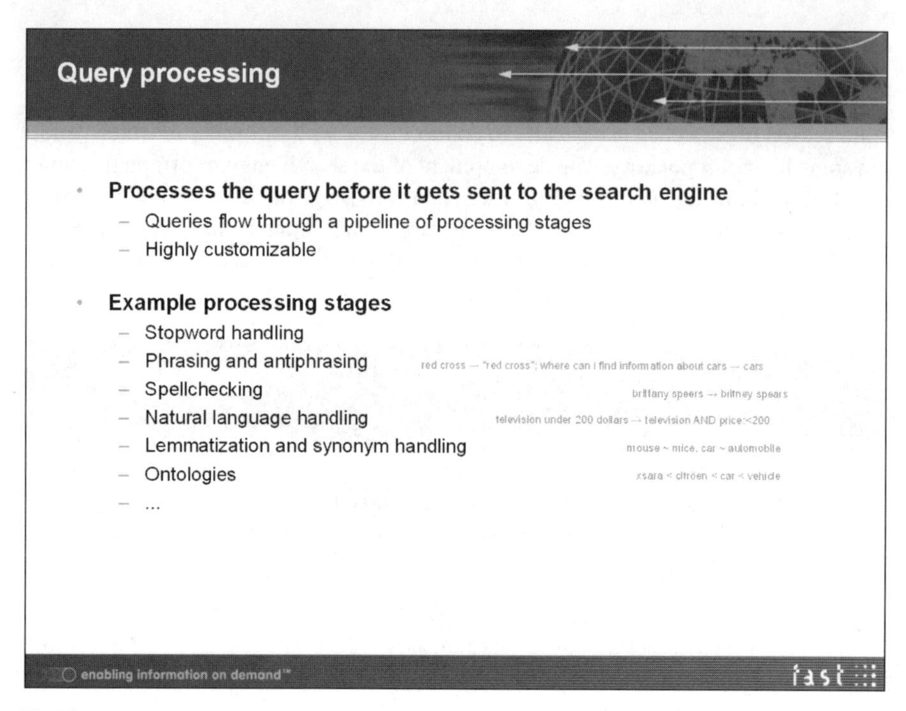

Fig. 4

The other process is responsible for receiving queries from the users and submitting those queries to the search index (Fig. 4).

All information that is searchable in the search engine has been processed and stored in the index prior to the query retrieving it. That is why you query in billions of pages and receive hundreds of thousands of results within a second.

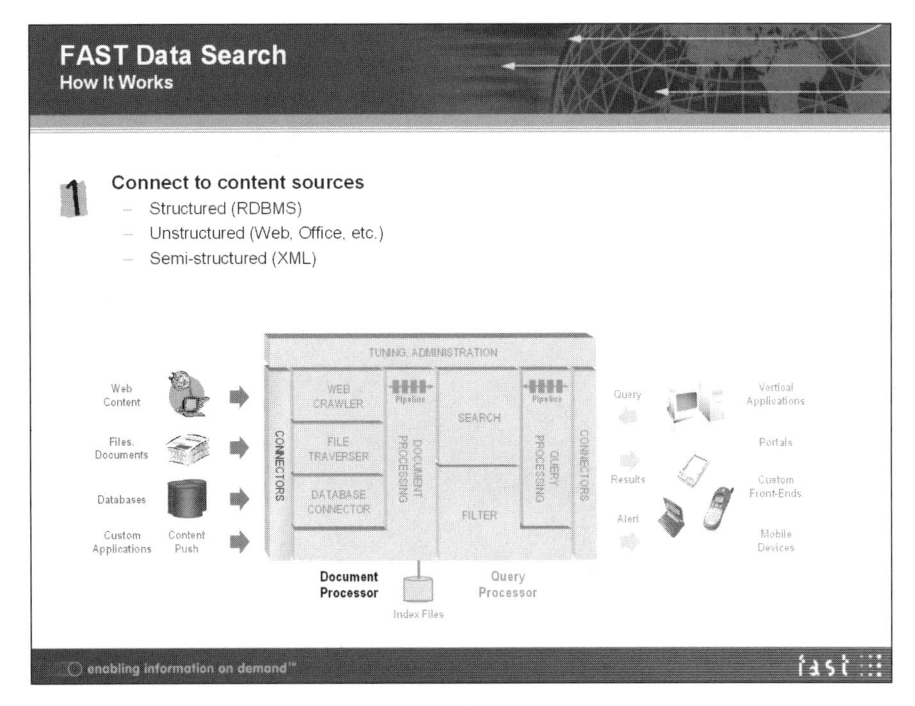

Fig. 5

The first thing that happens is that document is aggregated from a content source (Fig. 5). It could be structured data in databases, it could be unstructured from the Web or from office documents or semi-structured XML-content. Once content has been aggregated there is the possibility to analyze and annotate and enrich it in order to prepare it for efficient information retrieval.

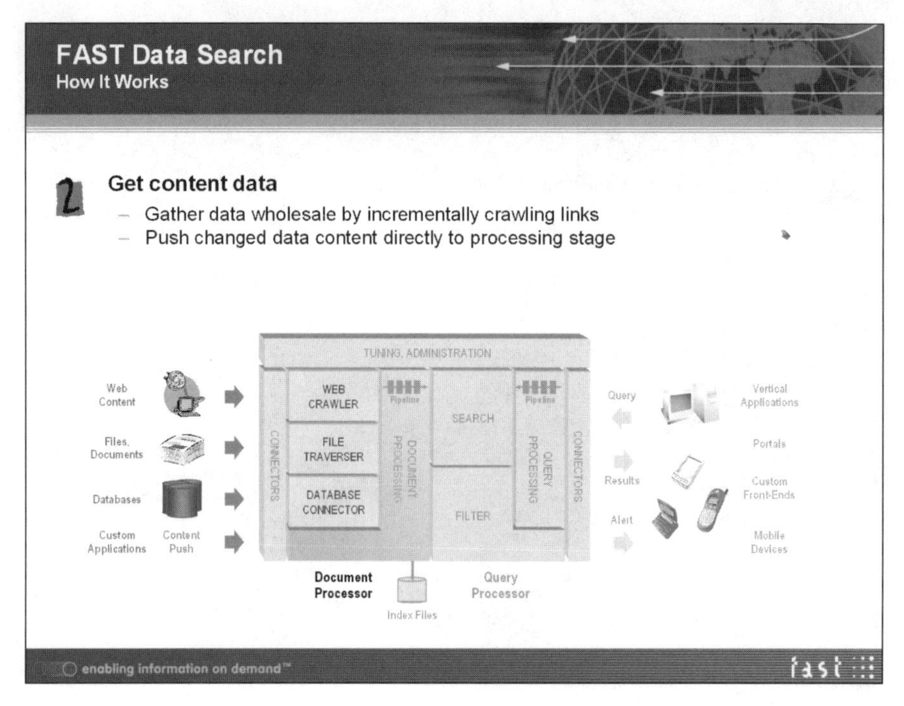

Fig. 6

Examples I think of is linguistic processing or custom logic (Fig. 6). I.e. if you are retrieving images that you want to make it searchable you need to convert the optical images to textual data using an optical character recognition solution, which converts content from image formats to a textual format which is needed to perform queries. The purpose of document processing is basically to annotate and possibly to enrich the content before its made searchable.

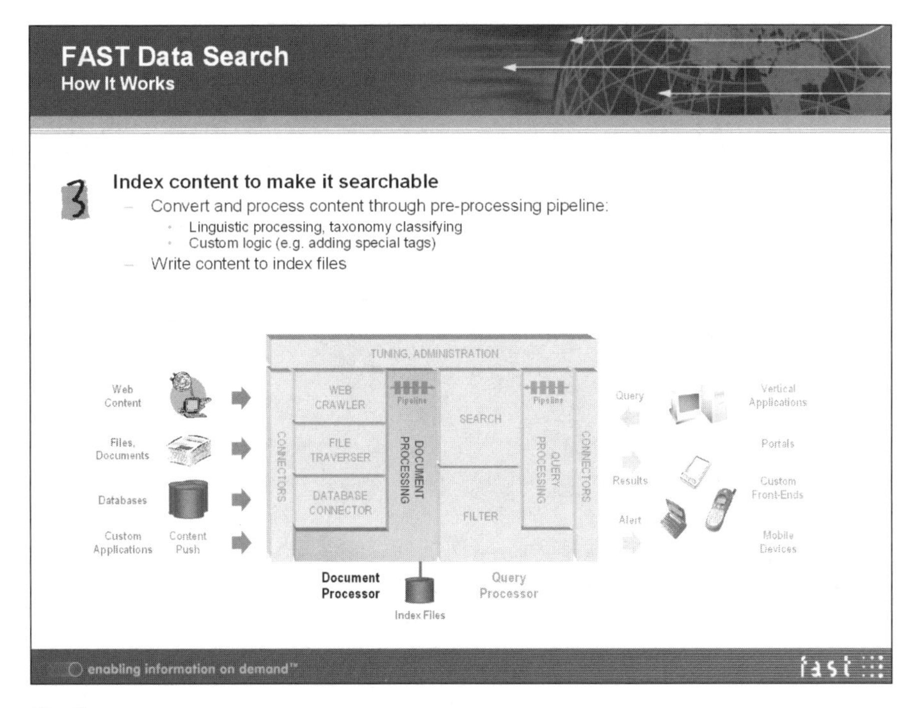

Fig. 7

A document that is annotated with the language in which it is written allows for functionality where users can specify "I only want to find documents that are written in German" or "I only want to find documents that are written in English" (Fig. 7). The language id is an attribute of the document which is not available at the time you retrieve the document. Analysis and annotation was needed to discover and tag the document with that type of information.

Another very important step is to do entity extraction, basically recognize entities in a document and recognize that Dr. Mattos actually is a name or a title followed by a name which allows you to enrich the document saying "Well, in this document there is a reference to a person whose title is doctor and whose family name is Mattos". That allows the user later to issue a query saying that I want to find documents which contain the proper name Mattos. Also, steps like categorization and so on are handled.

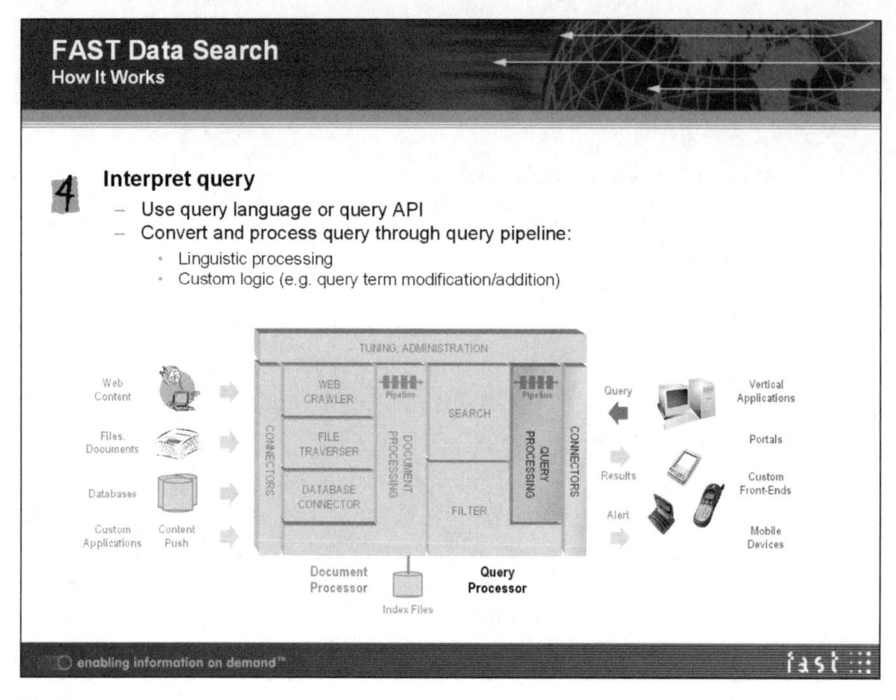

Fig. 8

Similarly – on the query side of the search engine – when a user enters a query an analysis is done of the query (Fig. 8). I.e. one can expand a query term to synonyms, the word PC may be expanded to Computer so that when you type in PC you don't only retrieve documents that content PC but you also retrieve content which contains the word Computer. These are examples of moving from key word search to moving to try to bring together the meaning of a query and the meaning of content.

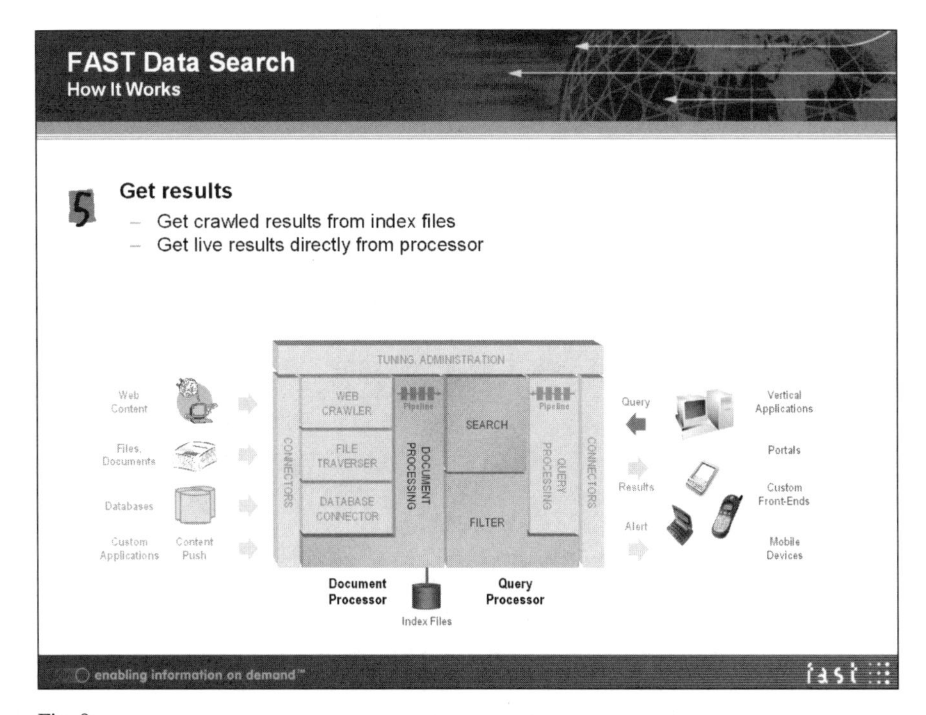

Fig. 9

One very large challenge given that amount of information that is retrieved by a search engine typically is how do you present this information (Fig. 9)? At the high level the challenge that what is relevant for one user is not necessarily relevant for another user. That it is why I don't in particular like the term "stewardship" which was mentioned earlier today because that implies that you have some kind of master who knows what is best, who knows which directions you should steer your users in.

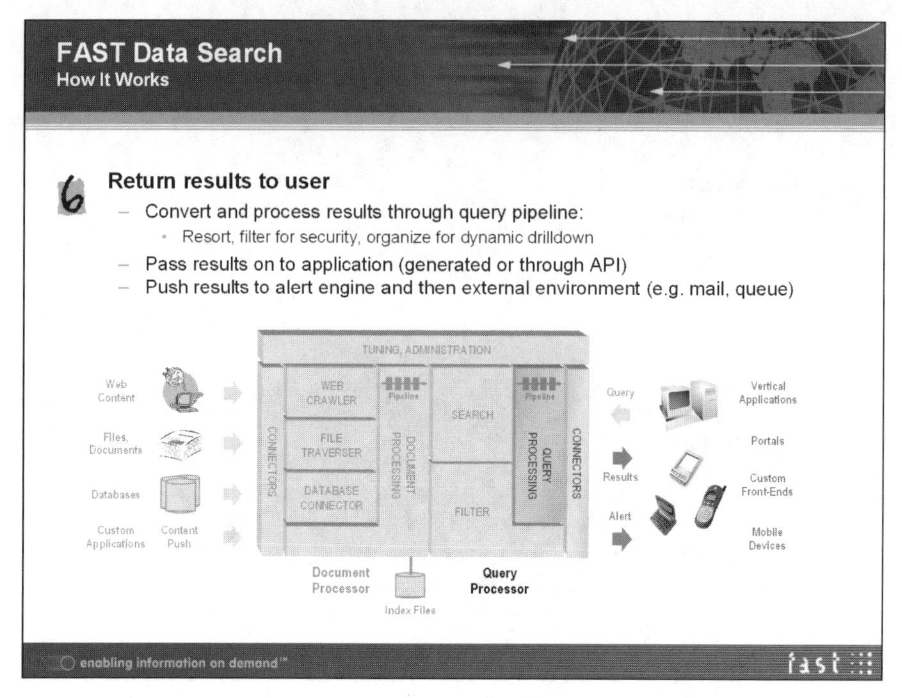

Fig. 10

Our thinking is that the only person who knows what is of interest to a user is the user itself. The consequence of such an approach is that we focus on presenting relevant information covering a result set. I think topic this will be covered in the next talk. I don't want to get too much into it. A significant insight is that you need someone who is building and delivering a search service to your users. There is no way that you as the implementer will be able to know what is best for individual users (Fig. 10).

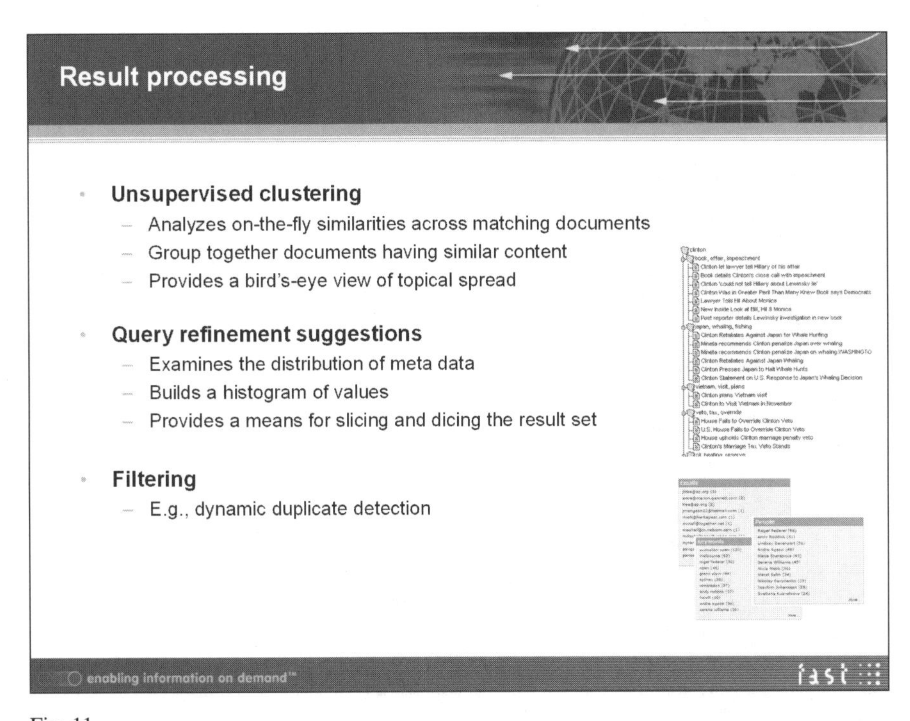

Fig. 11

If you make a query on Google, Yahoo or on another web search engine, how are the results presented and what kind of tools do you have to navigate as a user? Of course you have relevancy aspects which are covered. But there is also knowledge available in that specific result set which can be used to build the equivalence of a book's table of contents. That is a technique that we believe in – the ability to in real time build something like a table of content for a specific result set. What are the key terms, what are the key concepts that are described across this whole result set? Such information allows the user to navigate into a subset of that result set which is of relevance to that user (Fig. 11).

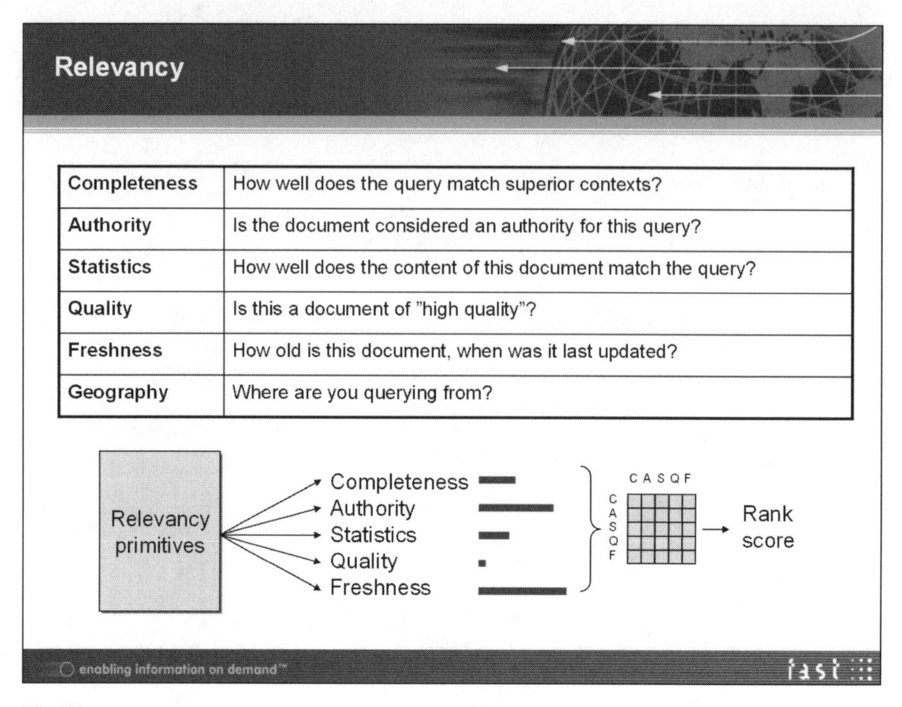

Fig. 12

Relevancy; for most user that is a black box (Fig. 12). How does Google decide what is the most relevant information? They have their algorithms which they use and we have ours. To break relevancy into something more manageable we have divided it into six different characteristics of content which we believe are used across the industry.

The first one is what we call completeness. If you issue a query we assume that documents relevant of the terms or synonyms are found on prominent places in the document. So, for example a document or a term which is found in the heading gets a higher relevancy than if it term is found at the bottom of a very long document – that is completeness.

Authority is trying to use the assumption that a document is good if someone that I links to the document. It is basically using external information. It could be the number of links pointing into a document or it could be using the text which other documents text uses to describe the content of the document. That authority often holds more truth than what a product seller says about his own product.

Statistic document attributes, such as freshness is also used to decide relevancy – how long since this document was updated? Geography – which is very relevant for yellow page users and mobile uses – can be used to influence the ordering of results.

What we have is a box where you have seven, eight or ten different criteriathat can be used can tune the search engine to meet the needs of a specific deployment.

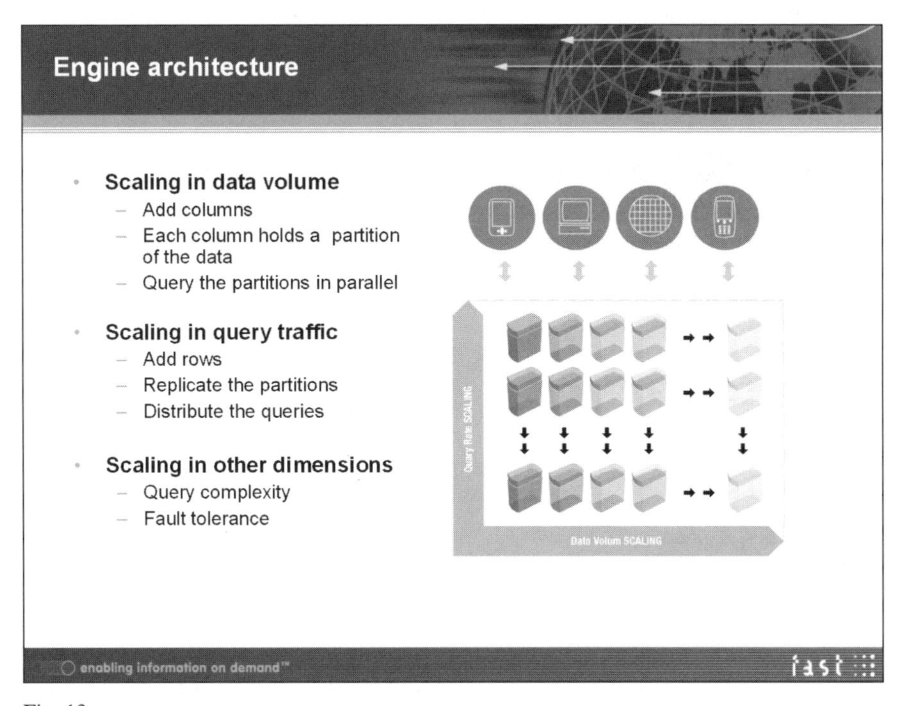

Fig. 13

How does the search engine scale (Fig. 13)? It is pretty fantastic that you can search through two, three billion documents in less than a second. How is that achieved? This is one example of an architecture with scales to handle that amount of data. Each box here represents a PC server. A PC server has a certain capacity in terms of the number of documents it can hold and the number of queries that can be issued to the server per second. We use the terms QPS – queries per second – capacity and document capacity. An example where the numbers are for illustration purposes only; In this architecture you can hold approximately ten million documents on one node. If you have 20 million documents you add another server and you split the index across the two nodes. You keep on going like this. It distributes the content across different nodes because then each query is distributed to a lot of different nodes. Each node performs a maximum amount of computation and you can maintain your response times. So, for example "alltheweb" contains about three billion documents and each row here contains about a hundred PC servers in that data centre.

If you need to scale in terms of the number of queries per second processed by the system you replicate each search row. If one row can handle 50 queries per second and you need to handle 70 – you add another row. Every second query is sent every second row and you can keep on scaling like that. It basically allows you to scale linearly unlimitedly with respect to the amounts of hardware investments that you need to make in order to maintain quality of service.

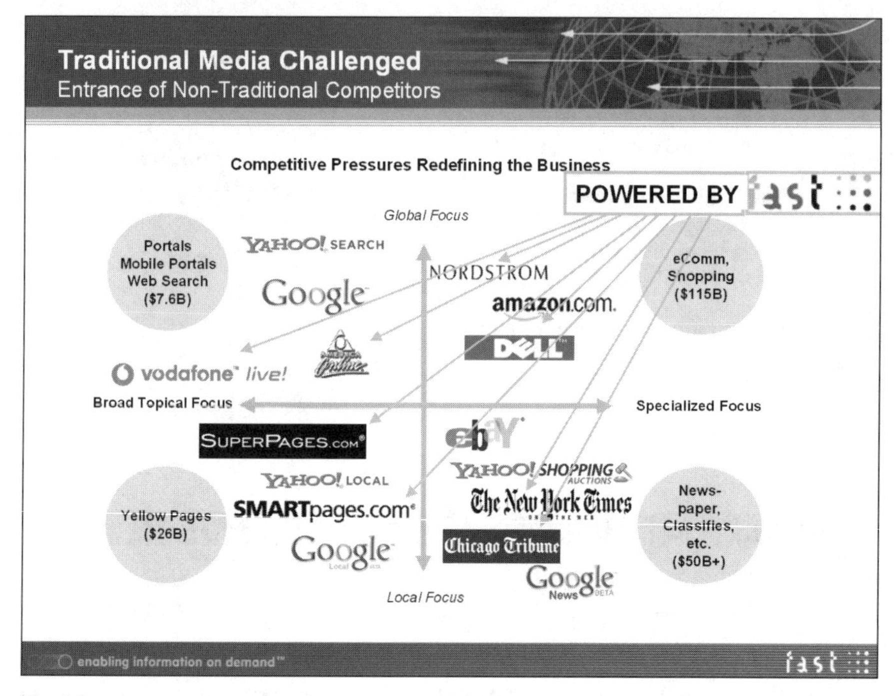

Fig. 14

Now over to the web search market, we have a couple of dimensions here (Fig. 14). One question is how broad is the service that you want to deliver. And the other one is, whether you are local or global. You can see that Google is pretty much everywhere and is challenging existing media players. FAST perspective is basically that we are the arm dealer. We sell technology to the companies who are competing with Google. But what are the differentiators? In my perspective it has less to do with technology than it has to do with the choice of the business model. To illustrate: FAST and Google were neck on neck in a race around 2000, 2001. Who has the largest search index? FAST was there. Google was there. Now Google is worth an incredible amount of money and for the time being have cornered major geographies of the internet search market. There was another player though who chose the same business model as Google that had very mediocre technology. What Google understood was that their revenues would come from companies that had something to sell. So, they started selling key words. Our approach in FAST was to go to portals and tell them that, if you send us thousands of queries you pay us ten dollars and you can sell banner ads on your pages. Google went to the companies that had something to sell, i.e. IBM and they sold them key words, got money from IBM, could go to the portal and say, we will pay you ten dollars for every thousand queries that you send to us. The choice was pretty simple for these customers.

Other challenges in web search are architecture and operations – basically being able to cope with very large data volumes, query volume while maintaining a fresh index.

It was mentioned earlier today, duplicates on a web search really reduces the quality of the user experience. Handling duplicates and spam are also key internet search challenges. In order to obtain superior index quality both algorithmic and also editorial efforts are required.

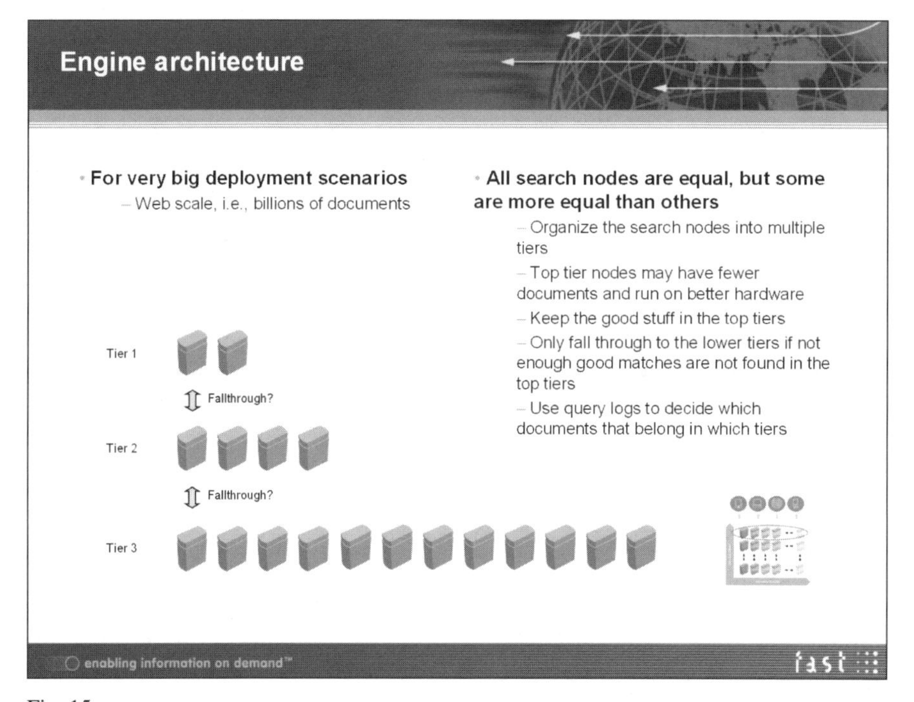

Fig. 15

One trick that web search engines do is that they basically provide high quality content in a top performance layer and then more content in lower performing layers like this (Fig. 15).

So, first queries are send to the top layer. If you don't get enough hins in that layer the query passes the query on to the next one. This is the reason that when you do search for Google they don't return the exact number of documents that they have found. They say, well, this query returned approximately 620.000 documents. That is because they do a query here, find enough documents and then they basically extrapolate how many documents they would have found if I sent the query through the whole index. They are cheating a little, okay.

4.2 Integrating Information for Enterprise Search

Dr. Nelson M. Mattos
IBM Information Integration, San José, CA

Es ist für mich sehr schön wieder in Deutschland zu sein und die Gelegenheit zu haben, einen Vortrag zu halten. Obwohl ich seit 16 Jahren in den USA lebe, werde ich versuchen den Vortrag auf Deutsch zu halten. Ich werde auf zwei Punkte eingehen, zunächst den Unterschied herauszustellen zwischen der Problematik der Suche innerhalb der Unternehmen und kurz vergleichen, wie sich das unterscheidet von der Suche mit dem Internet. Dadurch, dass die Suche innerhalb von Unternehmen langsam ein großes Problem und natürlich auch ein riesiges Business auf dem Markt ist, sind viele neue Technologien entwickelt worden und werden immer noch entwickelt, die im Speziellen zur Lösung der Unternehmensprobleme eingesetzt werden.

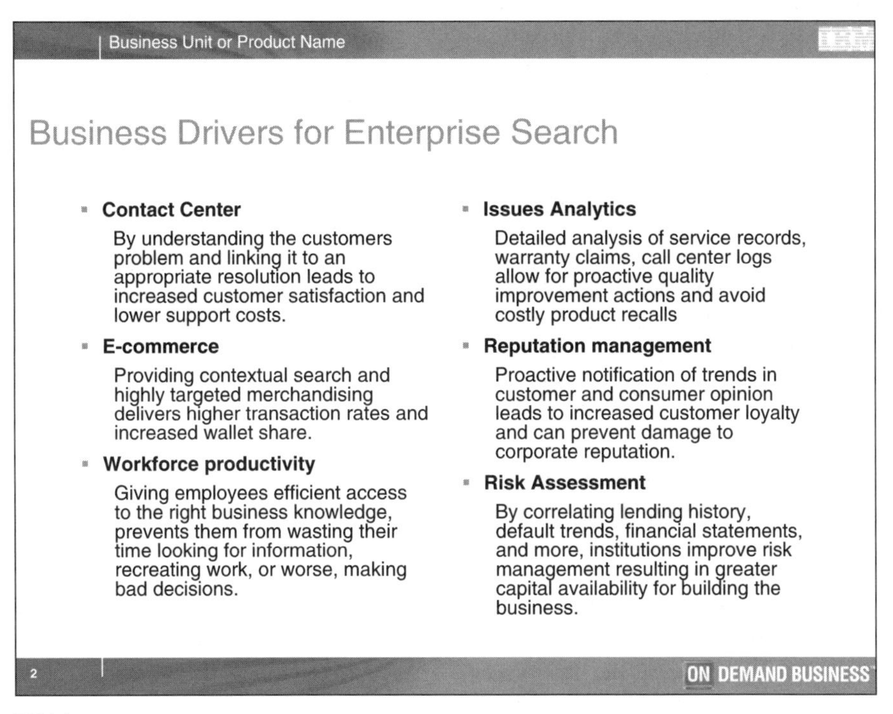

Bild 1

Ich möchte ganz kurz darauf eingehen, warum die Suche innerhalb von Unternehmen in den letzten Jahren so wichtig geworden ist. Auf Bild 1 können Sie einige

Beispiele sehen, wo Suche sehr wichtig ist, z.B. um die Produktivität von den Mitarbeitern zu erhöhen. Im Durchschnitt geht ein Drittel der Mitarbeiterzeit verloren, in der diese mehr oder weniger nichts anderes tun als Informationen zu suchen, die sie für die Durchführung ihrer Arbeit brauchen. Das ist natürlich eine große Menge an Zeit und Geld, die dabei verschwendet wird. Wenn man Werkzeuge wie intelligente Suchmaschinen zur Verfügung stellen kann, wird die Produktivität stark erhöht. Man kann sich auch eine gute Infrastruktur überlegen, mit der sich Informationen über Kunden gewonnen werden können und besser verstanden werden kann, was die Kunden wollen, wenn sie sich über eine Firma melden. Dann könnte den Kunden viel besser geholfen werden und damit die Zufriedenheit des Kunden mit der eigenen Firma wachsen.

Sie können sich gut vorstellen, dass man, um diese Probleme zu lösen, Konzepte braucht, die weit über das einfache Suchkonzept hinaus gehen. Das ist einer der Hauptgründe, warum Suchmaschinen in Unternehmen andere Technologien benutzen, wie in den vorherigen Vorträgen erwähnt wurde.

Bevor ich auf diese Konzepte eingehe, möchte ich kurz einige Unterschiede zwischen den Umgebungen innerhalb der Unternehmen und der Suche im Internet zeigen. Innerhalb von Firmen sind die Sorten von Daten vielfältiger als die Sorten von Daten, die man im Internet findet. Im Großen und Ganzen sind die Daten im Internet XML oder HTML Pages. Innerhalb von Firmen haben wir nicht nur Webpages, sondern auch Dokumente, E-Mails, Images, Voice, Daten innerhalb von Datenbanksystemen, in Content Management Systemen usw.

Natürlich muss man sich auch mit Security-Problemen innerhalb der Unternehmen befassen. Verschiedene Mitarbeiter haben unterschiedliche Zugriffsrechte auf bestimmte Dokumente. Manchmal ist es so, dass das Zugriffsrecht auf bestimmte Teile von Dokumenten definiert sind. Das ist etwas, was im Internet nicht der Fall ist. Dadurch, dass eigentlich mehr oder weniger alle Daten, die dort zur Verfügung stehen, offen sind.

Auch einige der Algorithmen, die man benutzt um zu entscheiden, welches die relevante Antwort für eine Frage ist, müssen anders sein, weil Dokumente in verschiedenen Sorten von Repositories verteilt sind. Diese Dokumente haben kaum Links untereinander. Im Internet, wie Sie wahrscheinlich wissen, ist die Menge von Links, die zwischen Webpages existieren ein gutes Merkmal, um zu entscheiden, ob eine Seite wichtiger ist als eine andere. Man schaut, wie viele Links auf eine Seite zeigen. Wenn das viel mehr bei der einer als bei der anderen Page sind, dann heißt das, dass diese Page sehr viel wichtiger ist. Im Gegensatz dazu hat man einige Vorteile in den Unternehmen. Sehr oft ist es der Fall, dass innerhalb der Unternehmen in dem Umgang von einer bestimmten Applikation gesucht wird. Durch dieses Wissen kann man dann die Suche verbessern.

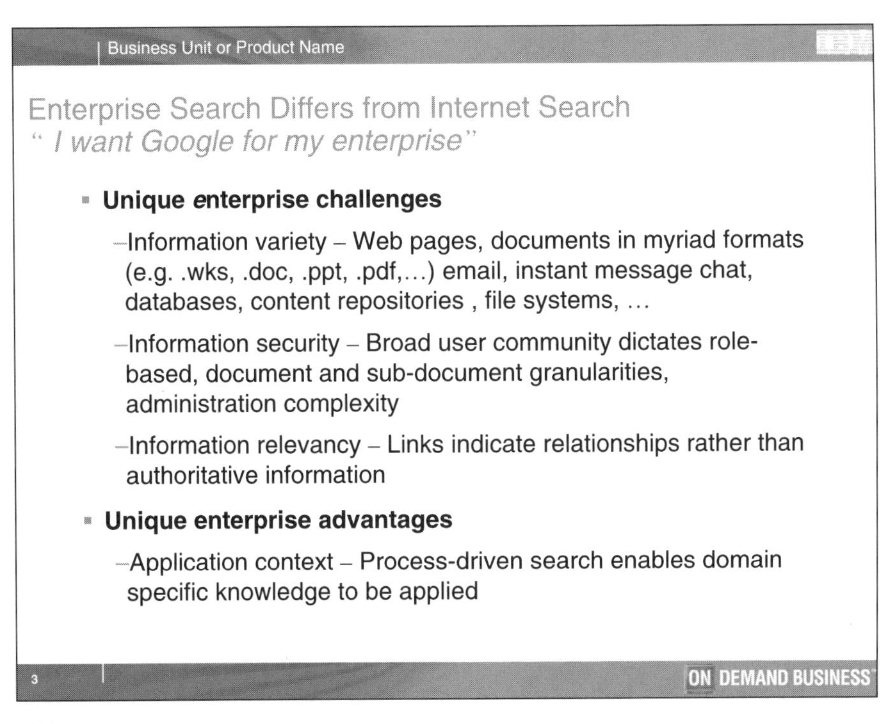

Bild 2

Es gibt mehrere Produkte auf dem Markt, die die Suche auf dem Desktop unterstützen (Bild 2). Das sind dann Produkte, die Dokumente innerhalb von einem Laptop finden. Beispiele dafür sind Produkte von Google, Yahoo, X1. Sie finden auch Produkte, die auf kleinere Abteilungen angewendet werden. Gute Beispiele dafür sind Produkte von Microsoft, auch Google und dtSearch (Bild 3). Oft arbeiten diese Produkte zusammen. Die dritte Kategorie sind Produkte, die auf das gesamte Unternehmen angewendet werden. Natürlich können diese auch bestimmte Anwendungen für die Abteilungen unterstützen, aber im Großen und Ganzen werden sie für Projekte zur Verfügung gestellt, die abteilungsübergreifend sind. Beispiele dafür sind Produkte von FAST, IBM, Autonomy, und andere.

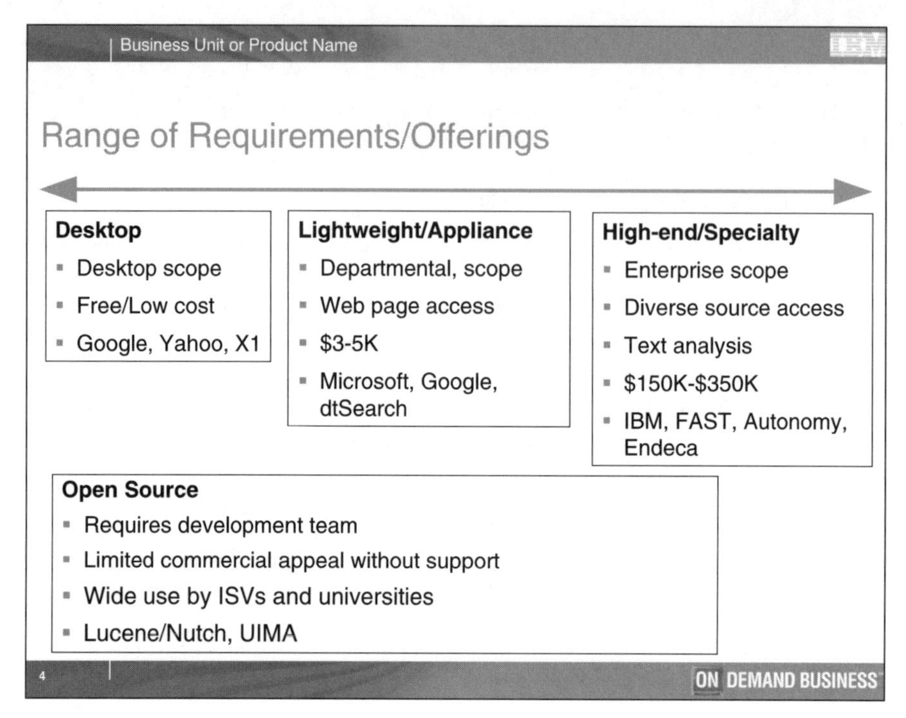

Bild 3

Sehr oft werden für eine bestimmte Anwendung mehrere dieser Produkte zusammen benutzt. Mitarbeiter möchten oft mit einer einzigen Suche Dokumente finden, die innerhalb von ihrem Desktop, aber auch innerhalb der Unternehmen verfügbar sind. Dazu wird man dann z.B. ein Desktop Produkt benutzen, das dann mit einem anderen unternehmensweiten Produkt kommunizieren kann und als Ergebnis der Suchanfrage zeigen, was man sowohl im Laptop und als auch im Unternehmen gefunden hat. Einige dieser Produkte haben auch die Möglichkeit, mit Suchmaschinen, die sich auch das Internet anschauen zu kommunizieren und die Ergebnisse dieser Suche anzeigen. Es gibt andere Offerings, die in Open Source sind. Beispiel dafür ist Lucene, das ziemlich populär ist mit ISVs und in den Academia, in Universitäten. In der Industrie hat man noch nicht so viele Einsätze gesehen, insbesondere deshalb, weil für diese Produkte im Allgemeinen keine Unterstützung und keine Maintenance vorhanden ist.

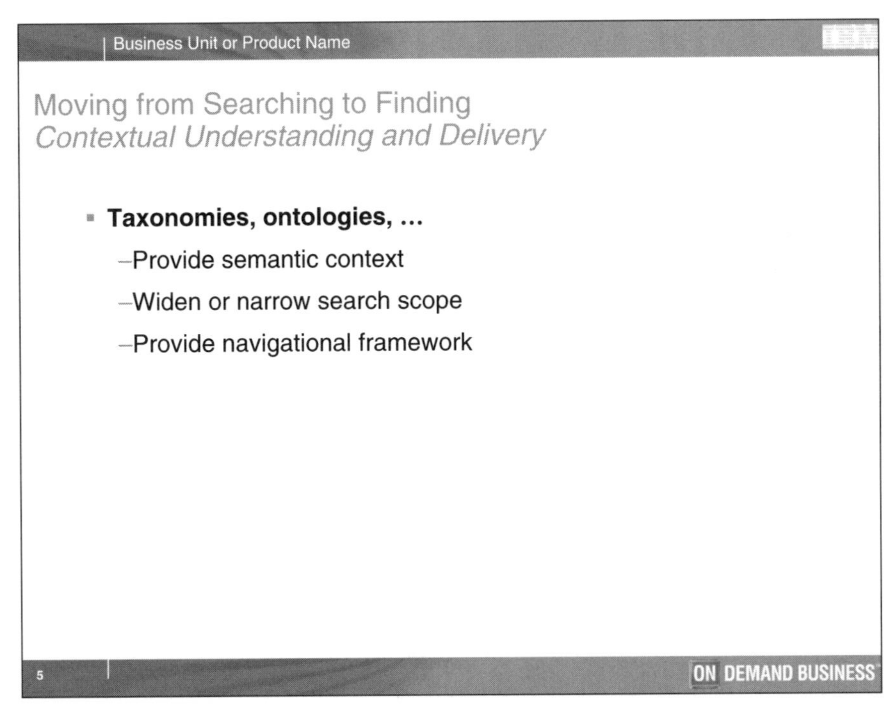

Bild 4

Was sind nun die neuen Technologien, die die Suche auf die nächste Phase bringen?

Die ersten sind die so genannten Taxonomien oder Ontologists (Bild 4). Das sind mehr oder weniger Strukturen, die dazu dienen, ein semantisches Konzept zu beschreiben und dadurch ermöglichen, dass sie die Dokumente aufgrund dieser Struktur klassifizieren. Sie sind sehr hilfreich, um den Scope von einer Suche entweder zu beschränken, damit man dann ganz relevante Dokumente findet oder zu verbreitern, damit man alle möglichen Dokumente findet, die mit einer bestimmten Thematik zu tun haben. Sie sind natürlich auch sehr hilfreich, damit man navigieren kann, nicht nur durch diese Konzepte, sondern auch durch die Ergebnisse, die von einer Anfrage zurückkommen.

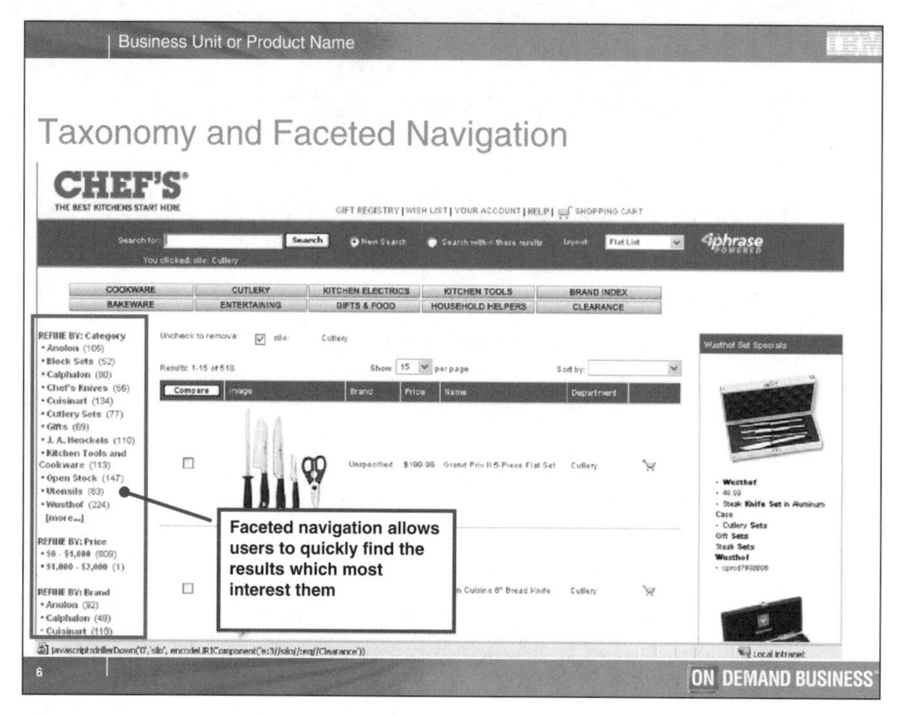

Bild 5

Ein Beispiel sehen Sie auf Bild 5 in dieser Implementierung von einer e-Commerce Webseite. Sie sehen eine Taxonomie, die die Produkte aufgrund von Kategorien von Produkten, von Preisen und von Brands klassifizieren. Diese ermöglichen es dann dem Benutzer zu navigieren, entweder durch die Kategorien, den Preis oder den Brand. Sie haben auch die Möglichkeit der so genannten Facet Navigation oder des Facet Search, die eigentlich eine Kombination von Suchen ist, die sich auf die Kategorien oder den Preis oder eine Kombination von Kategorien und Preis beziehen und dadurch schneller zu den Produkten kommen, die der Kunde zu finden versucht.

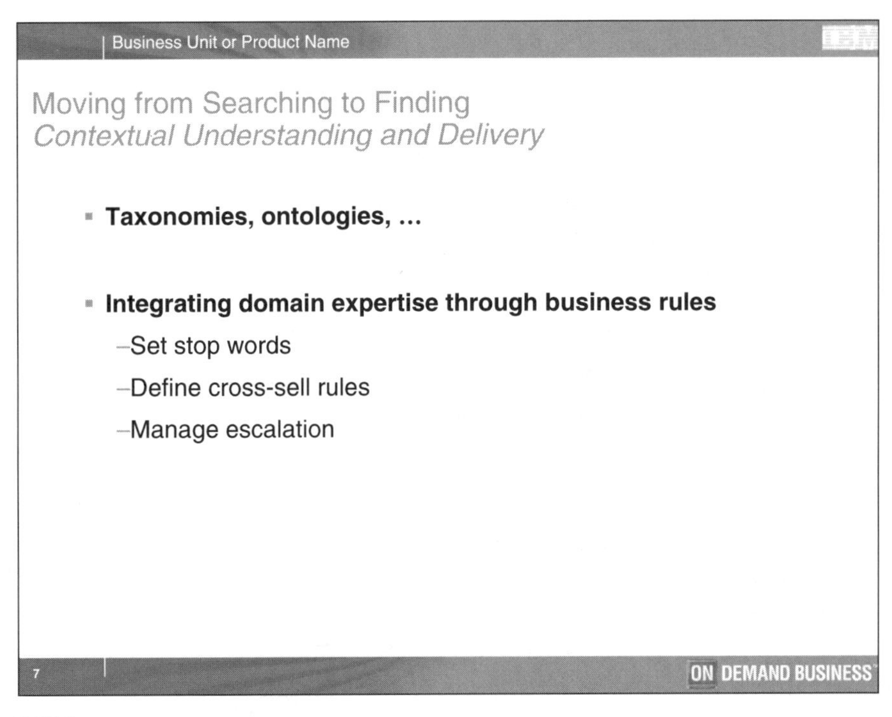

Bild 6

Die nächste Sorte von Technologien, die man mehr und mehr in den verschiedenen Produkten findet, ist die Integration von Domain Expertise mit der Benutzung von Regeln, die versuchen einige Aspekte des Business darzustellen (Bild 6).

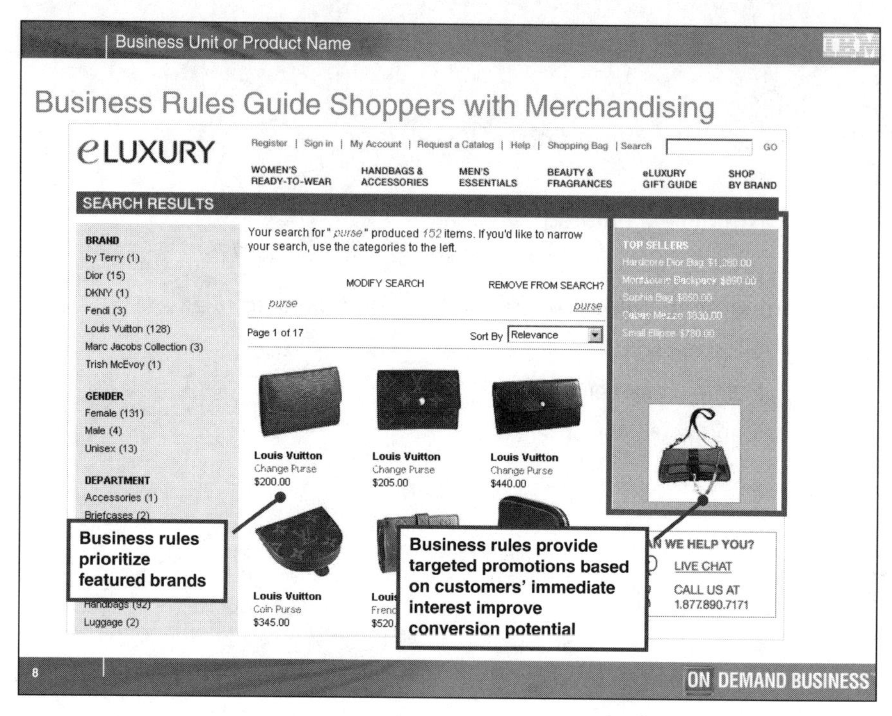

Bild 7

Am besten erkläre ich das an einem Beispiel (Bild 7). Wenn man eine Anfrage gestellt hat, könnte die aufgrund von bestimmten Businessregeln Prioritäten setzen, indem ich die Ergebnisse dieser Anfrage zeigen möchte. Das könnte natürlich eine statische Businessregel sein, die immer die gleiche für alle Kunden ist. Es könnte aber auch die Möglichkeit geben, dynamisch angewendete Businessregeln aufgrund von bestimmten Kundenanfragen und vom Navigationsverhalten der Kunden auf dieser Website aufzustellen und damit einen bestimmten Vorschlag zu machen und ein bestimmtes Produkt direkt zu zeigen.

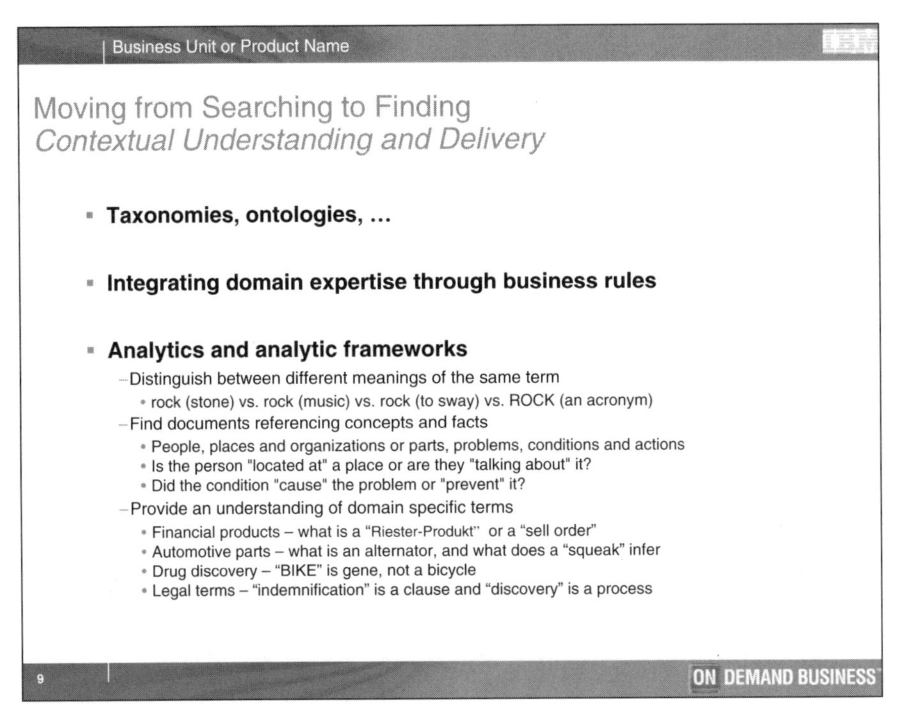

Bild 8

Die nächste Menge von Technologien und meiner Meinung nach die wichtigsten von allen, sind die Technologien, die benutzt werden, um die semantische Bedeutung der Dokumente zu verstehen (Bild 8). Das sind Technologien, die zwischen der Bedeutung von gleichen Wörtern unterscheiden können, z.B. wenn Sie im Englischen das Wort „Rock" in einem Dokument sehen, könnte es sein, dass man sich auf Stein bezieht. Es könnte aber auch sein, dass man sich auf Musik bezieht, es könnte aber auch das Verb „bewegen" – „going back and forth" – gemeint sein. Sehr wahrscheinlich wird ein Kunde, der ein Dokument mit dem Wort „Rock" sucht, eine von diesen Bedeutungen im Sinn haben.

Die anderen Möglichkeiten, die für die semantische Erkennung von Bedeutungen wichtig sind, sind die Anwendungen von Verfahren, die den Name von Entities, von Lokalen, Ländern, Firmen, Personen erkennen und auch Beziehungen zwischen diesen verschiedenen Domänen erkennen können. Dadurch könnte man dann Anfragen stellen, die sich nicht auf Wörter beziehen, sondern auf Konzepte und Fakten. Man könnte sehr spezielle Suchvorgänge ermöglichen, die man für bestimmte Industriebereiche, wie z.B. Drug Discovery, einsetzen kann, weil die semantische Bedeutung von den Wörtern in den Kontext von dieser Industrie von dem System verstanden wird.

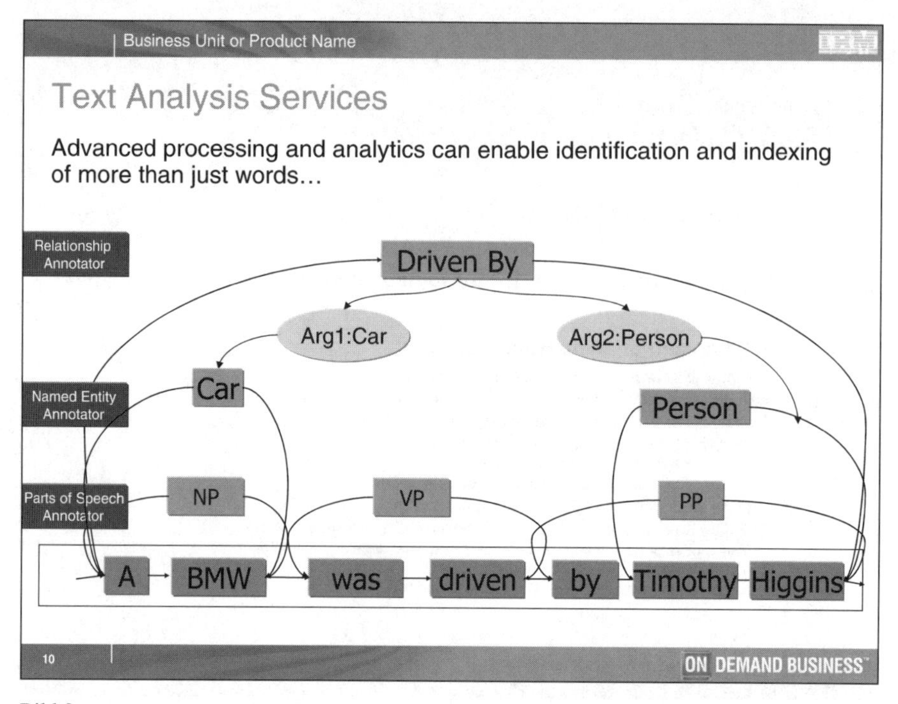

Bild 9

Ein Beispiel dafür, wie das funktioniert: Schauen Sie sich den Satz auf meiner Folie an: „A BMW was driven by Timothy Higgins" (Bild 9). Die Suchmaschine könnte das Ganze analysieren, alles erst einzeln erkennen, z.B. BMW ist das Subjekt und was das Verb dieses Satzes ist. Als nächstes könnte man erkennen, dass BMW ein Auto ist, und Timothy eine Person ist. Dann kann darüber hinaus erkennen, dass zwischen BMW und Timothy eine Beziehung besteht, weil das Auto von Timothy gefahren wird. Das bedeutet, dass Sie die Möglichkeit haben, eine Suchmaschine zu fragen, nicht Dokumente, die das Wort BMW enthalten, sondern Dokumente, die das Auto beschreiben, das von Timothy gefahren wird. Oder Sie können noch Konzepte für die Anfrage benutzen, indem Sie der Suchmaschine sagen, dass Dokumente, die das Fahren von bestimmten Personen und Autos beschreiben, geliefert werden sollen.

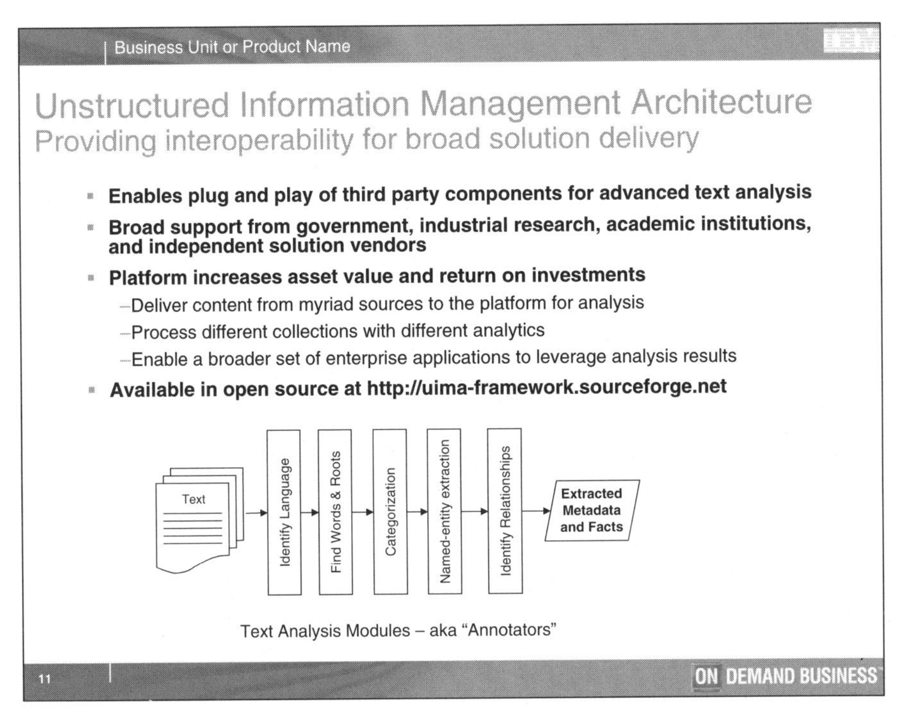

Bild 10

Wie das eigentlich passiert, ist aufgrund von Annotators, d.h. den Entities und Relationships, die in den Dokumenten nach der Verarbeitung eingesetzt werden (Bild 10). Sie werden in dem Index gespeichert, wie Sie in dem vorherigen Vortrag gesehen haben, und dann durch die Anfragebearbeitung der Maschine benutzt.

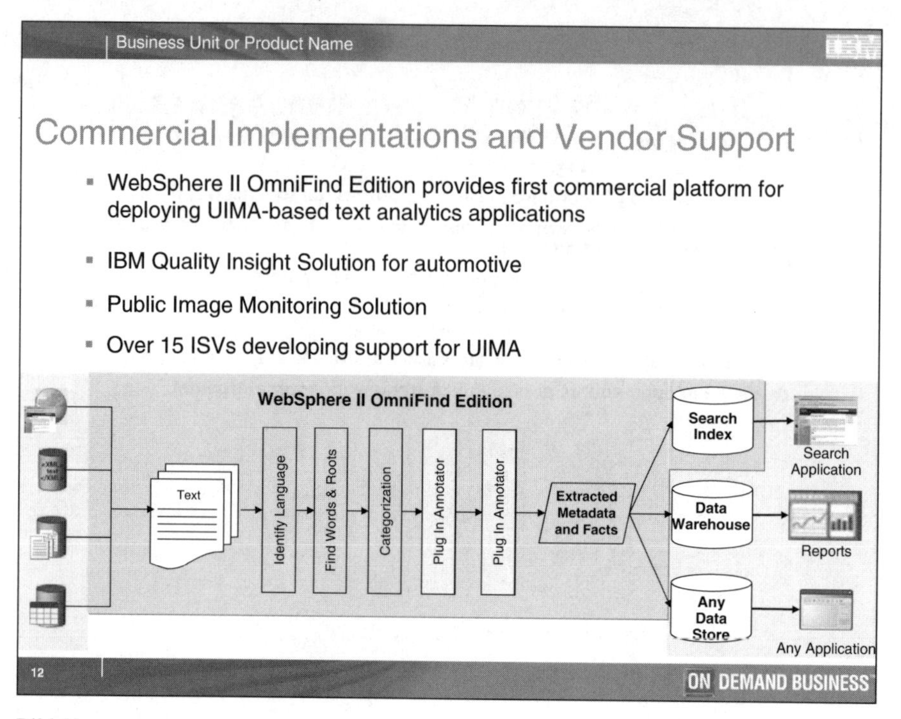

Bild 11

Es gibt momentan in der Industrie einen Vorschlag für eine Architektur, die einen Standard für die Einbettung von solchen Annotoren darstellt (Bild 11). Das ist eine Arbeit von mehreren Universitäten zusammen mit einigen Forschungsinstituten, inklusive IBM, und Abteilungen der Regierung. Dieses Konsortium von Firmen hat eine Architektur kreiert, mit der diese Annotatoren zusammen arbeiten können, die dann komplexere Sachen erkennen können, wie Drugs oder Konzepte, die im Finanzbereich wichtig sind oder Konzepte, die bestimmte Produkte, Kunden oder irgendwas beschreiben.

Man wird sehr komplexe Lösungen für das Finden von Dokumenten in den nächsten Jahren auf dem Markt sehen. Diese ganze Architektur ist eigentlich Open Source, jeder kann eine Kopie davon bekommen. Sie wurde vor etwa einer Woche von IBM angekündigt. In den ersten sechs Tagen nach der Ankündigung gab es über 500 Downloads von dieser Architektur.

Um ein bisschen Werbung für IBM zu machen: IBM hat auch ein Produkt, das diese Architektur implementiert. Das ist unser Unternehmen Search Produkt Omnifind, bei dem Sie dann die Möglichkeit haben, diese Annotatoren hineinzustecken. Sie werden dann entweder durch eine Suchmaschine benutzt, damit man die Dokumente besser finden kann. Es könnte aber auch dazu benutzt werden, um bestimmte Reports zu generieren, die beschreiben, was Kunden über meine Produkte sagen oder was über einen bestimmten Themenbereich in Foren geschrieben wird usw.

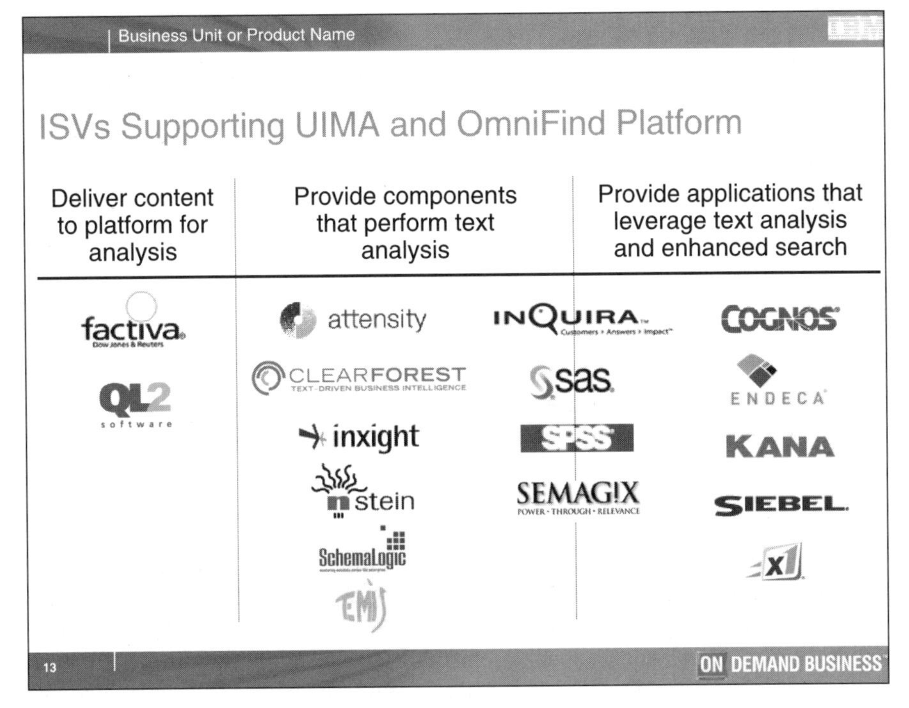

Bild 12

Es gibt bereits eine hohe Zahl anderer Firmen, die ebenfalls schon Lösungen auf dem Markt haben, die auf dieser Architektur basieren (Bild 12).

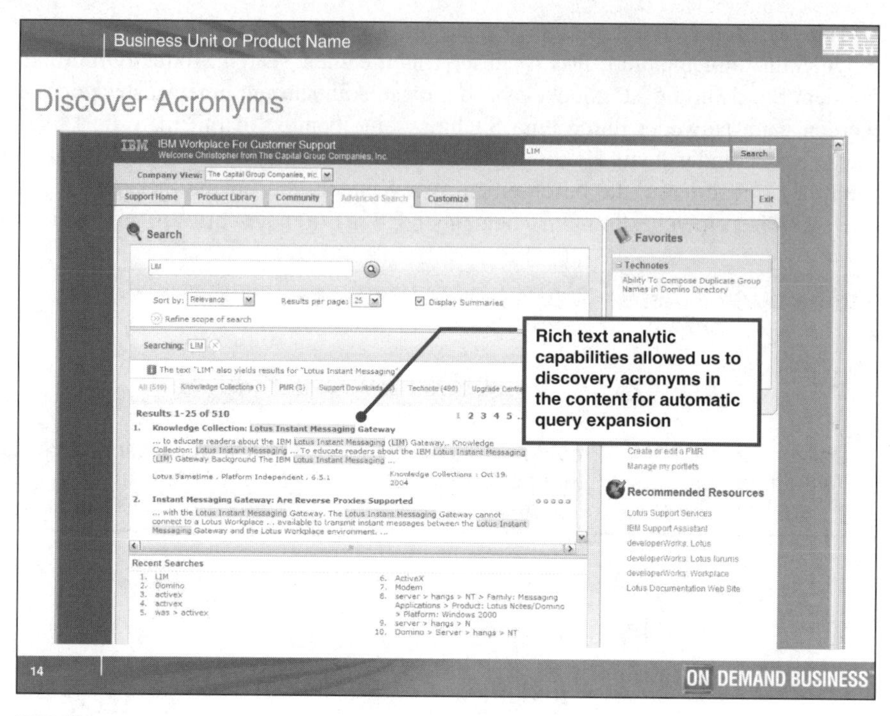

Bild 13

Was kann man mit dieser Integration der Semantik erreichen? Ich gebe Ihnen ein paar ganz einfache Beispiele (Bild 13). Sie sehen hier, dass man eigentlich nach dem Acronym LIM gesucht hat. Sie können sehen, dass in dem zweiten Dokument hier sogar das Wort LIM noch gar nicht existiert. Dadurch dass Sie die Möglichkeit haben, die semantische Bedeutung von diesen Wörtern dynamisch zu erkennen, hat die Suchmaschine gesehen, dass LIM eigentlich ein Acronym für Lotus Instant Messaging ist, und diese Kenntnisse dann dazu benutzt, um weitere Dokumente zu finden, die das Wort LIM gar nicht haben, sondern nur Lotus Instant Messaging.

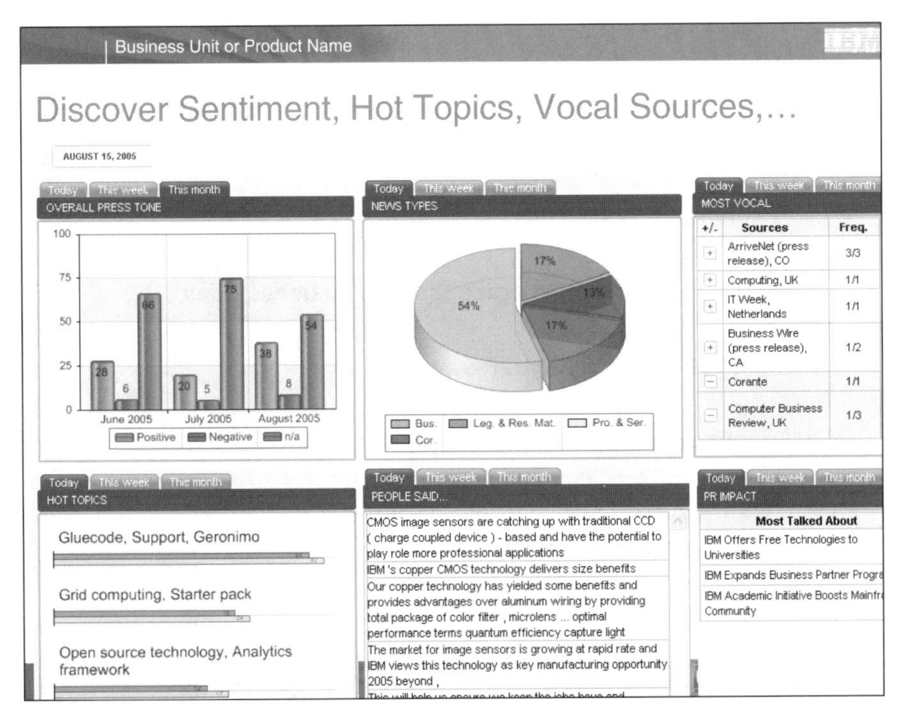

Bild 14

Ein anderes Beispiel, in dem wir die Technologie benutzt haben, um die Presseartikel, die über IBM im August letzten Jahres geschrieben worden sind, zu analysieren (Bild 14). Sie sehen, dass durch die Analyse des semantischen Inhalts dieses Presseartikels konnten wir sehen, dass sie im August viel positiver waren als die Artikel, die in den vorherigen Monaten geschrieben wurden. Man konnte erkennen, dass überwiegend über Gluecode, support, grid computing und open source in Beziehung zu IBM geschrieben wurde. Hier sind die Sourcen von den Artikeln, die überwiegend positiv sind, die Sourcen von den Artikeln, die überwiegend negativ sind. Um das herauszubekommen, müssen Sie ein sehr gutes Verständnis über den Inhalt dieses Dokumentes haben. Man kann auch die Dokumente teilen, indem man erkennen kann, dass 54 % der Artikel über Produkte oder Services von IBM, 17 % über die Business von IBM selbst usw. geschrieben haben.

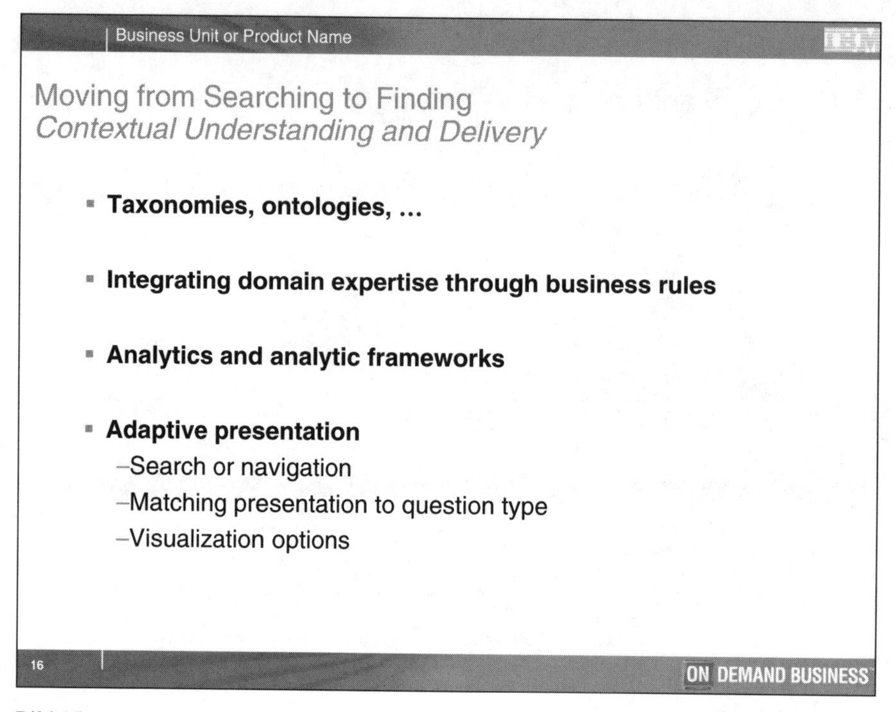

Bild 15

Der letzte wichtige Teil bezieht sich nicht nur auf die Technologien, die nahe zur Suchmaschine liegen, sondern auch auf der Ebene der Präsentation (Bild 15). Dadurch, dass die Ergebnisse komplexer sind, wie Sie an dem vorherigen Beispiel gesehen haben, braucht man mehrere Methoden, um mit dem Benutzer besser zu interagieren und auch, um die Ergebnisse besser zu präsentieren. Man hat inzwischen erkannt, dass einfache Suche, d.h. das Tippen von bestimmten Wörtern, nicht unbedingt die beste Art und Weise ist, wie man mit dem Benutzer interagieren kann, sondern oft ist es eigentlich besser, dass man dem Benutzer die Möglichkeit gibt, zu navigieren über bestimmte Ergebnisse oder über bestimmte Konzepte.

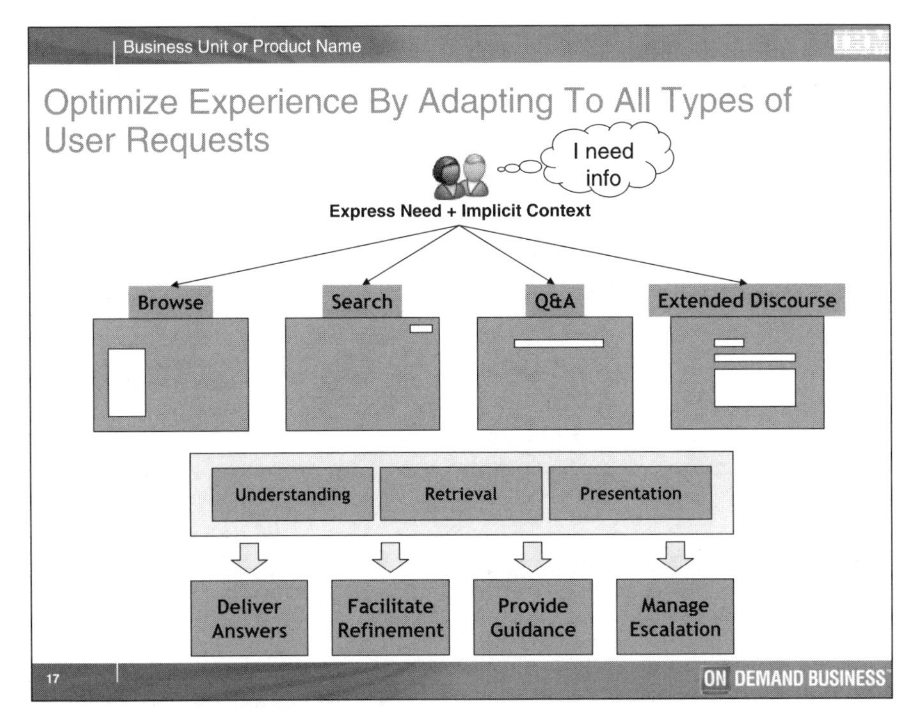

Bild 16

Die Idee dabei ist, dass man mehrere solche Methoden kombiniert (Bild 16). Ich gebe dem Benutzer nicht nur die Möglichkeit zu suchen, d.h. mir Wörter zu geben, sondern auch zu browsen oder mir einen komplexeren Text zu geben, in dem ich dann die Bedeutung dieses Textes als Input nehme und versuche, Dokumente zu finden, die sich entweder ähnlich sind oder sich auf die Thematik beziehen oder dass ich mit Question und Answer in Interaktion mit dem Benutzer trete. Dann wird natürlich die Suche durchgeführt und dann könnte man auch in verschiedener Art und Weise die Ergebnisse zeigen.

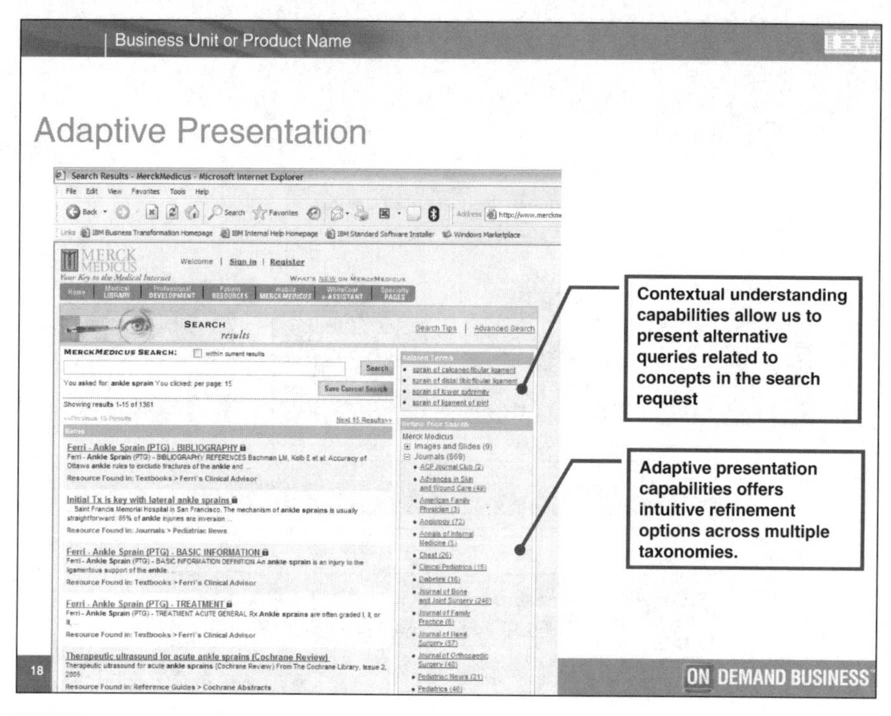

Bild 17

Sie sehen in Bild 17 z.B., dass der Benutzer in diesem Fall ankle sprain als key word eingetippt hat. Dann habe ich nicht nur die verschiedenen Dokumente vorgestellt, die diese Wörter beinhalten, sondern ich habe auch aufgrund des Verständnisses der Wörter ankle sprain andere Related Terms vorgestellt, die der Benutzer vielleicht auch einmal eingeben kann oder ich habe durch die Benutzung von einer Taxonomie andere Wege für den Benutzer eröffnet, um über diesen bestimmten Artikel zu navigieren, aufgrund von bestimmten Journals, in denen die Artikel publiziert sind.

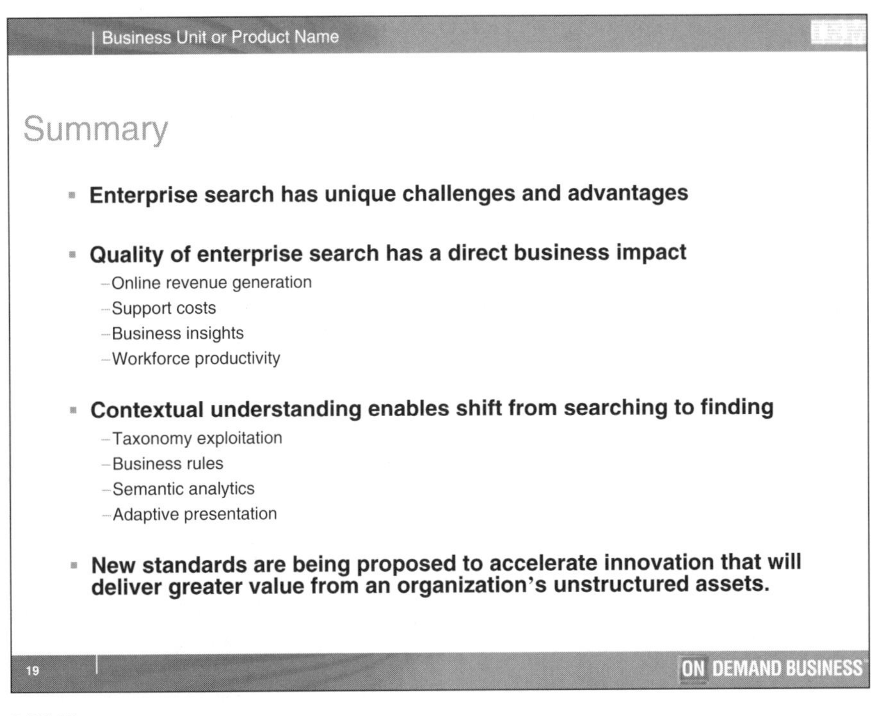

Bild 18

Damit komme ich zum Schluss meiner Präsentation. Wie ich anfangs erwähnte, ist Unternehmen Search eigentlich eine viel größere Problematik als die Suche im Internet aufgrund der verschiedenen Sorten von Daten, mit denen man innerhalb von der Unternehmen zu tun hat (Bild 18). Aber auch dadurch, dass man mit Zugriffkontrolle und Security zu tun hat und dass die Dokumente zum größten Teil verteilt sind und keine explizitere Beziehung oder Links zwischen den Dokumenten in den Unternehmen bestehen. Trotzdem wird die Suche innerhalb von Unternehmen sehr stark eingesetzt, weil es direkt Auswirkungen auf die Business Ergebnisse von den verschiedenen Firmen hat. Er könnte helfen, um neue Revenues für Online Trading zu generieren, um die Maintenance Costs zu senken, dadurch dass man besser analysieren kann, was die Kunden sagen oder wie das Gespräch zwischen den Kunden und mit meinen Mitarbeitern im Call Center laufen. Das sind Beispiele, wie man bessere Insight über das Business bekommt. Die Möglichkeit zu erkennen, dass 90% von den Anrufen von meinen Kunden damit zu tun haben, dass die Kunden sich über die Qualität meiner Produkte beklagen, ist natürlich sehr wertvoll. Obwohl vielleicht mein Revenue wächst, könnte mir die Menge der Calls sagen, dass vielleicht in ein, zwei Jahren das Revenue nicht mehr da ist, weil die Kunden sehr unzufrieden sind. Natürlich kann Unternehmen Search auch die Produktivitäten von den Mitarbeitern sehr verbessern. Es gibt vier große Technologieentwicklungen in diesem Bereich, die insbesondere für die Unternehmen relevant sind. Erstens die Benutzung von Ontologien oder Taxonomien, die Benutung von Regeln, um die Suche und die Präsentation zu steuern. Ziemlich stark ist die Erkennung von Semantik oder der Bedeutung von den Dokumenten und auch die Möglichkeit, einen adaptable Präsentationslayer zur Verfügung zu stellen.

Es gab in diesem Bereich kaum Standards, die in den letzten Jahren in der Industriewelt anerkannt worden sind. Seit kurzem gibt es den Versuch von mehreren Forschungsinstituten, so einen Standard zu kreieren, der hoffentlich die Möglichkeit eröffnen wird Firmen, die in bestimmten Bereichen Expertisen haben, diese Expertisen zur Verfügung stellen oder verkaufen zu können, um bestimmte Lösungen zu bauen und auch dem Benutzer die Möglichkeit geben, Portabilität für ihre Anwendungen zu haben.

4.3 Diskussion

Moderation: Udo Hertz
IBM Deutschland Entwicklung GmbH, Böblingen

Herr Hertz:
Meine Damen und Herren, wir wollen in unserem Konferenzprogramm fortfahren. In den Vorträgen bisher hatten wir insbesondere Einiges über die Art und Weise gehört, wie Menschen mit Informationssuche umgehen, wie sie Informationen finden. Wir haben gesehen, dass es ein breites Spektrum zwischen Realität und Vision gibt, der Vision das Suchen und Finden in einer Art von Stewardship implementiert werden und als ein Service dargestellt wird, aber dass doch die Realität, die sich noch heute auf Einzelwortsuche konzentriert, doch noch weit von dieser Vision entfernt ist. Damit stellen sich natürlich auch eine Reihe von Fragen, wie denn diese Lücke geschlossen werden wird und welchen Beitrag die Technologie dazu leisten wird. Was ist sozusagen der Stand der Technik heute? Wie arbeiten die Suchmaschinen heute und was sind Technologien, die diese zukünftigen Serviceideen unterstützen werden?

Dazu darf ich Ihnen auf dem Podium zwei Experten vorstellen, zwei Experten aus der Entwicklung und dem Einsatz von Suchtechnologien:

Zu meiner Linken Herrn Ingvar Aaberg. Herr Aaberg ist von der Firma FAST Search & Transfer aus Oslo, Norwegen, wo er Director Strategic Projects ist. FAST ist eines der aufstrebenden und führenden Unternehmen auf dem Gebiet von Suchtechnologien in Unternehmen. Zuvor war Herr Aaberg Mitbegründer eines Unternehmens für IP Telekommunikationsberatung und hatte einige unterschiedliche Positionen in der Forschung und Entwicklung bei Telenor und bei Accenture.

Zu meiner Rechten darf ich Ihnen Herrn Nelson Mattos vorstellen. Herr Mattos ist IBM Distinguished Engineer. Er ist Vice President von IBM Research aus Almaden in Kalifornien, USA. Herr Mattos ist für die strategische Ausrichtung der IBM Forschung auf den Gebieten Information und Interaktion verantwortlich. Dazu zählen auch die Aufgabenfelder für die Technologien von Suchen, Verarbeitung und Analyse von strukturierten Daten wie Datenbanken sowie unstrukturierten Daten, also Text, Audio und Video. Herr Mattos hatte in seiner vorhergehenden Aufgabe den Geschäftsbereich Information/Integration inklusive der Suche bei IBM aufgebaut. Er hatte in Deutschland promoviert und am Lehrstuhl für Datenbank und Informationssysteme der TU Kaiserslautern als Akademischer Rat geforscht.

Ich darf damit das Wort an Herrn Aaberg übergeben, der uns über Stand und Entwicklung von Suchtechnologien vortragen wird.

Herr Aaberg:
(Der Vortrag ist unter Ziffer 4.1 abgedruckt)

Herr Hertz:
Herr Aaberg, herzlichen Dank für diese Einführung in die Grundlagen und in die Technologie von Suchmaschinen. Wir werden jetzt im nächsten Vortrag von Herrn Mattos noch weiter in die Zukunft von Technologien gehen und zwar auch wie Suchtechnologien in Unternehmen verteilte Informationen integrieren können.

Dr. Mattos:
(Der Vortrag ist unter Ziffer 4.2. abgedruckt.)

Herr Hertz:
Herr Aaberg und Herr Mattos, herzlichen Dank für die Vorträge und den Einblick in den Stand der Technologien und der Forschung. Wir haben gesehen, dass die Entwickler von Suchtechnologien die Annahmen haben, dass sie zum einen Technologien entwickeln können, um den Wunsch von Endbenutzern besser zu verstehen, auch die richtigen Antworten zu liefern. Bei Herrn Aaberg haben wir auch gesehen, wie mit der Menge an Informationen umgegangen wird. Sie haben jetzt die Möglichkeit zur Diskussion und Fragen zu stellen. Die Experten für Technologien sitzen auf dem Podium. Bitte sehr.

Herr Schöniger, Patentanwalt, München:
Ich bin Patentanwalt und beschäftige mich hauptsächlich mit Softwaretechnologien. Ich fand Ihre Vorträge sehr interessant und habe eine Frage, die die Brücke zwischen den Vorträgen der ersten und zweiten Session betrifft. In der ersten Session, vor allem bei dem Vortrag von Herrn Marwitz ging es um Klassifikation des Benutzers, um die Typen von Benutzern. Ihre Vorträge, die sich jetzt mit der Technik beschäftigt haben, haben als Ansatzpunkte die Query, die Bewertung des Results und auch den Suchalgorithmus selbst. Meine Frage zielt darauf ab, wie denken die Suchmaschinenbetreiber, Suchmaschinenhersteller darüber, den Benutzer mit einzubeziehen hinsichtlich Klassifikation? Gibt es da Ansätze und welche?

Dr. Mattos:
Die Klassifikation von Benutzern innerhalb vom Enterprise Markt ist natürlich möglich. Dadurch dass sie wissen, was für ein Mitarbeiter eine bestimmte Suche tut und nachher können Sie sehr viele Kenntnisse über diese Person haben. Die meisten Technologien, die ich vorgestellt habe, werden nicht nur auf die Dokumente selbst verwendet, sondern auf die Anfrage. Dadurch dass man der Suchmaschine Key Words gibt, könnte ich versuchen, die Bedeutung von diesen Key Words herauszuziehen. Man könnte versuchen zu erkennen, ob die bestimmte Entities beschreiben usw. Dadurch habe ich mehr Kenntnisse über das, was der Benutzer überhaupt will. Man hat History über diesen Kunden; insbesondere bei Anfragen, die schon vorher gestellt werden. Das kann natürlich auch dabei benutzt werden.

Herr Aaberg:
Also, the possibility to use taxonomies which are specific to a company is one approach. This is based on the assumption that there is a vocabulary which nicely describes all relevant contents. Further, there are other ways of doing this based on statistical analysis where we basically look at how results automatically can be partitioned. That is a technique that can be used also with company based dictionaries. But again, as I implied earlier, I think the key challenge is basically to move decisions about the right way of categorizing information away from a designer to the end user by presenting relevant concepts and terms and thereby putting the power to the user in terms of deciding what subcategories and what subset offers are relevant

Prof. Eberspächer, TU München:
Ich habe eine Frage an beide bezüglich der Adaptivität. Sie Herr Mattos, hatten beschrieben, dass man zusätzliche Links bekommt abhängig von dem Inhalt, den man gerade erfragt. Nun wissen wir von Microsoftprodukten, aber auch von vielen anderen, dass Adaptivität Vor- und Nachteile hat. Manchmal bin ich irritiert, wenn ich adaptive Systeme benutze. Könnten Sie dazu etwas kommentieren. Würde das z.B. bedeuten, dass jedes Mal, wenn ich denselben oder fast denselben Inhalt suche, die Appearance verschieden ist, weil sich das System in unterschiedlicher Weise adaptiv verhält?

Meine Frage an Herrn Aaberg: Wie ist das mit dem Finden von Inhalten, wenn es sehr viele adaptive Verlinkungen gibt? Ist es richtig, dass dann die Suchmaschinen Schwierigkeiten haben, die Inhalte, die hinter den dynamischen Links sind, zu finden?

Dr. Mattos:
Die Antwort ist: Sie können eigentlich das System einstellen und dabei beeinflussen, wie viel sich verändern soll bezüglich der gleichen Anfrage. Ich gebe Ihnen ein Beispiel: Mayor Clinic, eines der wichtigsten Krankenhäuser in den USA, hat das System benutzt, um Kenntnisse von den Dokumenten, die von Ärzten über bestimmte Fälle geschrieben werden, anderen Ärzten zur Verfügung zu stellen. Die gleiche Suchmaschine hat sehr viel Flexibilität bezüglich der Eingabe der Daten, d.h. von den Ärzten, die Experten sind und diese Fälle beschreiben, wird das System dabei lernen und sich bei jeder Eingabe verändern. Aber von den anderen Ärzten, die mehr oder weniger die Consumer von diesen Dokumenten sind, wird das System sich nicht verändern. Wenn man eine bestimmt Anfrage eingegeben wird, wird genau das gleiche Dokument immer wieder gegeben, weil das Ziel dieser Anwendung natürlich ist, den Ärzten die Kenntnisse zu übermitteln. Daher haben Sie bei einigen Produkten schon die Möglichkeiten, das einzusetzen, abhängig davon, was für eine Wendung Sie eigentlich unterstützen wollen.

Herr Aaberg:
From our prospective we are delivering a system which is deterministic, so if you issue a query you will get the same result provided that the content of your index is unchanged. There are different scenarios where you want to manipulate the queries and use different linguistic techniques such as spell checking and synonyms depending on your user group. You may have internal people, very technical people, who are searching using product names or product numbers as the query term. Those queries you probably don't want to rewrite because people express a very high degree of precision. They know exactly what they are querying for and spell checking may result in too high recall. Whereas if you want to promote your brands and you have a little tricky name of your company or your brand you may want to apply linguistic techniques that ensure that you get a broader recall which is broader than the exact typing of your query.

Herr Hauber, Deutsches Patent- und Markenamt:
Ich hätte eine Frage zu „Key Word Expansion" und „Context Finding". Welcher Techniken bedient man sich in automatisierter Umgebung, um zu einem Wort entsprechende andere Worte zu finden, die im gleichen Kontext stehen? Es wurde heute schon das Beispiel „PC → Computer" gebracht. Ich selber habe folgende Erfahrung aus meiner eigenen Arbeit als Patentprüfer: Wenn ich nach etwas suche, was mit Funktechnologien zu tun hat, muss ich mindestens immer vier Keywörter für meine Recherche hernehmen, nämlich „Radio", „Mobile", „Cellular" und „Wireless". Aber wie macht das eine Maschine?

Herr Aaberg:
The key tool is to use synonym dictionaries which can easily be generic for a language such as PC or Computer. Or it can be specialised to a business or business or a market, e.g. using IPC as a synonym for "International Patent Classification" in the patent domain. I think the key here is that you would like to use a product where we have the flexibility to implement the business logic or we use the dictionary that is relevant to the work that you are trying to do.

Herr Hertz:
Ich möchte mich nochmals recht herzlich bei unseren beiden Sprechern hier vorn bedanken. „Die Zeit" hatte im Oktober geschrieben, dass der Suchmaschinenkrieg tobt. Ich denke, wir haben jetzt gerade gesehen, dass es in der Tat in den technologischen Schmieden bei den Entwicklern tobend vorangeht, dass da sehr viel gemacht wird. Bei der heutigen Veranstaltung werden wir dann auch sehen, dass nicht nur die Technologie, sondern insbesondere auch Geschäftsmodelle wesentliche Elemente sind.

5 Die Suchmaschine als Geldmaschine

5.1 Search Engine Marketing: The Next Generation

Hellen K. Omwando
Forrester Research

In the following I will share you Forrester's view on how search engine marketing will evolve over the next years. To discuss this vision, I will first look at the current status of search engine marketing, in other words, what's happening today, then move on to talk about search engine tomorrow; in essence, how different will search engine marketing look like in the future, why, who will drive the changes?

Fig. 1

Let me test your knowledge on entertainment. How many people know who this is? (Fig. 1) How about this guy? The Trekkies in the audience (Trekkies is the nick name for Star Trek fans) certainly know him. This is Data, one of the main characters of popular science fiction TV series, Star Trek. As you can see from the previous slide, Data isn't fully human, he's an android, part human, part machine/computer. As his name suggests, Data's key role is to call up data, any information, on the spot. Now what does Data have to do with search engine marketing?

Fig. 2

Let's look at another fun slide of a robot (Fig. 2). This cartoon was first shown on a blog (Web log) back in 1992. The blogger wanted to illustrate that through its powerful search index/database, Google has the power to control the world's information and that no one would be able to compete against them. If you read the media today, Google seems unstoppable. Given all the hoopla around Google today, can we indeed expect a world where robots run by Google dominate search engines, hence search engine marketing? And anyway, what is the big deal about search engine marketing? Who is to say it will cease to hold appeal to marketers in the next few years?

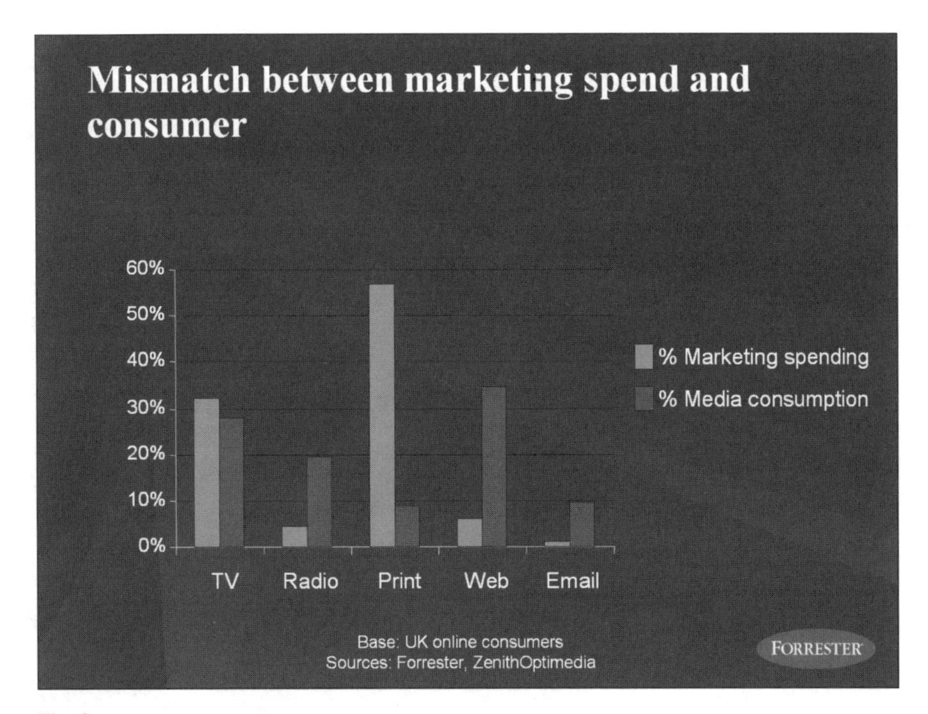

Fig. 3

If you consider how marketers allocate marketing spend by channel today, it's clear that there's a mismatch between the channels where most marketing spend goes and the channels consumers use the most (Fig. 3). Forrester's consumer data shows that the average online Briton now spends more time on the Internet than in front of his television – 5 hours professionally and 9 hours for personal information and entertainment. Yet, most of the ads are still with push media. Not only is there a disconnect between promotion, money, and eyeballs, consumers also actively filter out the ads. In the US, users of digital video recorders like TiVo see only half of the TV ads that are fed to them. And with digital TV expected to reach half of Europeans in the next four years, expect Europeans to also block TV ads. This means that push media become less effective in targeting consumers which will in turn force marketers to migrate much of their marketing spend to the Internet.

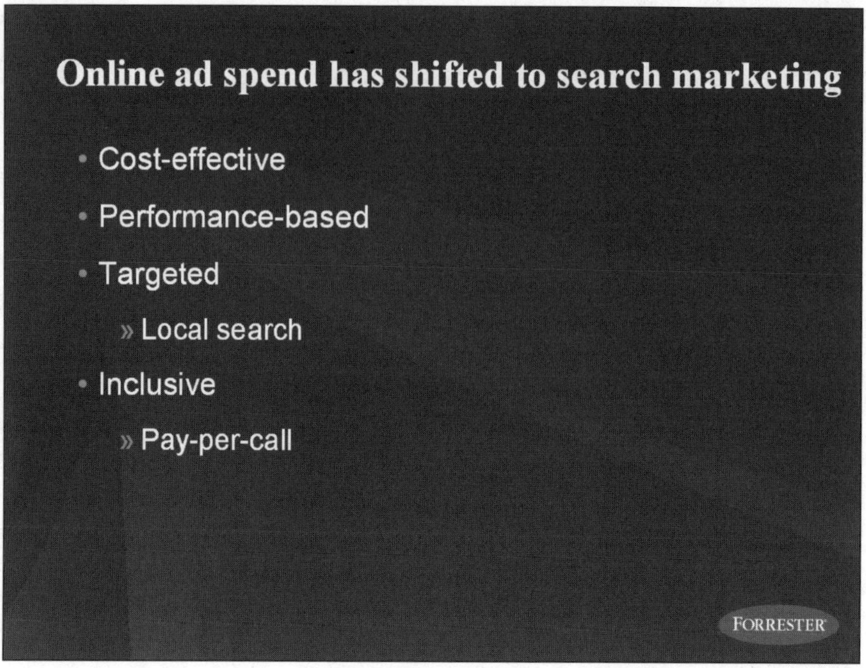

Online ad spend has shifted to search marketing

- Cost-effective
- Performance-based
- Targeted
  - Local search
- Inclusive
  - Pay-per-call

FORRESTER

Fig. 4

Today, marketers who use search engine marketing love it (Fig. 4). It's no mystery why this is the case. It is cost effective; you don't have to shell out thousands or even millions of euros on advertising without payback. You pay as much as you think is effective for you and you can gauge this relatively well because it is performance based. No cure, no pay. If consumers don't click or buy, you don't pay a cent. Cost aside, it allows better targeting because it catches consumers who are in purchase-mode; they express their intention or interest in a product or service by putting in a search query. And search engines are now moving into local search to offer ad targeting based on geography. One of most important developments lately has been the move into pay-per call search. This is important because it reduces barriers to entry for small enterprises that don't have Web sites and probably never will. For example, your local plumber can now place his ads in search results, consumers get a phone number and business description rather than the Website once they click the ad, and the plumber pays if consumers place a call.

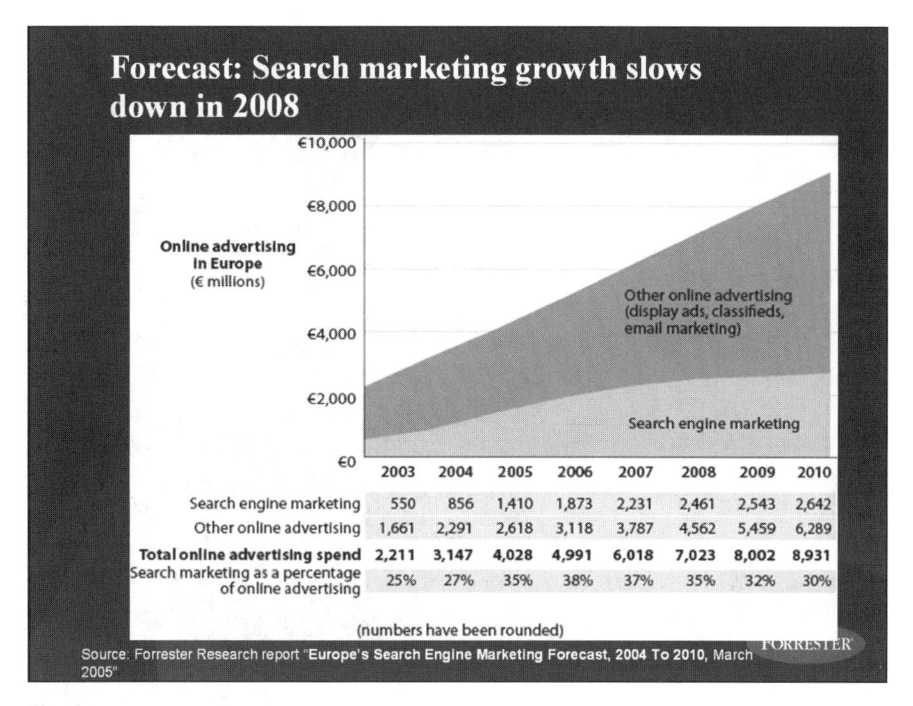

	2003	2004	2005	2006	2007	2008	2009	2010
Search engine marketing	550	856	1,410	1,873	2,231	2,461	2,543	2,642
Other online advertising	1,661	2,291	2,618	3,118	3,787	4,562	5,459	6,289
Total online advertising spend	**2,211**	**3,147**	**4,028**	**4,991**	**6,018**	**7,023**	**8,002**	**8,931**
Search marketing as a percentage of online advertising	25%	27%	35%	38%	37%	35%	32%	30%

Fig. 5

For these reasons, marketers are shifting the bulk of their online ad spend to search marketing. But by how much, and will it last? (Fig. 5) To gauge the search engine marketing opportunity in Western Europe, Forrester developed a model that forecasts just how big the search engines marketing potential is and will be over a five-year period. Our estimates show that search marketing captured online advertising share of 35% by the end of 2005, up from nothing in 2002, and generated about 4 billion euros in sales. We estimate that search engine marketing as we know it today will continue to grow to about 9 billion euros in sales in 2010. But its share in online ad budgets will drop to 30%. So why will it slow down?

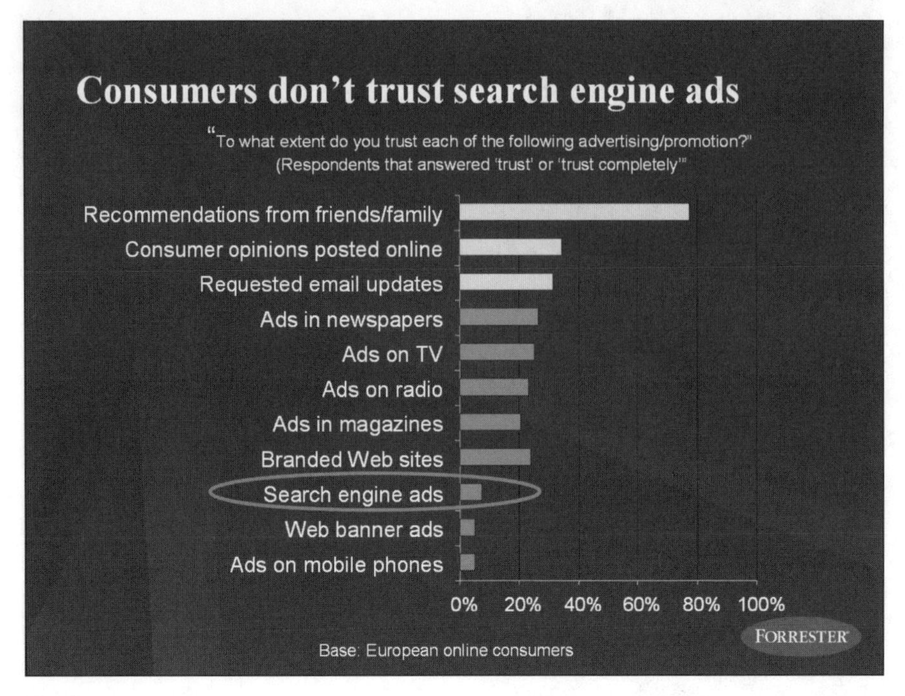

Fig. 6

First of all, our consumer data shows that 93% of European consumers don't trust search engine ads (Fig. 6). Today many consumers still can't tell the difference between a sponsored link and natural/organic search result. But as they get savvier, many of them will shun the sponsored links. In fact 30% of Europeans say that they will not click through a search result if the top result is paid advertising.

As consumers become inundated with different forms of advertising regardless of channel, they lose trust in professional advertising bodies and instead prefer to turn to their peers for advice or information on what products or services to buy. Consumers generally have a negative attitude toward advertising. Almost two thirds of consumers agree that there are too many ads today. This is an advertising backlash that search engine marketing will also face.

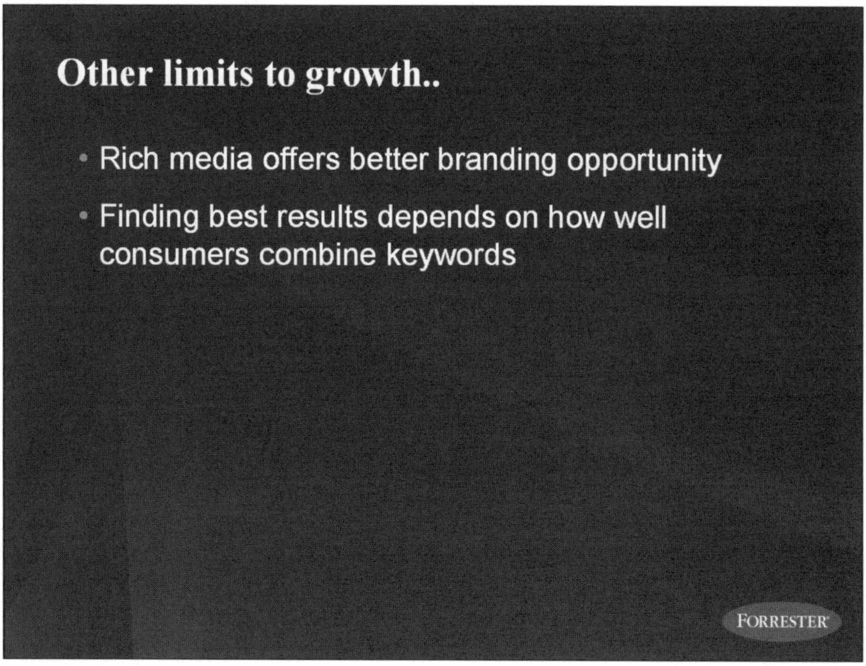

Fig. 7

And there are natural limits to the growth of search engine marketing (Fig. 7). Primarily, as broadband penetration ramps up, we will see rich media ads gain prominence and marketers will start to use them for branding purposes; search ads today are not very smart with branding.

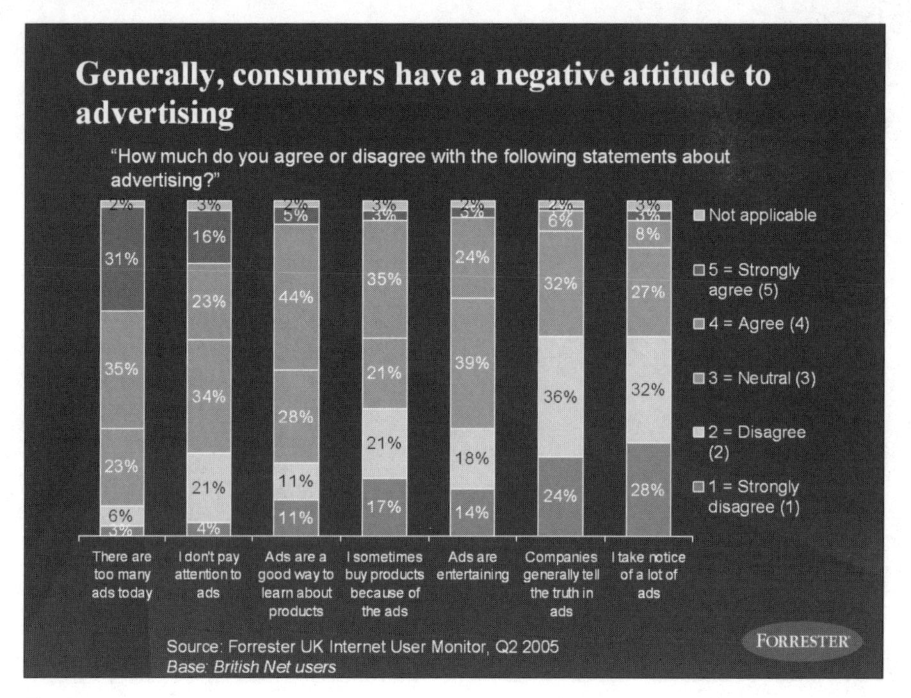

Fig. 8

One of the major limitations of search ads is that its success is contingent on consumers using the right combination of key words to call up the most relevant results (Fig. 8). If you are not a very experienced Internet user, you may not know what key word combinations will give you the best results; which of course mean that for such consumers, search engines may not be that relevant.

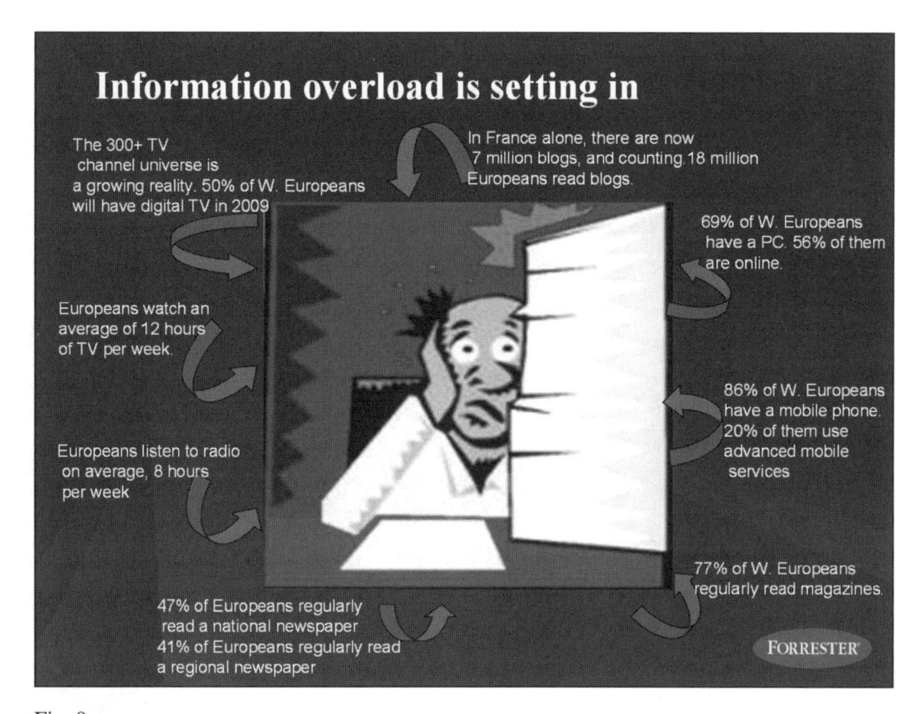

Fig. 9

A growing phenomenon that will have an impact on how advertising of whatever form is delivered, is information overload (Fig. 9). Consumers increasingly face a paradox of choice; too much choice of information from different media, different formats, different channels. Numerous types of information, and growing. Consider, through digital TV, the 300+ TV universe will be a reality for most Europeans by 2009, consumers watch TV 12 hours a week, and I actually think this is a conservative number, three in four Europeans regularly read a magazine, almost half read a regional newspaper, 41% read a national newspaper, they listen to an average of 8 hours of radio per week, web logs or blogs, a growing online phenomenon democratizes publishing and makes everyone and his brother a publisher. Today, there are at least 7 million blogs in France a lone almost all Europeans have a mobile phone and about one in four use advanced mobile phone features. And the list goes on. And there are only 24 hours in a day,and of course consumers engage in more activities other than absorb information. So no doubt, information overload will be a huge challenge in the near future. This means that search engine marketing must address, information overload, advertising overload, and the multi-device-toting consumer.

Short-term: next generation search marketing

- Smart hybrid search marketing
  - » Combines email conversations and online surfing to serve relevant ads
  - » Combines video and/or audio content consumption with online surfing to serve relevant display ads
  - » Combines CPM and pay-for-performance fees to make money

FORRESTER

Fig. 10

In the short-term, next generation search marketing will come in the form of smart hybrid search marketing (Fig. 10). This means moving beyond users putting in one key word and a search engine spitting information back without understanding the context of the search query. To get smart and deliver very relevant ads, search engines will capture a wholeview of what consumers do online; they will combine email conversations and online surfing; they will combine rich media content such as video and audio with online surfing to serve display ads; and to make money, they will use a variety of revenue models including CPM (cost per thousand page impressions traditionally used for display ads) and pay-for performance fees (this could be pay per click, per lead, or conversation rate).

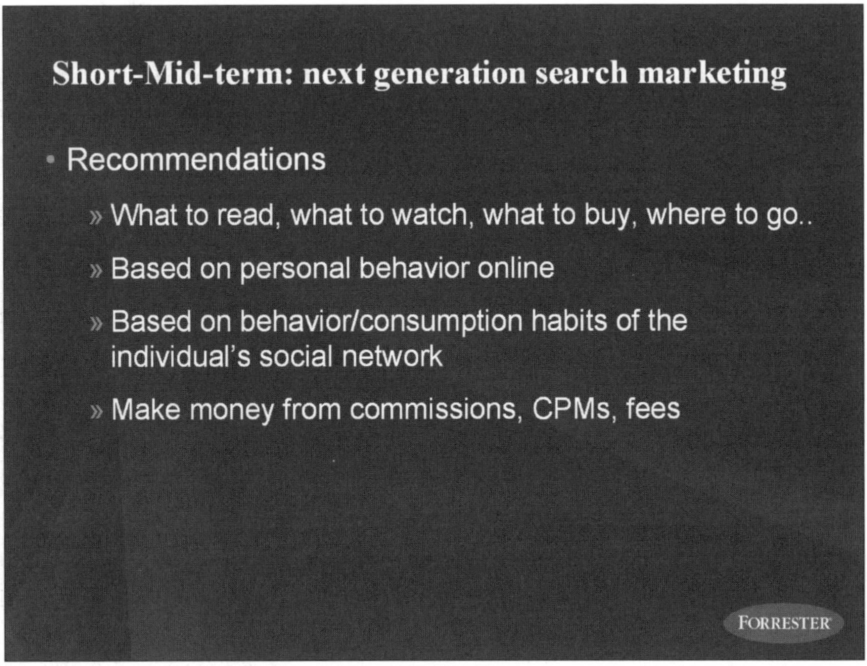

Short-Mid-term: next generation search marketing

- Recommendations
  - What to read, what to watch, what to buy, where to go..
  - Based on personal behavior online
  - Based on behavior/consumption habits of the individual's social network
  - Make money from commissions, CPMs, fees

FORRESTER

Fig. 11

In the short-to mid-term, next generation search marketing will get smarter and proactively recommend a slew of things, for example what to read, what to watch, what to buy, where to go (Fig. 11). This will of course, be based on personal behavior online and also the behaviors and consumption habits of an individual within a social network. Social networks are important because as we saw previously, consumers are most influenced by their peers, not by advertising. And to make money, search engines will draw on commissions, CPMs, and fees.

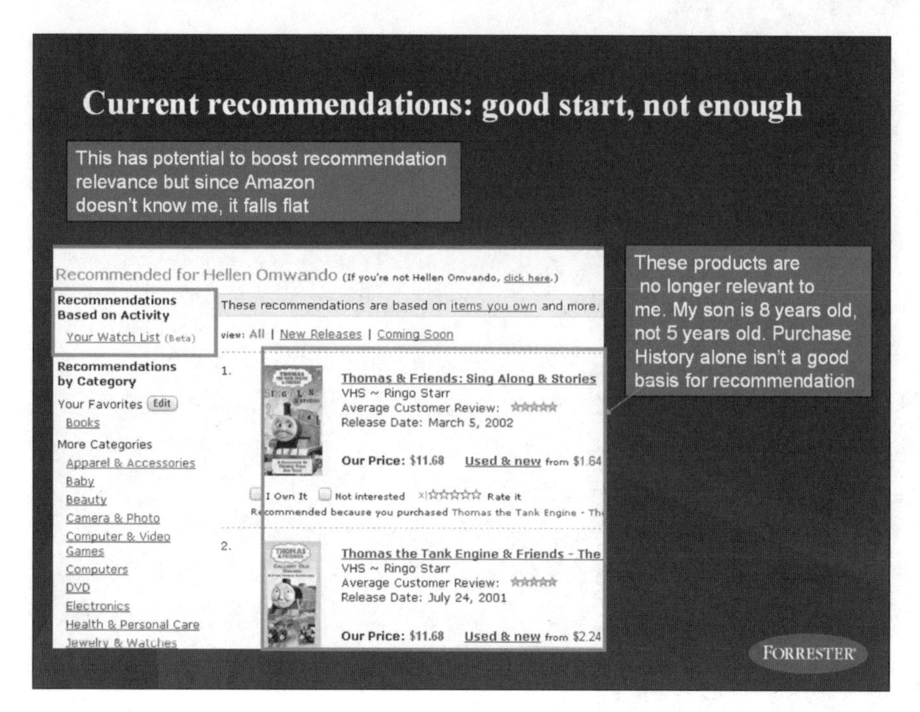

Fig. 12

Let's look at how recommendations might work (Fig. 12). Here's a good start but frankly needs a lot of work. Amazon, the poster child of the Dot Com era kick-started recommendations to the online sales process using its recommendation engine. At its essence, it's a clever idea of informing consumers upfront of products they may want to buy but for one reason or another may not do so because it doesn't catch their attention. But in its current incarnation, Amazon's recommendation engine is predicated on purchase history alone. In my case, they assume that just because I bought this "Thomas the tank engines" video tape for my son several years ago, I'll still be interested in it. Well, that's not very clever is it? My son is now 8 years old, way past the age when he appreciated this kind of video. In other words, the recommendation engine almost works in a vacuum. It has no context of understanding that these recommendations are quite useless and annoying since they are no longer relevant.

But as the major search engines start facing advertising backlash, as they attempt to address the information overload, they will improve on recommendation engines as a way of engaging consumers in a manner that doesn't turn them off because the engines will be relevant and timely.

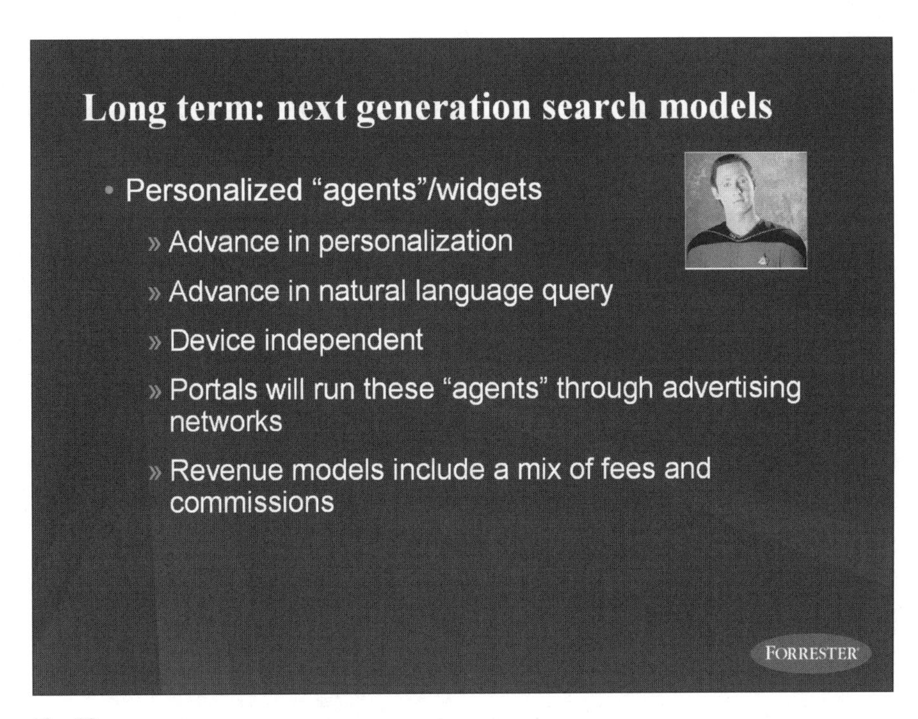

Fig. 13

Long term, next generation search models will become like our good friend Data, the one whose picture I showed at the beginning of this presentation (Fig. 13). They will morph into personalized "agents' or widgets that offer" advanced personalization, advances in natural language query, and they will be device agnostic. For example, these agents will be something consumers can talk to. A consumer will ask her "Google agent" a simple question, like "where can I find a nice, cheap sweatshirt?" The "agent" will use personalization, location, and contextual information to answer the question – recommending, for example, local stores that sell sweatshirts for 40 euros with political slogans on them (all of which Google chose based on knowing about the consumer). The search engines/portals will run these agents through advertising networks and adopt a mix of fees and commissions to make money.

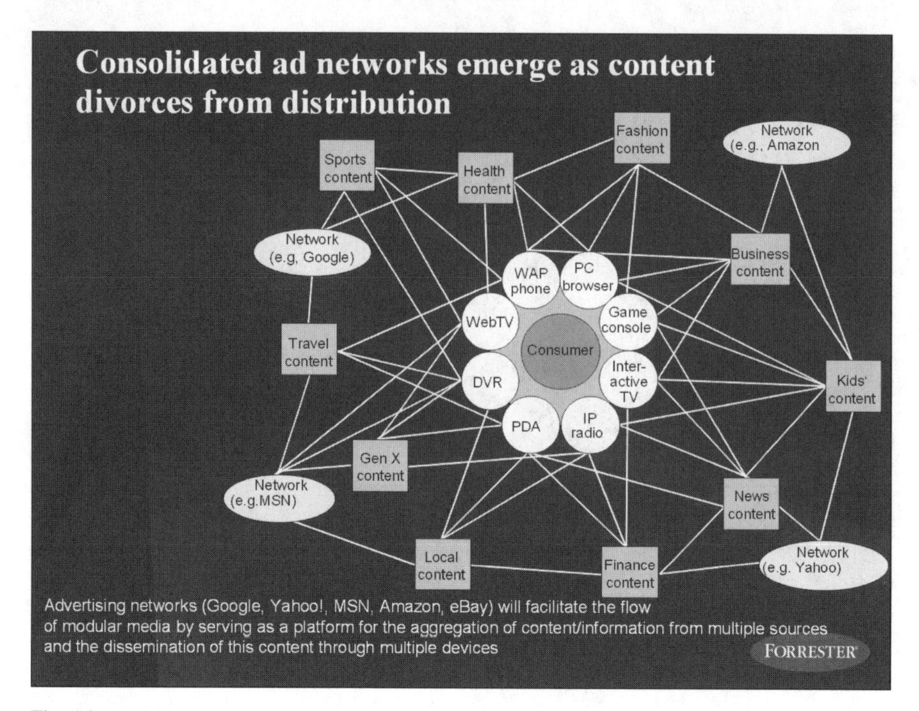

Fig. 14

In a device agnostic environment that thrives on personalized information, content automatically divorces from distribution (Fig. 14). In such an environment, there will be winners and losers. I'll just talk about the winners. (Forrester will publish an report on "The Consumer Portal Endgame" by the end of March that will examine this world in greater detail.)

Five companies will emerge as winners; Google, Amazon, eBay, Yahoo, and Microsoft/MSN. These companies will operate a platform that facilitates the flow of modular media from multiple sources across all devices. These are the companies that will broker the relationship with consumer. These are the companies that will provide next-generation search engine marketing.

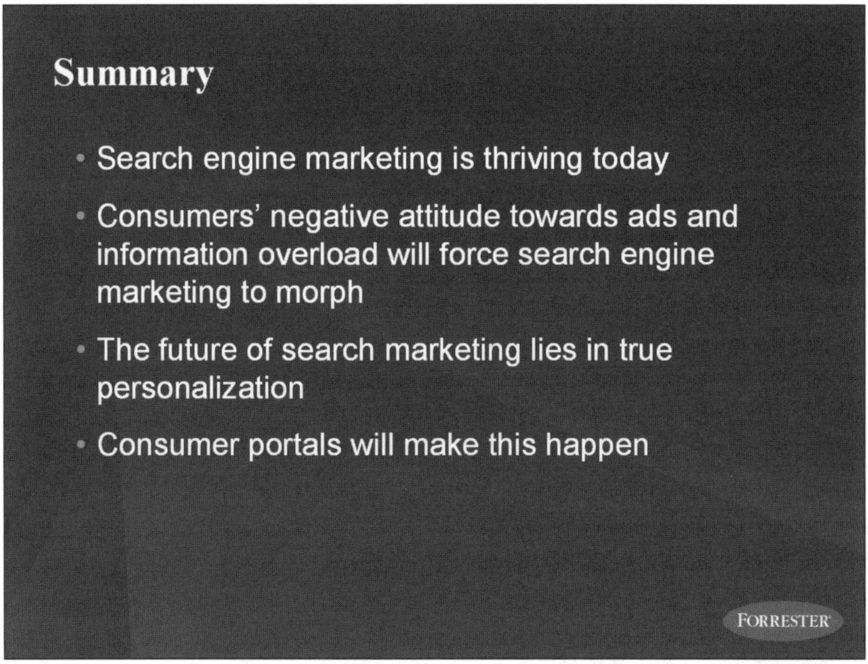

Summary

- Search engine marketing is thriving today
- Consumers' negative attitude towards ads and information overload will force search engine marketing to morph
- The future of search marketing lies in true personalization
- Consumer portals will make this happen

FORRESTER

Fig. 15

To summarize my speech, search engine marketing is thriving today (Fig. 15). Consumers' negative attitude towards ads and information overload will force search engine marketing to morph. The future of search marketing lies in true personalization. Consumer portals will make this happen.

5.2 Suchen und Finden als Bindeglied zum Produktportfolio

Volker Gläser
Yahoo! Deutschland GmbH, München

Für kein anderes Unternehmen trifft der Leitsatz „Suchen und Finden als Bindeglied zum Produktportfolio“ so umfassend zu wie für Yahoo!. Davon sind wir überzeugt. Doch bevor ich auf unsere Produktstrategie und die darin zunehmende Bedeutung der Suche näher eingehe, möchte ich einen damit einhergehenden, kurzen Exkurs voranschicken: wie Internetuser das Web nutzen und wie wir bei Yahoo! glauben, dass sich die Internettechnologie entwickeln wird.

Bereiche der Internetnutzung: „Public Search“, „Social Search“ und „Content“

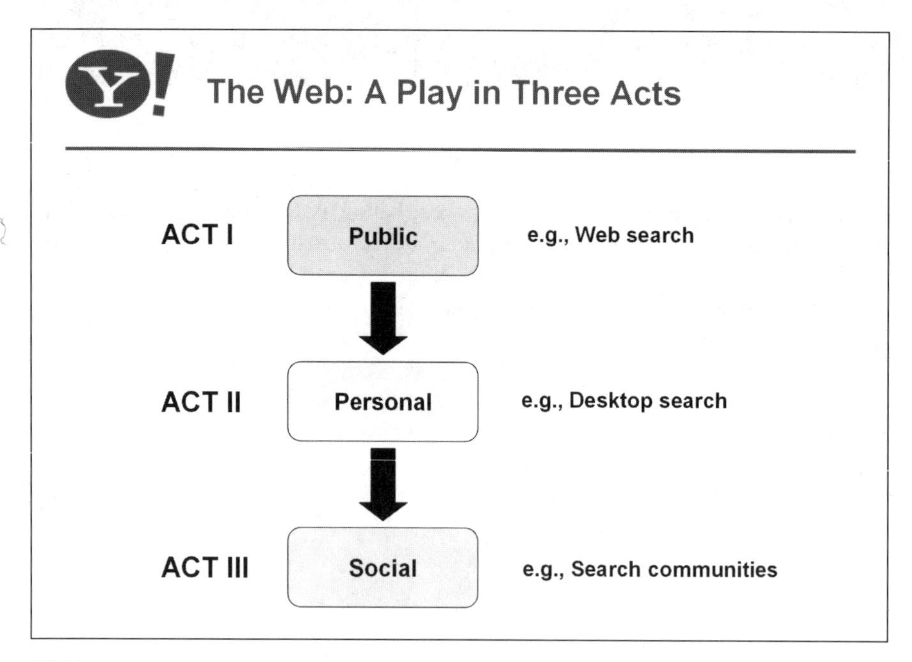

Bild 1

Die Internetnutzung lässt sich generell in drei Bereiche unterteilen (Bild 1): „Public Search“, „Social Search“ und „Content“. Der erste Bereich ist „Public Search“. Wir alle nutzen täglich Suchmaschinen. Mit deren Hilfe suchen wir Informationen, finden sie und speichern sie ab – zum Beispiel auf der Festplatte im Computer oder auf anderen Speichermedien.

Bild 2

Einen weiteren großen Bereich stellt die so genannte „Social Search" dar (Bild 2). Internetnutzer suchen hier ihre Informationen nicht nur im öffentlich zugänglichen Netz, sondern in einem abgeschlossenen privaten Netzwerk. Dort stellen sie ihre Fragen und erhoffen individuelle Antworten. Kunden oder Nutzer, die prinzipiell mehr auf die Hinweise und die Empfehlungen von Freunden, Bekannten und Verwandten setzen als auf generelle Empfehlungen im Internet, finden mit Hilfe der „Social Search" ganz gezielt die Informationen, die sie benötigen. So können sie beispielsweise in einer privaten Community ein Netzwerk im Internet aufbauen und dieses nutzen, um individuelle Antworten zu finden. Diesen Wunsch der User nehmen wir bei Yahoo! sehr ernst und möchten ihnen individuell und ganz gezielt die Services anbieten, die ihnen im täglichen Leben weiter helfen.

Die Yahoo! Suche Vision: „FUSE“

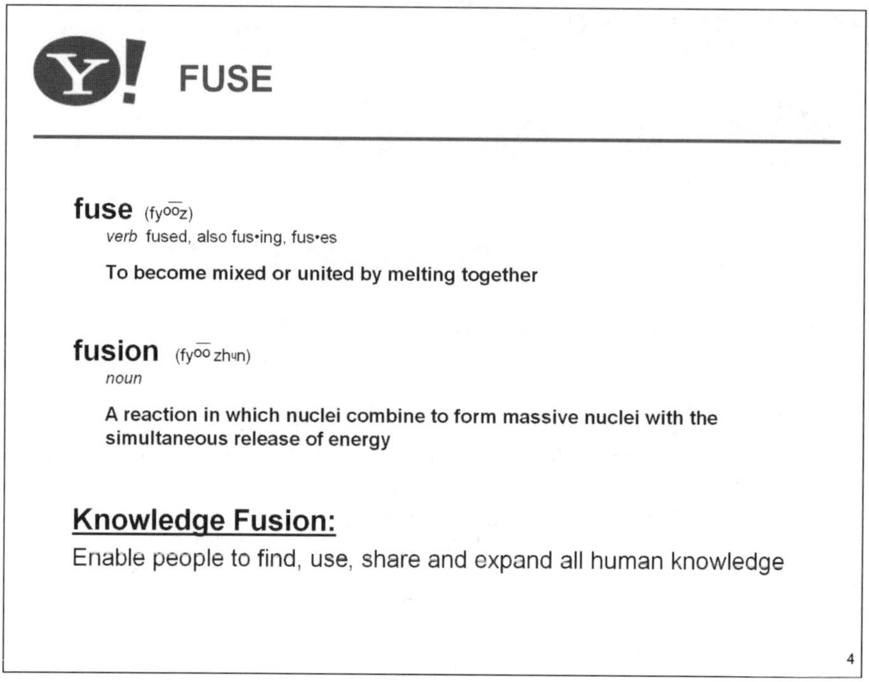

FUSE

fuse (fyōōz)
verb fused, also fus•ing, fus•es

To become mixed or united by melting together

fusion (fyōō zhən)
noun

A reaction in which nuclei combine to form massive nuclei with the simultaneous release of energy

Knowledge Fusion:
Enable people to find, use, share and expand all human knowledge

4

Bild 3

Für die Yahoo! Suche haben wir deshalb eine Vision: „Enable people to find, use, share and expand all human knowledge“ oder kurz zusammengefasst „FUSE“ – die Fusion von Informationen und Inhalten aus unterschiedlichen Bereichen (Bild 3). Das englische Verb „fuse“ steht für „to become mixed or united by melting together“ und erklärt unser Ziel bereits fast von selbst. Wir von Yahoo! glauben, dass dieser umfassende Zugang zu Informationen eine elementare Rolle in unserer Informationsgesellschaft spielt, in der die effiziente Recherche von Inhalten und Wissen immer wichtiger wird. Und genau darum geht es in unserer „FUSE“ Vision: Den schnellen Zugang zu relevanten Inhalte bieten, egal wo im Internet – ob im frei zugänglichen Bereich oder in einer Community.

Bild 4

Das sind Themen, die wir als sehr wichtig erachten und im „Yahoo! 4-Säulen-Modell“ zusammen führen (Bild 4). Bei diesem Modell geht es um Community, um Personalisierung von Informationen und um die Frage: Wie schneide ich das, was ich im Internet gefunden habe oder das, was ich im Internet an Information finden möchte, auf meine ganz persönlichen Bedürfnisse zu?

Der Trend geht zur Personalisierung

In diesem 4-Säulen-Modell ist die Yahoo! Suche ein ganz zentraler Bereich, der eine große Schnittmenge mit dem Bereich der Personalisierung besitzt. Und auch hier sind wir exakt bei der eben erläuterten „FUSE“ Vision. Sie merken es vielleicht an Ihrer eigenen Mediennutzung, wenn Sie sich personalisierte Startseiten wie „Mein Yahoo!“ einrichten oder sich ganz gezielt Informationen herunterladen. Das sind Dinge, die Sie vor einigen Jahren noch nicht getan haben. Und damit entsprechen Sie dem allgemeinen Trend, Informationen zu personalisieren und dadurch genau die relevanten Informationen zu bekommen, die Sie suchen. Ich persönlich möchte auch nicht mit allen möglichen Informationen überhäuft werden. Also suche ich mir das Segment heraus, das ich gerne hätte – mehr nicht. Und diese Informationen hätte ich selbstverständlich gern genau zu dem Zeitpunkt, zu dem ich sie brauche. Daher ist es für Suchmaschinen sehr wichtig zu erfahren, was ich als User eigentlich finde. Das ist dann der dritte Bereich der Internetnutzung: der „Content“ oder der Inhalt, der eine weitere wichtige Säule in der Yahoo! Strategie bildet.

Wenn wir von der 4-Säulen-Strategie sprechen, kommt der Bereich der Communities, der Gemeinschaften, hinzu. Dieser Bereich stellt eine weitere von vier großen Säulen dar – vier große Pfeiler, von denen wir glauben, dass sie unser Business am besten widerspiegeln. In diesen vier Businessbereichen der Suche, Inhalte, Community und Personalisierung finden sich alle von Yahoo! angebotenen Produktgruppen in den unterschiedlichen Bereichen Unterhaltung, Informationen, Suche, Kommunikation und Marktplatz wieder. Die Suche kommt dabei in allen Bereichen vor. Denn wir wollen unseren Nutzern die Möglichkeit geben, Information und Unterhaltung so schnell und relevant wie möglich zu finden. Und zwar in allen Bereichen, in denen sie sich auf unserem Portal aufhalten.

Das gleiche gilt für die Kommunikation. Denn wenn man eine Fülle von E-Mails über Yahoo! Mail schickt, dann will man auch relativ zügig darüber einen Überblick erhalten. Ebenso beim Marktplatz: Jede dritte Suchanfrage in Deutschland hat bereits einen kommerziellen Hintergrund. Da ist jemand auf der Suche nach einem Produkt. Da möchte jemand eine Transaktion durchführen. Auch hier sieht man wieder, wie wichtig letztlich die Suche ist. Wir glauben, dass sich unsere Nutzer in allen Bereichen auch ein Such- und Findetool wünschen. Das ist die Yahoo! Suche.

Yahoo! Search Marketing

Y! Suche – ein zentraler Baustein

Produkt Gruppen	SUCHE	UNTERHALTUNG - INFORMATION	KOMMUNIKATION	MARKTPLATZ
Vier Säulen	overture a Yahoo! company	- Spiele, Musik, Filme & mehr - Finanzen, Nachrichten, Sport & mehr	- Mail - Messenger + Voice - Fotos	kelkoo
SUCHE	YAHOO! Suche Deutschland	Video Suche News Suche Local Suche Aktienkurs Suche	Desktop Suche Web Mail Suche	YAHOO! shopping YAHOO! REISEN YAHOO! AUTOS
INHALTE	Y! InfoExpress CAP (Content Acq Program)	YAHOO! Finanzen Musik	YAHOO! MESSENGER Tabs für Nachrichten, Musik, Finanzen & Spiele Integration	Experten Reviews Reise Führer Autos Inhalt
COMMUNITY - GEMEINSCHAFT	YAHOO! Suche Mein Web BETA	Radio integrated into IM Y! Groups Multiplayer Games (MMOG)	Messenger	Nutzer Reviews Händler Reviews
PERSONALISIERUNG	YAHOO! Suche Suche Translator	Y! MUSIK radio YAHOO!	Messenger: Avatars IMVironments	Präferenzen gesteuerten Empfehlungen

6

Bild 5

Abschließend kommt die Vermarktung im Bereich der Suche dazu (Bild 5). Die übernimmt unser Vermarkter Overture, der ab sofort Yahoo! Search Marketing heißt. Die Monetarisierung bieten wir in allen Bereichen an. Überall, wo wir relevante bezahlte Sucheinträge anbieten können, tun wir das auch. Das Gleiche gilt für den Bereich der Transaktion über unsere Produktsuchmaschine Kelkoo. Wo es sinnvoll für den User ist, Transaktion in den unterschiedlichen Bereichen zu betreiben, da bieten wir das an. Dies geschieht jedoch niemals auf Kosten der Nutzerfreundlichkeit. Ein Beispiel: Der Nutzer ist auf der Suche nach Unterhaltungsinformationen und liest eine Rezension zum Film „King Kong". Dazu erhält er einen Link, um eine DVD zu bestellen. Mehr nicht. Entweder hat er dieses Bedürfnis und klickt diesen Link oder er hat dieses Bedürfnis nicht. Dann wird er dieses zusätzliche Angebot aber nicht als störend empfinden. Unsere Erfahrungen zeigen, dass man die Vermarktung sehr ausgewogen behandeln muss und die Internetnutzung nicht überkommerzialisieren sollte. Wir berücksichtigen deshalb die Interessen der Werbekunden und die der User zu gleichen Teilen. An den Klick- und Konversionsraten ist letztlich klar zu erkennen, was gut ankommt und was nicht. Ich denke, wir bei Yahoo! machen da einen guten Job.

5.3 Suchen und Finden als Bindeglied zum Produktportfolio

Volker Heise
Infopeople AG, Erlangen

Ich werde provokant sein und hoffe, Sie haben davon Ihren Nutzen. Ich betrachte nicht bloß die Suchmaschine an sich und die Zielgruppe Consumer, sondern, wie Herr Mattos auch schon sagte, den Business Worker. Das sind möglicherweise auch Sie. Das sind immerhin eine ganze Menge Menschen, die nicht nur Consumer sind oder bloße erotische Inhalte als wichtig für sich empfinden – wie vorhin gehört.

Bei dieser Klientel ist der Komplexitätsgrad zwar wesentlich höher, aber das ist auch die Chance, hier direkte Erlöse zu erzielen: nicht nur aus der Werbung, sondern auch über Content und über Services. Diese Komplexität gilt es für den Business Worker angenehm und nützlich aufzubereiten.

Vorhin kam der Satz, ich bin bereit 20 € zu bezahlen, wenn es etwas Gutes an Inhalten gibt. Das können wir vielleicht als Überschrift nehmen.

Gehen wir ganz allgmein von Portalen aus, im Intranet und im Internet. Überall dort sind Suchprozesse sehr aufwendig. Mitarbeiter, wie beispielsweise Account Manager, Produktentwickler oder Investment Manager werden dort zwar mit ihren Rollen abgebildet, aber keiner hilft beim Suchen. Nehmen wir den Account Manager, der für seinen Auftrag bestimmte Tools hinterlegt bekommt, um festzustellen, wie die aktuelle Kundensituation ist bzw. um sich zum Kundenbesuch optimal vorzubereiten (Bild 1).

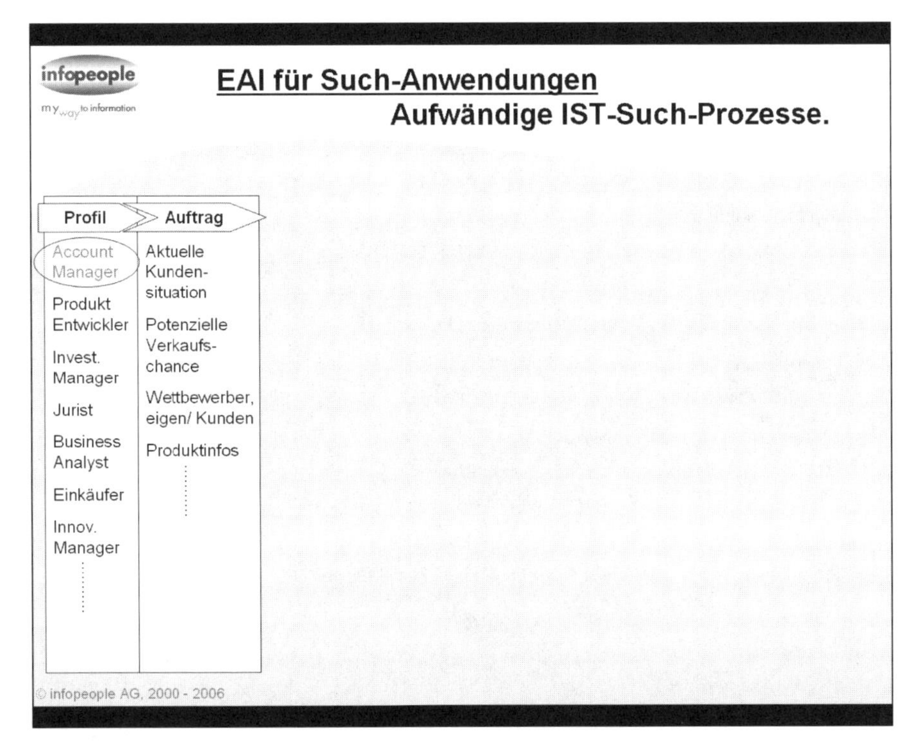

Bild 1

Die Such-Tools transportieren ihn in einen sehr nebulösen Raum: Er kann z.B. eine Intranetsuchmaschinen nutzen, die E-Mails, Files, Websites, Intranetsites etc. abgrast. Zusätzlich stehen ihm vielleicht Internetkataloge, Preise, Produkte usw. über eine andere „Such-Anwendung“ zur Verfügung. Dokumentationen im Dokument Managementsystem abgelegt, die Kundenhistorie in der CRM. All die sich dahinter verbergenden Inhalte könnten für unseren Account Manager in diesem Moment interessant sein.

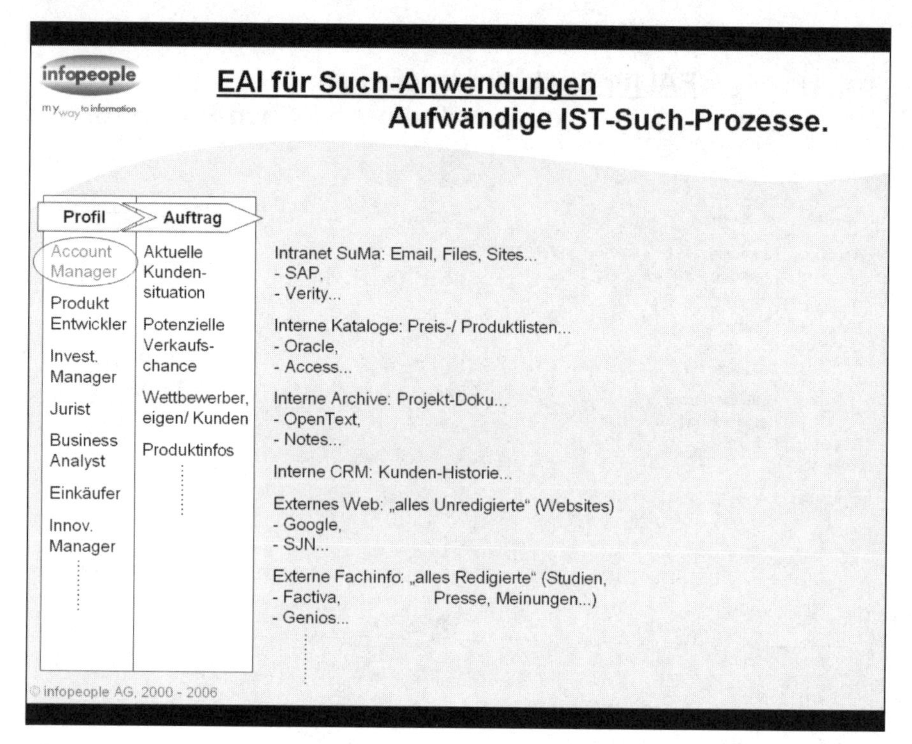

Bild 2

Aber damit ist noch nicht Schluss. Er geht z.B. ins externe Web, zu Google, Yahoo, MSN und will sich auf unredigierte Webinhalte stützen (Bild 2). Zusätzlich hat er vielleicht einen Zugang zu einem Fachinformationsanbieter mit redigierten Inhalten, also z.B. einer Firmenauskunft. An dem Punkt könnte Sie die Größenordnung interessieren, von der wir hier sprechen: Fachinformationen stellen Hunderte Male größere Mengen dar, als die gesamten Inhalte im Web ...

Ich denke, Sie merken bereits, dass es für unseren Account Manager ziemlich ungenehmen wird, müsste er das alles durchforsten.

Wir führen nun den Prozess fort, in dem sich unser Account Manager schon lange nicht mehr befindet. (Der hat sich ja mit seiner Suche im Internet oder Intranet verabschiedet ...) Bei den meisten Such-Anwendung steht die Navigation am Anfang, dann eine Such-Maske, Ergebnis-Listen, Ergebnisse, also Dokumente, Zahlen etc. Wurde etwas gefunden, wird das im Notepad ge-merged und letztlich formatiert.

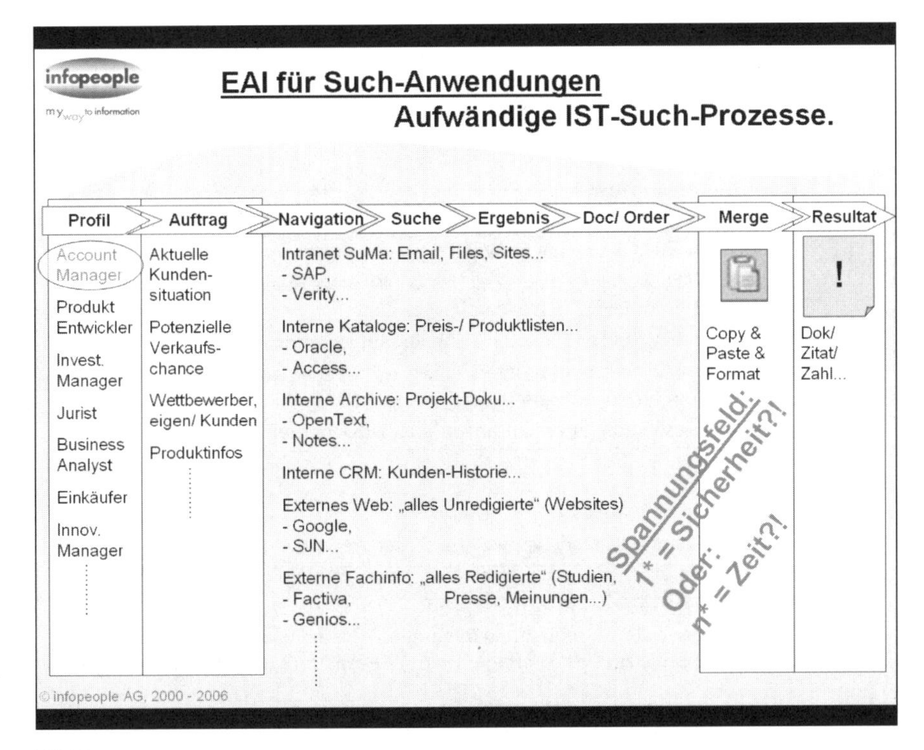

Bild 3

Am Ende entsteht für jeden Suchenden ein Spannungsfeld, in dem entweder nur eine Quelle durchsucht wurde und in den meisten Fällen die Unsicherheit besteht etwas ausgelassen zu haben (Bild 3). Oder der Sucher hat tatsächlich alle relevanten Such-Anwendungen durchforstet und sich dabei n mal Zeit genommen. Ersteres entspricht dem allgemeinen Nutzerverhalten. Letzteres dem der Rechercheure und Analysten.

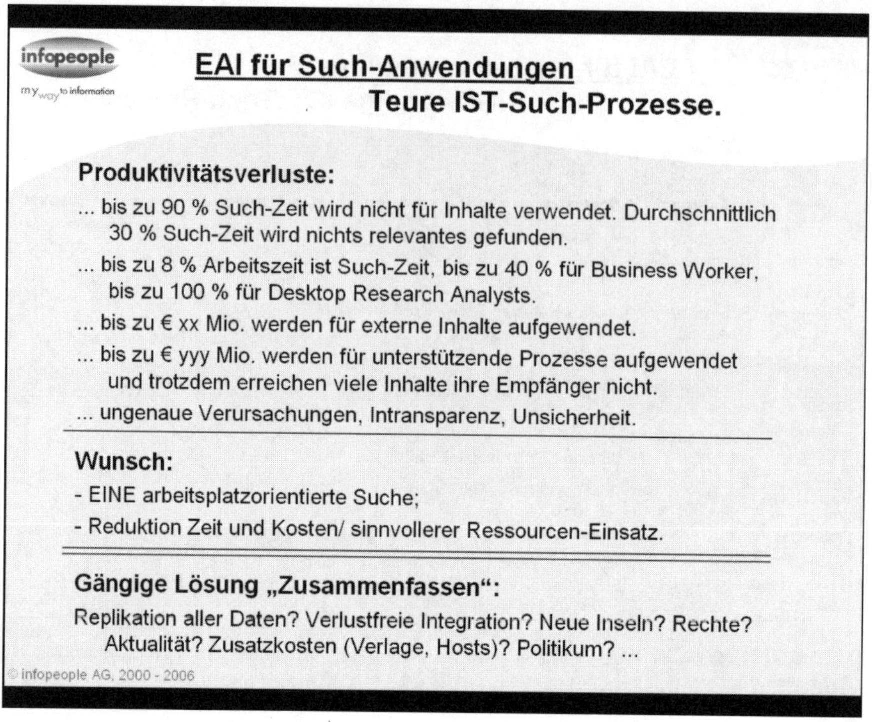

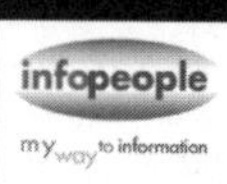

infopeople
my way to information
EAI für Such-Anwendungen
Teure IST-Such-Prozesse.
Produktivitätsverluste:
... bis zu 90 % Such-Zeit wird nicht für Inhalte verwendet. Durchschnittlich 30 % Such-Zeit wird nichts relevantes gefunden.
... bis zu 8 % Arbeitszeit ist Such-Zeit, bis zu 40 % für Business Worker, bis zu 100 % für Desktop Research Analysts.
... bis zu € xx Mio. werden für externe Inhalte aufgewendet.
... bis zu € yyy Mio. werden für unterstützende Prozesse aufgewendet und trotzdem erreichen viele Inhalte ihre Empfänger nicht.
... ungenaue Verursachungen, Intransparenz, Unsicherheit.
Wunsch:
- EINE arbeitsplatzorientierte Suche;
- Reduktion Zeit und Kosten/ sinnvollerer Ressourcen-Einsatz.
Gängige Lösung „Zusammenfassen“:
Replikation aller Daten? Verlustfreie Integration? Neue Inseln? Rechte? Aktualität? Zusatzkosten (Verlage, Hosts)? Politikum? ...
© infopeople AG, 2000 - 2006

Bild 4

Das Ganze ist teuer, d.h. hier wird richtig Geld ausgegeben (Bild 4). In durchschnittlich 30 % Suchzeit wird dabei nichts Relevantes gefunden. Zusätzlich geben große Unternehmen zweistellige Millionenbeträge für den Einkauf externen Contents aus und bieten sie wie gesehen nicht optimal an. Oder es werden bis zu dreistellige Millionenbeträge verauslagt, um o. g. Prozesse mit IT und Recherche-Personal punktuell zu unterstützen. Unter dem Strich besteht dann der Wunsch, eine arbeitsplatzorientierte Suche anzubieten und aus Unternehmenssicht Suchzeit und Kosten zu reduzieren.

Was wird dafür gemacht? Die gängige Lösung ist, alles in ein Großarchiv zu speichern, wodurch unwahrscheinlich viele Replikationen und Kosten entstehen.

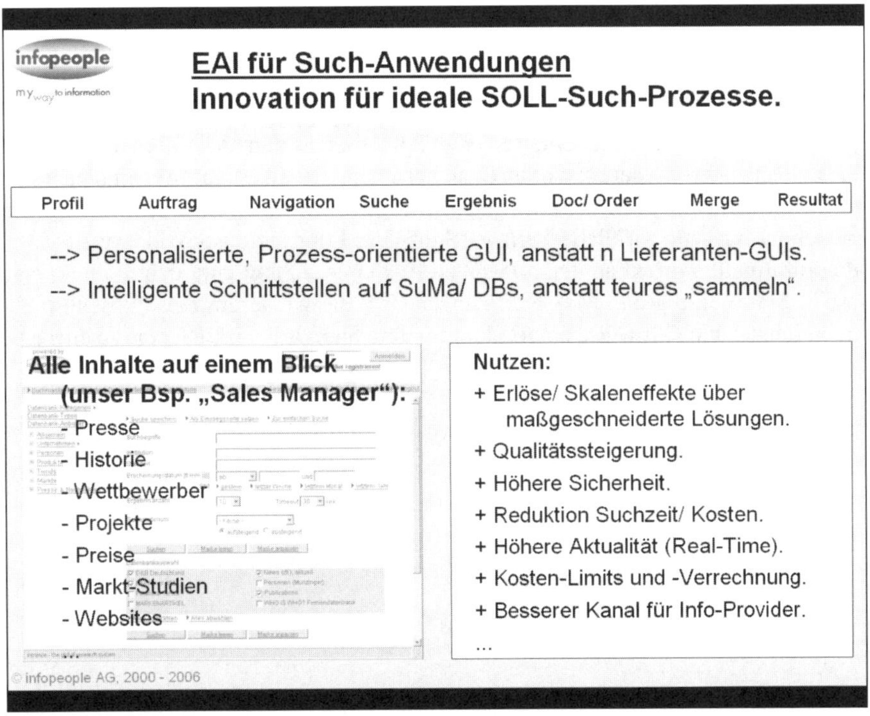

infopeople
my way to information

EAI für Such-Anwendungen
Innovation für ideale SOLL-Such-Prozesse.

Profil | Auftrag | Navigation | Suche | Ergebnis | Doc/ Order | Merge | Resultat

--> Personalisierte, Prozess-orientierte GUI, anstatt n Lieferanten-GUIs.
--> Intelligente Schnittstellen auf SuMa/ DBs, anstatt teures „sammeln".

Alle Inhalte auf einem Blick
(unser Bsp. „Sales Manager"):
- Presse
- Historie
- Wettbewerber
- Projekte
- Preise
- Markt-Studien
- Websites

Nutzen:
+ Erlöse/ Skaleneffekte über maßgeschneiderte Lösungen.
+ Qualitätssteigerung.
+ Höhere Sicherheit.
+ Reduktion Suchzeit/ Kosten.
+ Höhere Aktualität (Real-Time).
+ Kosten-Limits und -Verrechnung.
+ Besserer Kanal für Info-Provider.
...

© infopeople AG, 2000 - 2006

Bild 5

Wir sehen hier eine andere, innovativere Lösung (Bild 5). Nicht ohne Suchmaschinen, sondern mit ihnen. Damit wird der komplette Suchprozess abgebildet und vereinfacht. Dazu erhält das Portal eine eigene Such-Oberfläche, die die n Lieferantenoberflächen ersetzt und optimal auf die jeweiligen Nutzerrollen einzustellen ist. Dann helfen intelligente Schnittstellen bei der Kommunikation mit den dezentralen Repositories, also Suchmaschinen und Datenbanken. Entscheidend dabei ist diese Repositories genau zu kennen und mit ihnen optimal umgehen zu können.

Darüber entsteht ein Realtime-Zugriff zu all den für den Nutzer und in seiner Rolle relevanten Quellen, die er dann tatsächlich für sich arbeiten lässt. Hinterlegt man dabei zusätzlich noch Rechercheurs Know How, wird der Umgang mit den heterogenen Quellen bis hin zu voll-automatisiert. Unser Account Manager erzielt ähnlich gute Ergebnisse, wie ein Rechercheur – ganz ohne Training.

Am Ende hat er alle Inhalte auf einen Blick, also z.B. was die Presse über den Kunden schreibt, die Sales-Historie und die der Kollegen, die Wettbewerber, Projekt-Inhalte usw. Dieser Nutzen ist es Wert, sich darüber Gedanken zu machen und auch etwas zu tun.

Und: Die Leute sind bereit dafür Geld in die Hand zu nehmen und zwar weit mehr als 20 € pro Monat und Person. Darüber ist dann z.B. auch eine kostenlose Intranet-Suche refinanzierbar, d.h. wo intern eine Suchmaschine in einem Konzern immer Probleme hat, wer eine Suchmaschine finanziert. Ist es der Konzern an sich? Die Zentrale will es aber nicht gern, weil es so hohe Kosten sind und will es umlegen auf die bereiche. Die wiederum wollen es nicht bezahlen, weil es ein Konzerndienst sein soll. Hierüber kann es finanziert werden, über Spezialsichten. Zum Schluss ist es ein besserer Kanal für wirkliche Verlage, Publisher, Informationsprovider, weil plötzlich Information direkt an den relevanten Anwender rankommt, nicht indirekt eine große Blase, eine große Masse an Anwendern, die wiederum diese kostenpflichtigen Inhalte auch als Blase empfinden, sondern hier wird wirklich eins zu eins eine Verbindung hergestellt.

5.4 Suchmaschinen als Gralshüter

Hendrik Speck
Fachhochschule Kaiserslautern

Mit der Entwicklung des Internet zum Massenmedium, gefördert durch die dezentrale Struktur des Mediums als auch die niedrige Einstiegsbarriere, steigt die Anzahl der zur Verfügung stehenden Informationen exponentiell an. Das neue Medium ermöglicht es uns, ohne Rücksicht auf soziale Barrieren auf Wissen zuzugreifen (zumindest in den westlichen Industriestaaten) und gleichzeitig aktiv an der Gestaltung der Informationsgesellschaft teilzunehmen. Bibliotheken und ihre Stichwortkataloge erlaubten uns bisher mehr oder weniger effektiv auf das bereits indizierte und archivierte Wissen zuzugreifen. Das exponentielle Wachstum des Internet und seine flüchtige Struktur mit wesentlich geringeren Wissenshalbwertzeiten kann jedoch von traditionellen Indexsystemen nur schwerlich dargestellt werden – der Aufwand für die Pflege dieser Kataloge würde ins Unermessliche steigen.

Suchmaschinen, automatische Indiziersysteme, scheinen einen Ansatz zur Lösung zu bieten, sind aber längst nicht ausgereift und können ihrer Funktion nicht immer gerecht werden. Suchmaschinen ermöglichen durch die in sie implementierten Verfahren und Algorithmen den zentralen Zugang auf die vernetzte Struktur von Dokumenten, Medien und Linkstrukturen und transformieren sich somit zu den Gralshütern der Wissensgesellschaft. Für die Lernprozesse von Schülern und Studenten ist das Medium kaum wegzudenken, die Pole Position im Suchmaschinenbereich definiert sich durch mehrere Billionen Dokumente; mehr als ein Drittel der Menschheit sucht in Ihnen mindestens einmal am Tag nach bestimmten Informationen; mehrere Hundert Millionen Anfragen werden täglich allein von den Marktführern bearbeitet.

Suchmaschinen haben in den letzten Jahren blitzartig Schlüsselfunktionen innerhalb unserer Medien- und Informationslandschaft eingenommen – die explodierenden Börsenkurse sprechen dabei Bände. Umso erstaunlicher ist es, dass diese Entwicklung zum jetzigen Zeitpunkt kaum medienpolitisch hinterfragt wird. Bemängelt wird meist nur der Verlust der staatlichen Filter- und Kontrollfunktion, eine tiefergehende kritische Auseinandersetzung findet kaum statt. Suchmaschinen werden im Allgemeinen als wertvolle, moralisch unfehlbare, kostenlose Dienstleistungen betrachtet – das eigentliche Geschäftsmodell dieser Informationsdienste bleibt zumeist hinter der Hochglanzfassade verborgen. Allein die Bezeichnung Suchmaschine ist nicht nur ein populäres Missverständnis sondern eine semantische Fehlbesetzung, im Grunde genommen handelt es sich bei den besprochenen Serviceangeboten nicht um Suchmaschinen, sondern um Verkaufsmaschinen mit ähnlichen Verhaltensmustern wie die Drückerkolonnen der Regenbogenpresse. Eine Analyse der Jahresberichte macht offensichtlich, dass sich die Gewinne der vermeintlichen

Suchmaschinen mehrheitlich auf den Verkauf von direkter Werbung, Sponsorenergebnissen oder gar bezahlten Ergebnislisten zurückführen lassen – nur ein statistisch irrelevanter Bestandteil der Gesamtsumme entspringt aus (der Lizenzierung von qualitativ hochwertigen) Suchtechnologien und -dienstleistungen.

Ist Google Gott?

Die Schlüsselfunktion der Suchmaschinen spiegelt sich auch in der rapiden Entwicklung der Suchtechnologien und Online Märkte nieder, dies wird durch die zu beobachtende Konsolidierung des sich verändernden Marktes noch verstärkt. Vor noch nicht einmal fünf Jahren war der Suchmaschinenbereich ein boomender Technologiesektor mit Dutzenden von innovativen Wettbewerbern, die sich ein spannendes Rennen um interessante Technologien, Algorithmen und Darstellungsmethoden lieferten. Diese Situation hat sich geändert – Namen wie Altavista, Lycos, Hotbot oder Inktomi sind im Sprachgebrauch des Durchschnittsnutzers durch das Wort „googlen" als Synonym für Suche ersetzt worden. Das Geheimnis von Google besteht hauptsächlich in der Vision, eine Suchmaschine erfolgreich betreiben zu können; in einem zum damaligen Zeitpunkt überlegenen Verfahren (welches jedoch schon seit ewigen Zeiten für die Bewertung von wissenschaftlichen Arbeiten eingesetzt wird), in der strikten (räumlichen) Trennung von (direkter) Werbung und Suchmaschinenergebnissen; in der mittlerweile gewonnenen Nutzerzahl und im angewachsenen (Börsen)Wert der Marke selbst.

> Google never did any advertising. They're like dealers; they sell the stuff, but they know better than to use it themselves. (Quelle: Paul Graham, Author, Programmer and Investor)

Mit der abgeschlossenen Googlelisierung der Gesellschaft konzentriert sich die Aufmerksamkeit, aber auch die anwachsende Kritik auf dem Marktführer. Dies gilt auch für diesen Artikel – Google ist jedoch nur eine Firma, die in relativ kurzer Zeit ihre Technologie erfolgreich kommerziell verwertet hat – andere Firmen und Suchmaschinen versuchen Vergleichbares, teilen jedoch nicht denselben kommerziellen Erfolg. Verschiedene Untersuchungen belegen die absolute Marktdominanz der drei Marktführer: Google (80 %), Yahoo (10 %) und MSN (5 %) (Bild 1). Dieses Triumvirat hat die wissensgesellschaftliche Bedeutung des Suchmaschinenmarktes erkannt und in hochprofitable Verkaufsmaschinen verwandelt. Entsprechende Prognosen unabhängiger Analysten bescheren den Marktführern der Searchengine (und Onlinemarketing) Industrie innerhalb der nächsten Jahre mehrstellige Steigerungsraten.

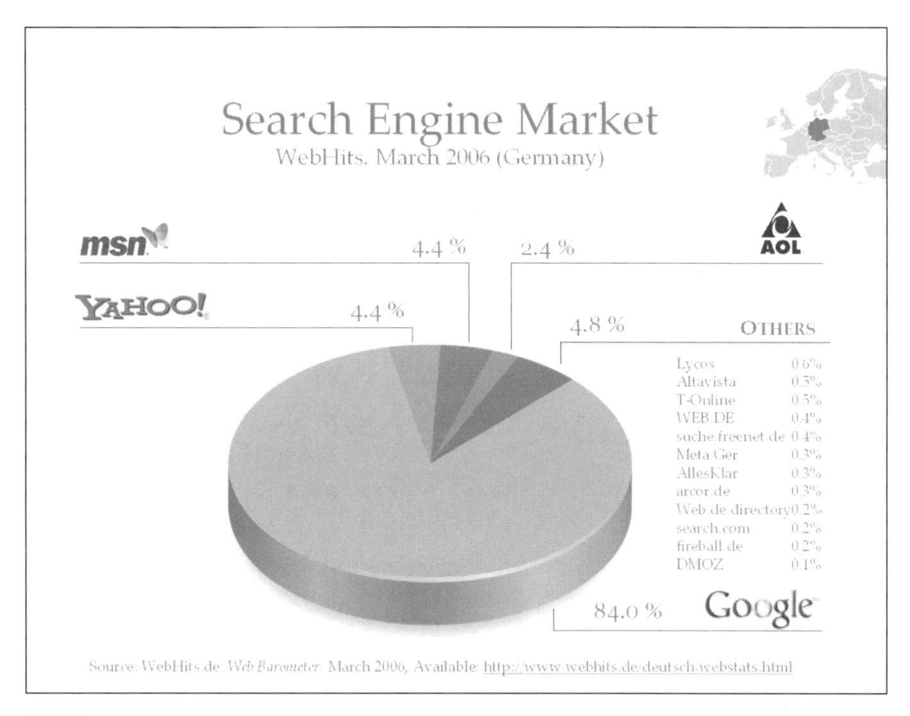

Bild 1

Ohne ein entsprechendes Ranking innerhalb der Ergebnislisten der (gegenwärtigen) Marktführer wird jedes Informationsangebot im Internet für den Nutzer praktisch unauffindbar – eine Servicedienstleistung, die auf das Internet als Vertriebskanal angewiesen ist, kann somit keine Kunden anziehen. Suchmaschinen haben jedoch auch dafür eine Lösung parat und bauen auf der Not des Anbieters ihr eigentliches Geschäftsmodell auf: Informationsanbieter können Werbeflächen, Sponsored Results, Paid Clicks oder gar spezielle Rankings direkt (oder indirekt) von den Suchmaschinen erwerben – mit zum Teil nicht unerheblichen Kosten für die Informationsanbieter und entsprechenden Gewinnen für die Suchmaschinen. Ein Schelm wer Böses dabei denkt.

Die technologische Führungsrolle jedoch wird im Suchmaschinenbereich nicht immer von den Marktführern übernommen – andere Anbieter und Open Source Projekte können zum Teil wesentlich innovativere Ansätze vorstellen, da die Profitinteressen von Google und Co. teilweise einer Erfüllung der Kundenwünsche entgegenstehen. Die erdrückende Macht der Schwergewichte und die monopolerhaltende Kombination von Suche und Werbung erzeugt eine Monokultur einer Suchmaschinenlandschaft – die Suchverfahren und Ergebnisse der Marktführer gleichen sich mehr und mehr an – innovative Ansätze werden bereits im Ansatz unterdrückt. Das

Innovationstempo der Marktführer nimmt dabei geriatrische Züge an – dies ist auch dem Markt nicht verborgen geblieben: Google, noch nie sonderlich erfolgreich mit der Lizenzierung ihrer Technologie, hat im Jahr 2004 einen absoluten Tiefpunkt erreicht – nur noch 1 % des Betriebseinnahmen wurde durch die Vermarktung von Lizenzen erwirtschaftet – für ein Technologieunternehmen ein bedenklicher Indikator.

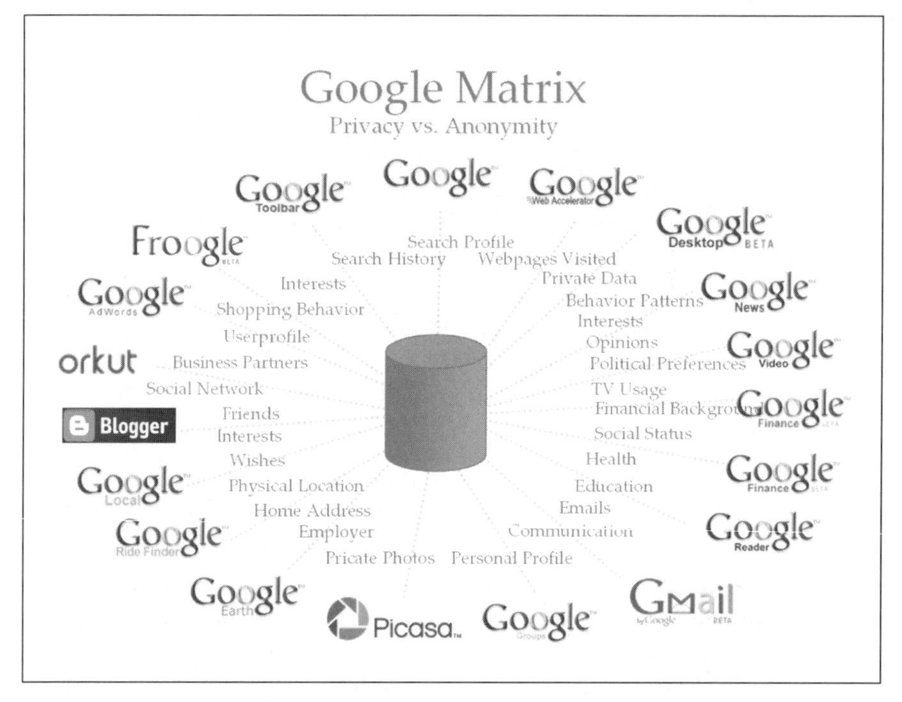

Bild 2

Es wird immer offensichtlicher, dass auch kommerzieller Erfolg nicht automatisch repliziert werden kann, monetäre Gewalt kann – wie auch Microsoft ständig erfahren muss, fehlende Innovation und Kreativität nicht kompensieren. Die strategische Antwort der Marktführer besteht deshalb zumeist im Aufkauf und in der Assimilierung kleinerer, innovativere Unternehmen, da viele der eigenen, internen Technologieexperimente in der letzten Zeit nicht gerade von Erfolg gezeichnet waren. Googles „me too" Produkte wie Google Talk (Chat und Internet Telefonie) sowie Orkut (Soziales Netzwerk) treffen vermehrt auf innovativere Produkte und werden zu Recht von kompetenten Kritikern verrissen (Bild 2). Der Ausbau der eigenen Produktpalette, beziehungsweise der durch die Börsenkapitalisierung ermöglichte Aufkauf von kreativen Ideen und Wettbewerbern erlaubt dennoch die Expansion der Marktführer, verbunden mit einem Ausbau der Werbesysteme, größerer Zielgruppen und verstärkter Erfassung der Nutzer.

Eukalyptusplantagen und andere Monokulturen

Problematisch ist dabei nicht nur die Monopolstellung – selbst die eingesetzten Rankingverfahren sind fragwürdig beziehungsweise nicht transparent. Keine kommerzielle Suchmaschine dokumentiert die eingesetzten Verfahren und Kriterien, die zur Auswahl und zur Einordnung von Dokumenten und Webseiten benutzt werden – von Google existieren nur einige ältere und längst überholte Konzeptdarstellungen – Transparenz innerhalb der Suchmaschinenindustrie reduziert sich vielmehr auf die Anwaltssprache verklausulierter Patentsbeschreibungen. Searchengines bleiben deshalb für ihre Nutzer ein unerklärbares, allwissendes Orakel. Ranking Entscheidungen sind als solche nicht nachvollziehbar und erscheinen dem durchschnittlichen Nutzer als willkürlich. Ein derartiges Verhalten behindert den Wettbewerb und fördert Halbwissen, mit dem Insider (sogenannte Suchmaschinenoptimierer) Manipulationsmaßnahmen zur Promotion individueller Kundeninteressen vornehmen können – die Masse der normalen Webseiten wird dagegen benachteiligt. Ein gutes Suchmaschinenranking ist damit nicht mehr eine Frage der Qualität des ursprünglichen Angebotes, sondern wird mehr und mehr zu einer reinen Investitionsfrage.

Problematisch erweisen sich auch die Ausrichtung und die Schwachstellen der gegenwärtigen Search Engine Algorithmen, die soweit publiziert, auf Linkpopularity basierten Verfahren beruhen. Diese Algorithmen betrachten im Allgemeinen Links als „Stimmen" beziehungsweise als Qualitätsindikatoren für den Inhalt bestimmter Dokumente. Diese Algorithmen sind nicht in der Lage, den Unterschied zwischen dem populärsten Dokument und dem qualitativ hochwertigsten Dokument festzustellen – ein Popularität beziehungsweise Pagerank (PR) (Brin und Page 1998) basiertes Verfahren setzt diese im Gegenteil gleich, Gossip wird dabei ein dem Inhalt nicht entsprechender Informationsgehalt zugeschrieben (Bild 3). Dies führt zu weiteren Manipulationsansätzen, der sogenannten PR-ostitution, bei der Internet Content Provider ihren Pagerank künstlich durch technische beziehungsweise kaufmännische Methoden erhöhen, um Search Engines eine höhere Qualität vorzuspiegeln.

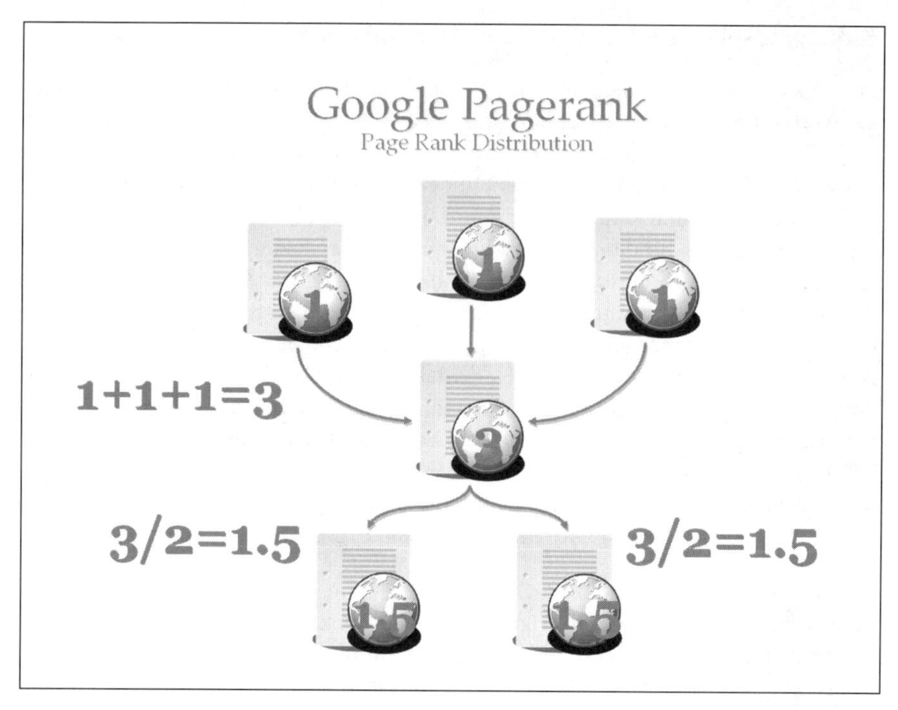

Bild 3

Die proprietären Monopolstrukturen und die fehlende öffentliche Auseinandersetzung dokumentieren sich auch in der unzureichenden Evolutionsgeschwindigkeit heutiger Suchmaschinen. Die Anpassung an Nutzerbedürfnisse, neue Technologien, oder neue Dokumenttypen demonstriert die fehlende Innovationsbereitschaft der Informationsmonopole. Die mangelhafte Integration und Indizierung von Macromedia Flash-Dateien oder Open Office Dateien in den heutigen Suchmaschinen zeigt, wie langsam auf entsprechende Veränderungen im Netz reagiert wird. Das Multimedia Format Macromedia Flash wird von einer Mehrheit der Browser interpretiert; viele Webseiten setzen das Format für interaktive Webapplikationen ein; der Hersteller Macromedia stellt ein seit Jahren ein dokumentiertes Interface zu Indizierung von Flash-Dateien zur Verfügung – bis zum jetzigen Zeitpunkt sind Flash Inhalte jedoch in kaum einer Search Engine komplett integriert.

Die oben bereits erwähnte Profitorientierung von Search Engines steht nicht nur im krassen Gegensatz zur europäischen Aufklärung, zu freien Bibliotheken, und offenen Bildungssystemen – sie konterkariert auch die Bestrebungen, objektive Suchergebnisse zu liefern. Das Hauptziel einer Suchmaschine ist oftmals nicht der Nutzen für den User, sondern die kommerzielle Verwertbarkeit – dies wird von Search Engines auch offen eingestanden:

> Currently, the predominant business model for commercial search engines is advertising. The goals of the advertising business model do not always correspond to providing quality search to users. (Quelle: Google. The Anatomy of a Large-Scale Hypertextual Web Search Engine.)

Das Monokulturen nicht nur in der freien Wildbahn anfällig sind, sondern auch im Internet eine gesellschaftliche Gefahr darstellen, wird durch mehrere Vorkommnisse bezeugt, bei denen die Suchmaschine Google im unrühmlichen Mittelpunkt steht. Ende 2004 griff ein Wurm (Santy) bestimmte Bulletin Boards (PHPBB) an, indem er automatische Anfragen bei Google als Tatwerkzeug nutzte, um Webseiten zu identifizieren, die Schwachstellen (PHP Script Injection Vulnerability) fuer eine weitere Infektion aufweisen. Damals wurden mehr als 40.000 Rechner befallen und Google sah sich gezwungen, ihre Suchverfahren zu verändern. In einem zweiten Fall manipulierte ein anderer Wurm (P2Load.A) an Google gerichtete Suchmaschinenanfragen und schüttet den Nutzer mit Werbung zu.

> Search engines make it easier for everyone to gain information, hackers included. (Quelle: Danny Sullivan, Editor der Website SearchEngineWatch.com)

In beiden Fällen wurde Google ein bequemes Ziel für Kriminelle, da die Suchmaschine eine entsprechende Monopolstellung innehat und somit durch die entsprechenden Nutzerzahlen für Werbeträger aller Art interessant wird. Mittlerweile haben sich einzelne Nutzer (Jonny Long) darauf spezialisiert, Google-Anfragen aufzuspüren, mit denen sich Kreditkarten genauso gut auffinden lassen wie Passwörter, Online Bestellungen, ungeschützte Bestellsysteme und Webserver, fernsteuerbare Netzwerkdrucker, Webcams und vieles andere mehr.

Um dies klarzustellen: Google ist nicht für die Schwachstellen verantwortlich, stellt jedoch mit seiner allumfassenden Datenbank das Tatwerkzeug bereit – entsprechende Kritiken sind mehrfach an Google gerichtet worden. Die verspäteten Reaktionen von Google frustrierten Fachleute der Antivirusfirmen, die glauben, dass sich entsprechende Attacken sehr einfach filtern lassen würden – Google hatte jedoch auf ihre entsprechenden Bitten nicht reagiert.

Innovation

Der Charme der technologischen Überlegenheit, den Google zu Beginn des Suchmaschinenzeitalters verbreitete, hat in den letzten Jahren massiv gelitten. Eine für den Geschmack der meisten demokratischen Gesellschaften mangelnde Corporate Responsibility Googles, die fehlende Transparenz in Algorithmen und Business sowie die anscheinende Willkür bei Rankingverfahren und gegenüber Werbepartnern (Click Fraud) sind der Marktposition und der daraus resultierenden, gesellschaftlichen Bedeutung des Unternehmens nicht angemessen und werden von Google umgehend geändert werden müssen.

Humorvolle Einlagen, wie bei der Präsentation des CFO beim Google's Analyst Day schaffen nicht immer neue Freunde. (Aktienunternehmen veranstalten üblicherweise Präsentationen ihrer Chief Financial Officer innerhalb sogenannter Analystentage – Google dagegen präsentierte den versammelten Wall Street Börsianern und Investoren nicht den Chief Financial Officer George Reyes, sondern den Chief Food Officer Charlie Ayers – eine Position, die in jeder deutschen Universität mit der Bezeichnung Mensachef versehen wird. Nun sind gegrillte Schweinelenden sicherlich für manche Leser durchaus faszinierend – die Zuneigung, die Google durch die Börsianer erfahren darf, wird dadurch jedoch nicht unbedingt steigen. Der vorher im Versteigerungsverfahren, ohne Bankenkonsortium durchgeführte Börsengang Googles hat dafür schon entsprechende Hinweise gegeben.) Diese Sensibilität zeigt sich auch in der im März 2006 stattgefundenen Abwertung des Google Börsenkurses durch die Börsianer, nachdem durch eine peinliche Panne interne Geschäftsprognosen veröffentlicht wurden – dies ausgerechnet von einer Firma, die sich ansonsten sehr bedeckt hält, wenn es um die Publikation von Technologien, Geschäftsdaten und Prognosen geht.

> The company's pattern of financial miscommunication is challenging our enthusiasm for the shares. (Quelle: Mark Mahaney, Citigroup Analyst)

> Google appears to be miscommunicating on a regular basis. Clearly, some things need to change ... Google owes its shareholders to issue financial guidance.
> (Quelle: Jordan Rohan, RBC Capital Markets Analyst)

Google als kommerzielles Unternehmen muss dabei nicht nur eine Gratwanderung zwischen Nutzer und Shareholderinteressen durchführen, selbst die Cash Cow Werbung schafft mehr und mehr Probleme: das auf dem Pay Per Click (PPC) verfahrende Werbemodell von Google-Werbenden ist immer massiveren Attacken aus dem kriminellen Milieu (Click Fraud) ausgesetzt. Die Betrugsmaßnahmen erzeugen dabei durch „gefälschte" Klicks auf die zu bezahlende Werbung zum Teil enorme Kosten für die Werbetreibenden und diese fühlen sich von Google im Stich gelassen, wenn es um das Identifizieren, Dokumentieren und Verhindern derartiger Betrugsversuche geht. Google verspielt dabei das Vertrauen seiner (werbenden) Hauptkunden und Einkommensquelle – dies ist Google jedoch nicht erst nach dem im März 2006 mit einigen Klägern abgeschlossenen Vergleich im Umfang von 90 Millionen USD bewusst:

> I think something has to be done about this really, really quickly, because I think, potentially, it threatens our business model. (Quelle: Google CFO George Reyes)

Suchmaschinen enttäuschen auch auf anderen Gebieten das Vertrauen des Nutzers. Die kürzlich zur Verfügung gestellte Google Toolbar Plugin für den Open Source Browser Firefox enthält eine aktivierbare sogenannte Autolink Funktion, die dem Nutzer als Shopping Erleichterung verkauft wird. Verschwiegen wird jedoch, dass Google dazu den Original Code der Website so manipuliert, dass Google von sämtlichen Verkäufen profitiert – auf Kosten des ursprünglichen Content Providers.

Google schädigt damit unter anderem viele gemeinnützige Vereine und karitative Einrichtungen, die zum Beispiel durch die Vermittlung von relevanter Fachliteratur Spendengelder einwerben. Google verheimlicht diese Manipulation dem Nutzer und verhält sich mit der Veränderung der sogenannten Affiliate ID wie ein unredlicher Versicherungsvertreter.

Dieses Verhalten ist das komplette Gegenteil vom öffentlich zur Schau getragenen philantrophischen Verhalten Googles – mehr noch, die Manipulation des Codes ohne explizite Zustimmung der Urheber stellt nach Ansicht von Experten eine Copyrightverletzung dar, die sich nur Großkonzerne erlauben können – der an einem P2P Filesharing Netzwerk teilnehmende Schüler wird dagegen für eine in diesem Vergleich absolut vernachlässigbare Aktion in einem Verfahren abgeurteilt, das Großteile der Bevölkerung kriminalisiert. (Eine Untersuchung des gesamten Geschäftmodells einer Suchmaschine, welches in der Erfassung und der Herstellung von Kopien beziehungsweise Cache Files ohne explizite Erlaubnis der Urheber besteht, verspricht insbesondere unter Copyright Gesichtspunkten bei der Caching Funktion sehr interessante Ergebnisse.)

> With Auto Link versus Smart Tags, the toolbar is different in that it's only installed by users [as opposed to automatically being part of the browser] and is by no means a majority. (Quelle: Marissa Mayer, Google's Director of Consumer Web Products)

Fairerweise muss auch hier wieder dazugesagt werden, dass Google auch durchaus gesellschaftlich gewünschte Funktionen implementiert. Die oben erwähnte Toolbar enthält unter anderem einen eingebauten PopUp Blocker – welcher von der Mehrzahl der Nutzer ganz klar begrüßt wird – obwohl auch hier den PopUp Spammern und Werbetreibenden potentielle Einnahmen entgehen. Der ethische Unterschied zwischen beiden Funktionen besteht im Wesentlichen in der wesentlich klareren, dokumentierten und durch den Nutzer begrüßten Funktion des Blockers im Vergleich zur verborgenen Manipulation zur Profitgewinnung durch die Autolinkfunktion. Googles Toolbar begibt sich dabei gleichzeitig in die Nähe von Dialern und Viren, die ebenfalls aus niederen Profitgründen eine Manipulation des Content vornehmen – gleichfalls ohne verständliche Erklärung für den Nutzer.

Alles umsonst?

Die gesellschaftliche Bedrohung, die aus der Monopolsituation entstanden ist, kann auch in anderen Bereichen gespürt werden. Dazu gehört sicherlich die Tatsache, dass alle Marktführer ausländische Technologien einsetzen und gleichzeitig durch ihre Firmensitze nur der ausländischen Gerichtsbarkeit verpflichtet sind. Die zentralisierte Struktur kommerzieller Unternehmen ist dabei politisch immer angreifbarer als eine verteilte, auf vielen Schultern ruhende Open Source Entwicklungsumgebung. Die auf Marktkapitalisierung abzielende Firmenstruktur verhindert gleichzeitig durch ihre marktbeherrschende Stellung Evolution und erzeugt manipulationsanfällige Eukalyptus„kulturen“, die sich im Suchmaschinenbereich durch fehlende Transparenz, schlechten Kundenservice und schlechte Algorithmen auszeichnen. Der zwangsläufig reduzierte Genpool solcher Monokulturen ist erweist sich schnell als Entwicklungsgegner und richtet sich gegen die technologische Artenvielfalt – Google, MSN und Yahoo versuchen diesen Mangel an Kreativität durch die Blockade und den Aufkauf innovativer Ideen sowie durch den horizontalen Ausbau ihrer Dienste wettzumachen.

Entgegen dem allgemeinen Verständnis sind Search Engines momentan nicht in der Lage, alle verfügbaren Informationen zu indizieren. Folgt man den Erkenntnissen verschiedener Untersuchungen (Sander-Beuermann 2004 und Heise 2004), scheitern selbst die Marktführer bei mehr als 30 % beziehungsweise 60 % der im Netz publizierten Inhalte. Dies erweist sich als umso gravierender, da insbesondere Zeitungsarchive, proprietäre Wissensdatenbanken oder die Publikationen wissenschaftlicher Konferenzen und Forschungszentren kaum von den allgemein zugänglichen Search Engines bedient werden. Dazu kommt, dass ein großer Teil des heute schon verfügbaren Wissens überhaupt nicht im Internet verfügbar ist. Ein Informationssuchender muss sich deshalb bis jetzt mit einem sehr kleinen Teil des zur Verfügung stehenden Wissens zufrieden geben, welches zusätzlich durch den ständig zunehmenden Search Engine Spam überlagert wird.

Die Instanz Suchmaschine erweist sich auch als Zeitfalle für die Verbreitung von Informationen. Nach der Publikation von Informationen im Internet kann es Monate dauern, bis diese Information von einer Suchmaschine gefunden und in den Index übernommen wird. Es vergehen mitunter sehr lange Zeiträume, bis diese Information anderen Nutzern zur Verfügung steht und weiterentwickelt werden kann. Selbst Marktführer Google zeigt dem User Ergebnisse mit teilweise veralteten Daten an und liefert so unbrauchbare Resultate.

Die Zensoren

Das Grundrecht auf informationelle Selbstbestimmung ist auch durch die gegen und von den Suchmaschinen ausgeübte Zensur gefährdet. Obwohl in nahezu jeder freiheitlich demokratischen Grundordnung die Zensur als Regulierungsinstrument verpönt ist, wird sie dennoch durch die Hintertür wieder eingeführt. Dabei handelt es sich innerhalb von Suchmaschinen um zwei unterschiedliche Arten der Zensur: Suchmaschinen müssen zum Einen die Rechtsgrundlage ihres jeweiligen Landes beachten und unterliegen dabei auch den dort üblichen politischen, sozialen und religiösen Restriktionen. Hierbei handelt es zumeist um gesetzliche Vorschriften beziehungsweise gesellschaftliche Handlungsanweisungen – in beiden Fällen sind diese jedoch durch Sozialisation bedingt und als solche auch nachvollziehbar.

Zensur existiert jedoch auch in einer indirekteren Form und nutzt dabei die fehlende Transparenz der Suchmaschinenalgorithmen aus. Basierend auf anderen gesetzlichen Grundlagen, wie zum Beispiel in den durch Lobbyinstitutionen der Musik- und Filmindustrie geforderten Copyrightrichtlinien, wird dabei eine subtile Form der

Contentkontrolle betrieben, die sich zum einen teilweise im rechtlichen Graubereich befindet, zum anderen jedoch kaum nachweisbar ist. Derartige Bemühungen, aus welchen Beweggründen auch immer, sind durch die fehlenden Rechenschaftspflichten der Suchmaschinenbetreiber schwieriger zu verifizieren und zu bekämpfen, als die gesellschaftlich fixierten Normen und Moralvorstellungen.

> Jeder hat das Recht, seine Meinung in Wort, Schrift und Bild frei zu äußern und zu verbreiten und sich aus allgemein zugänglichen Quellen ungehindert zu unterrichten.
> ... Eine Zensur findet nicht statt.
> (Quelle: Grundgesetz der Bundesrepublik Deutschland Artikel 5)

Dies gilt insbesondere für die Vereinigten Staaten von Amerika, die mit ihren entwicklungshemmenden Patentverfahren und einseitigen Auslegungen von Intellectual Property defacto eine ökonomische Kriegsführung („Lawfare") auf der Basis von Handelsabkommen und -begünstigungen führen. Da alle Marktführer ihre Firmenzentralen in den USA haben, wird dem internationalen User praktisch das amerikanische Werte- und Rechtssystem aufgezwungen. Das Internet wandelt sich damit von einem nationalitätsfreien Raum zu einem Raum, in dem Kleinstaaterei zum politischen Konzept gemacht wird. Problematisch ist dabei zusätzlich, dass diese Zensurmaßnahmen für den User nicht transparent gemacht werden. Dies wird unter anderem an der Zensur von Suchergebnissen mit erotischem Inhalt, an der Chinesischen „Firewall" (Edelman and Zittrain), an den Kontrollbestrebungen von Scientology, sowie an den Zensurversuchen regionaler Regierungsbehörden in Deutschland deutlich.

Es ist in diesem Zusammenhang wichtig anzumerken, dass Google dabei durchaus eine positive Rolle einnehmen kann. Google arbeitet eng mit dem Chilling Effects Clearinghouse, einer Kooperation der Electronic Frontier Foundation, Harvard, Stanford, Berkeley, University of San Francisco, University of Maine, George Washington School of Law, und Santa Clara University School of Law zusammen. Das Ziel des Projektes besteht in der Analyse copyrightbedingter Zensurmaßnahmen und der Offenlegung von Personen und Firmen, die das Copyright und andere Gesetze dazu benutzen, um andere Nutzer mundtot zu machen. Goggle muss in solchen Fällen zwar der (amerikanischen) Gesetzgebung folgen, bringt im Gegensatz zu seinen Mitbewerbern aber einen entsprechenden Hinweis innerhalb der Suchergebnisse an, die dem Nutzer bei der Aufklärung des Sachverhaltes dienlich sein können

Strukturwandel der Öffentlichkeit und Privatsphäre

> It's data that's practically a printout of what's going on in your brain: What you are thinking of buying, who you talk to, what you talk about.
> (Quelle: Kevin Bankston, Anwalt der Electronic Frontier Foundation)

Die Macht der als Search Engines bezeichneten Konzerne erstreckt sich über einen wesentlich größeren Einflussbereich, als im Allgemeinen wahrgenommen. Dabei gibt es für die informationelle Selbstbestimmung des einzelnen Nutzers selbst dann keinen Schutz, wenn er bewusst auf die Nutzung der Google Suche verzichtet – die einzelnen Daten werden dabei in einem weit verzweigten Netzwerk unterschiedlicher Dienste erfasst. Google Gmail zum Beispiel bietet den Nutzern mehrere Gigabyte kostenlosen Speicherplatzes an, dafür werden die Emails dauerhaft erfasst, um mit entsprechender kontext-bezogener Werbung versehen zu werden. Die Profilierung und Erfassung der Nutzerinteressen schließt dabei automatisch die Kommunikationspartner des jeweiligen Nutzers ein, selbst wenn diese niemals einer derartigen Kompromittierung ihrer Privatsphäre zustimmen würden. Google benutzt, wie viele andere Anbieter auch, sogenannte Cookies zur Identifizierung und Erfassung einzelner Accounts und kann damit Suchanfragen, Services, Neigungen und Interessen einzelner Accounts nachvollziehen. Problematisch ist hierbei, dass die von Google platzierten Cookies bis zum Jahr 2038 gültig bleiben – eine Gültigkeitsdauer, die selbst die von europäischen Strafverfolgern gewünschte Speicherung von Kommunikationsdaten um ein Vielfaches überschreitet.

Das Bestreben der Suchmaschinenbetreiber, möglichst alles über den einzelnen Nutzer zu erfahren, endet jedoch nicht mit der physischen Verbindung zum Internet: Alle Suchmaschinen bieten mittlerweile eine sogenannte Desktop Suche an, die alle Dateien, die sich auf dem Computer des Nutzers befinden, analysiert und erfasst. Die absolute Kontrolle über im Desktop abgelegten Nutzerdaten und die damit verbundenen Schnittstellen kann sich als genauso relevant erweisen, wie die Kontrolle über das zugrundeliegende Betriebssystem. Aufgrund der Bedeutung für den Nutzer, es geht hier um das Verwalten der nutzerspezifischen Daten und Dokumente, wird wahrscheinlich innerhalb dieses Sektors die Führungsposition im Information Retrieval Sektor entschieden.

Es verblüfft deshalb sicherlich nicht, dass Search Engines flankierend Angebote bereithalten, die noch detailliertere Angaben über die Nutzergewohnheiten anbieten und noch unerforschte Nutzergruppen erschließen. Dazu gehören unter anderem die sogenannten Web Accelatoren, die Webinhalte innerhalb des Netzwerkes zwischenspeichern und dadurch dem Nutzer vermeintlich schneller ausliefern können – in einzelnen Fällen sind in diesen gespeicherten Kopien auch persönliche und private Informationen enthalten. Erwähnenswert ist sicherlich das WLAN Projekt von Google, welches mit dem sogenannten Google Secure Access Client eine nahezu vollständige Kontrolle der Nutzerprofile innerhalb des (drahtlosen) Internet bietet.

Ein weiteres Projekt würde sich nahtlos in diese Produktpalette einfügen: GDrive, eine netzwerkbasierte Speicherlösung, bei dem Google alle Nutzerdaten, einschließlich Emails, Surfgewohnheiten, Bildern, Dokumenten und Lesezeichen verwaltet und dem Nutzer an allen Orten der Welt (zur weiteren Vermarktung) zur Verfügung stellt. Eine Kombination all dieser Dienste muss alle geheimdienstlichen Bemühungen lächerlich erscheinen aber auch alle Vorstellungen von einer Privatsphäre als überholt erscheinen lassen. Google behält sich in ihren Privacy Guidelines auch ausdrücklich derartige Vermarktungsmethoden vor.

Datenschutz – Ein Mythos

> We may share the information submitted under your account among all of our services in order to provide you with a seamless experience and to improve the quality of our services. (Quelle: Google Privacy Guidelines)

Der Umfang der angesammelten Informationen ist dabei auch anderen Parteien nicht verborgen geblieben: Der im Oktober 2001 unmittelbar auf die Terroranschläge in Amerika verabschiedete USA PATRIOT ACT (Uniting and Strengthening America by Providing Appropriate Tools Required to Intercept and Obstruct Terrorism), der im März 2006 wieder verlängert wurde, schließt die Auswertung derartiger Datenquellen ausdrücklich mit ein. Mit dem Ziel der Terrorismusbekämpfung erweitert der Patriot Act die Rechtsbefugnisse der U.S. Justiz und schränkt bewusst Bürgerrechte und Freiheiten ein.

Es ist den amerikanischen Behörden dabei sicher nicht unangenehm, daß die Richtlinien für Datensammlungen privater Firmen nicht den vergleichsweise harten Schutzkriterien öffentlicher Ämter und Dienste genügen müssen – dank dieser Konstruktion kann man parlamentarische Kontrollinstitutionen teilweise unterlaufen und auf notwendige Entscheidungen entsprechender Justizorgane verzichten. Mit sogenannten National Security Letters – insbesondere mit dem Verweis auf die Nationale Sicherheit – werden Gerichtsentscheidungen hinfällig und Datenschutzrechte – auch europäischer Google/MSN/YAHOO Nutzer – Makulatur.

> We are moving to a Google that knows more about you.
> (Quelle: Eric Schmidt, Google's Chief Executive Officer)

Welche Konsequenzen der ganz alltägliche Verlust der Privatsphäre haben kann, kann durch Eric Schmidt, Google's Chief Executive Officer und Schöpfer des obigen Zitates, selbst bestätigt werden. Im Juli 2004 hat eine amerikanische Zeitschrift (CNet News.) nach eigenen Angaben nur 30 Minuten benötigt, um Schmidts Alter (50 Jahre), seinen geschätzten Reichtum (1.5 Milliarden USD), die von ihm erzielten Gewinne beim Verkauf von Google Aktien (90 Millionen USD und 50 Millionen USD nachdem die Aktien auf über 300 USD gestiegen waren), seinen Wohnsitz im mondaenen Atherton (mit Ehefrau Wendy) und seine politischen Neigungen und Spenden (10.000 USD allein für eine Kampagne von Al Gore) herauszufinden. Eine entsprechende Suche zeigt auch bemerkenswert sympathische Seiten des Firmenbosses – er ist ein aktiver Privatpilot und besuchte das Burning Man Festival in Nevada, ein Mekka der Kreativen Amerikas.

Die Veröffentlichung des Artikels und die Demonstration der Fähigkeiten der eigenen Firma hat nicht die volle Zustimmung von Eric Schmidt gefunden – David Krane, Googles Public Relations Direktor verhängte daraufhin ein einjähriges Kommunikationsverbot über die Zeitschrift: „You can put us down for a 'no comment". (Das Schweigegelübde wurde erst nach einer Weile wieder aufgehoben.) Die veröffentlichten Informationen und das damit verbundene Eindringen in die Privatsphäre stimmen sicherlich bedenklich – sind aber im Vergleich zu den Datenmengen, die Google über individuelle Nutzer ansammeln kann, absolut irrelevant. Den meisten Nutzern werden die Konsequenzen einmal veröffentlichter (privater) Informationen erst sehr spät bewusst – die Folgen können dabei durchaus von Schwierigkeiten bei einer Bewerbung (wegen einer einmaligen, vor Jahren gegebenen unbewussten Äußerung) bis hin zum Identitätsdiebstahl gehen (durch veröffentlichte Social Security Nummern).

> On the more exciting front, you can imagine your brain being augmented by Google. For example you think about something and your cell phone could whisper the answer into your ear. (Larry Page, Google Gründer)

Eine unregulierte Datenbank mit der Dimension einer Suchmaschine kann dabei durchaus zum weltweit größten Spionagetool führen. Problematisch erscheint deshalb nicht nur die Tatsache, daß Google über diese Datensammlungen nicht Rechenschaft legt, sondern auch die durch den Bannfluch offenkundig gewordenen Schwierigkeiten Googles mit der Pressefreiheit. Eine derartige Doppelmoral ist besonders bei einer Firma beklagenswert, die mitentscheidend für die Informationsfreiheit im Internet ist.

Das Bedrohungspotential ist dabei wesentlich größer als jenes, welches durch bestimmte mobile Endgeräte erzeugt wird – dennoch ist bis zum jetzigen Zeitpunkt keine entsprechende Warnung durch das Bundesamt für Sicherheit in der Informationstechnik beziehungsweise durch die Wirtschaftsschutz Dezernate des Verfassungsschutzes der einzelnen Länder ausgesprochen worden. Der Einsatz des Blackberry Systems ist von diesen Behörden „in allen sensiblen Bereichen" verboten worden, da die Daten dieses Systems auf ausländischen Servern zentral gehostet werden – die deutschen Regulierungsbehörden haben es bis jetzt jedoch versäumt, die Auswirkungen des Patriot Aktes und der Suchmaschinenindustrie – mit Millionen von Nutzern, Profilen, Cookies, Suchanfragen und Desktop Search Tools der Öffentlichkeit darzulegen. Dies ist nicht erstaunlich, da es seitens der Suchmaschinenbetreiber als auch seitens der jeweiligen Staaten kaum Bemühungen zum Aufbau entsprechender Kompetenzen und Kooperationen (in den jeweiligen Staaten) gibt.

> Bad artists copy. Great artists steal. (Quelle: Pablo Picasso)

Auf entsprechende Kooperationsanfragen wurde dem Autor dieses Artikels bisher von leitenden Mitarbeitern von Google Deutschland beschieden, dass Google zum gegenwärtigen Zeitpunkt nicht besonders an einer Zusammenarbeit bei Forschungs-

oder studentischen Diplomthemen innerhalb der deutschen Hochschullandschaft interessiert ist. Das Monopolunternehmen hat bis zum jetzigen Zeitpunkt keinen ernstzunehmenden Forschungsstandort innerhalb Deutschlands. Ein Vergleich der Stellenausschreibungen der letzten Monate belegt eine Firmenphilosophie, die Deutschland noch nicht einmal als verlängerte Werkbank betrachtet. Der Großteil der Stellen bezieht sich direkt auf den Verkauf und die Verwaltung ausländischer Technologien – deutsche Interessen, Werte und Besonderheiten wurden bei ihrer Entwicklung nicht berücksichtigt.

Verglichen mit anderen Unternehmen mit ähnlicher Marktkapitalisierung produziert Google keine beziehungsweise nur sehr wenige publizierte wissenschaftliche Publikationen und Arbeiten – dies ist symptomatisch für ein Unternehmen, dessen Geschäftsprinzip im Wesentlichen in der Absorption, Vermischung und im Verkauf kreativer Leistungen anderer besteht – selbstverständlich unter Hinzufügung der nötigen Werbeeinblendungen. Manche Kritiker der Suchmaschinen bezeichnen die Unternehmen deshalb aufgrund ihres Auftretens, der ausschließlichen Wissensschöpfung im Ausland und der mangelnden Einbettung in die deutsche Lehr- und Forschungslandschaft als Parasiten der Wissensgesellschaft.

Google – The next Generation

Es wäre jedoch falsch, Google des Stillstandes zu bezichtigen. Allein der Börsengang und die notwendige Vertretung der Interessen der Shareholder zwingt Google zur Profitmaximierung und damit zur Optimierung ihrer Produktpalette. Dazu gehört mit Sicherheit die Verbesserung ihrer Kernprodukte, insbesondere die Eliminierung von Webspam, Dupletten, kommerziellen Affiliate Strukturen und Spamnetzwerken.

> 'What would a perfect search engine look like?' we asked [Sergey Brin, Google Gründer]. 'It would be the mind of God. Larry [Page] says it would know exactly what you want and give you back exactly what you need'.

Das Unternehmen wird außerdem die Eroberung des Deep Web forcieren – unter anderem durch Kooperationen mit Informationsanbietern wie Zeitschriften- und Magazinen, Verlagen, Filmstudios und wissenschaftlichen Archiven. Es ist weiterhin offensichtlich, dass Google die momentan noch stiefmütterlich behandelte Suche von Audio, Video und eventuell Sprachaufnahmen beziehungsweise Liedern verstärkt forcieren. Insbesondere bei der Bildbearbeitung, Bilderfassung und Bilderkennung bietet sich eine Verschmelzung von Googles Picasa Produkt und der rudimentären Bildersuche an, die zu einem eigenständigen Geschäftsbereich, einschließlich Bildarchiv, Austauschplattform und Druckservice ausgebaut werden – eventuell unter gewinnbringender Einbeziehung von Drittanbietern. Google kann damit klassischen Bilderdatenbanken und Agenturen Paroli bieten und weitere Werbeflächen anbieten. Google wird vermutlich auch verstärkt die semantische Suche und Natural Language Processing implementieren, mit denen Algorithmen eine bessere Erkennung der Kundenwünsche ermöglichen können.

> Better to be a pirate than to join the navy. (Quelle: Steve Jobs, Chef von Apple)

Generell wird Google versuchen, sein Monopol und die gegenwärtigen Stärke der Marke Google zur Promotion von neuen Produkten und Services zu benutzen, die die eigene Produktpalette abrunden – zumeist durch Absorbierung der kreativen Arbeit anderer kombiniert mit automatisierter und gefilterter Bereitstellung innerhalb proprietärer Produkte. Ansätze gibt es bereits durch die Propagierung bestimmter Formate, Schnittstellen und Sitemaps, die Webmastern zum Beispiel durch eine verbesserte Einbeziehung ihrer Seiten durch Google schmackhaft gemacht werden. Weitere Ideen basieren auf der Ausnutzung des globalen Netzwerkes des Unternehmens durch die Implementierung von Transaktionssystemen wie Paypal – Google wird entsprechende Systeme mit ihrer Shopping Suchmaschine verknüpfen, um auch hier die Wertschöpfungskette zu maximieren. Andere in der Diskussion befindliche Ideen sehen das Angebot von Voice Over IP Lösungen, drahtlosen Netzwerken sowie vermeintlich dezentralem Speicher vor, die die Grundlage für die Vermarktung von mobilen Dienstleistungen bilden dürften.

Ganz Gallien ist von Google besetzt – Ganz Gallien?

Es ist vermutlich illusorisch zu hoffen, dass Google einer Dezentralisierung ihrer Suchdienste zustimmen wird – es ist momentan noch nicht im Geschäftsinteresse von Google, ihre Technologie der Open Source Community zur Verfügung zu stellen, sich damit der Kritik auszusetzen, die zentrale Kontrolle (und politische Verantwortung) über die indizierten Dokumente zu verlieren -und damit letztendlich einen wahren Beitrag zur Verbreitung von Wissen und Informationen zu leisten. Google wird eher an der Optimierung der Suchergebnisse und an der Verfeinerung des Suchinterfaces arbeiten – und damit jedoch wesentliche Möglichkeiten verschenken. Google könnte seine Monopolstellung dazu nutzen, um Führungsqualitäten im Suchmaschinenbereich zu entwickeln: Google könnte bewusst Standards fördern und implementieren, die eine verbesserte Nutzung (Usability) und Accessibility von Dokumenten ermöglichen, Google könnte aber auch Vorreiter für die Archivierung von Wissen werden – ein gesellschaftliches Bedürfnis, welches zum Beispiel von Archive.org und Wikipedia erkannt und umgesetzt wurde.

Dies würde eine verstärkte Hinwendung zu den nichtkommerziellen Wurzeln von Google erfordern, zum Beispiel durch eine Unterstützung der Open Source Community, indem nicht nur die Schnittstellen für bestimmte Programme und Dienstleistungen Googles publiziert werden, sondern auch der komplette Quellcode und die zugrunde liegenden Ideen freigegeben werden. Ein derartiger Markt der Ideen wäre ein Quantensprung von der jetzigen Geschäftspolitik, welche die Bindung und kommerzielle Ausbeutung fähiger Programmierer mittels Schnittstellen ermöglicht. Die Offenlegung, Optimierung und Weiterentwicklung der Algorithmen ist auch im Sinne der Suchmaschinenbetreiber. Dies gilt gleichfalls für Googles Print Initiative – ein durchaus lobenswertes Projekt, welches jedoch aufgrund von Googles Vermarktungsstrategien kontrovers diskutiert wird. Insbesondere in Gallien, beziehungsweise dem Rechtsnachfolger Frankreich, stoßen derartige Bestrebungen unangenehm auf – hier rächt sich, dass Google und seine Wettbewerber kaum auf öffentliche oder nationale Belange (außerhalb amerikanischer Interessenssphären) eingehen.

Es stellt sich zugleich die Frage, ob der existierende Bedarf einer Gesellschaft nach digitalisierten, archivierten, verfügbaren Wissen durch eine einzige Firma mit klaren Profitabsichten abgedeckt werden kann und vor allem darf. Das zur Debatte stehende Wissen ist von einer Gemeinschaft von Künstlern, Autoren und Wissenschaftlern geschaffen worden – es gehört zum Kulturerbe einer jeden Gesellschaft. Es erscheint nicht zweckmäßig, die kommerziellen Eigeninteressen einer bestimmten Firma (zum Beispiel durch die Öffnung staatlicher Bibliotheken, Archive und Copyrightklauseln) zu fördern, ohne dass durch diese Firma das entsprechende Wissen an die Gesellschaft zurückgegeben wird (am Besten unter einer Open Source/GPL Lizenz). Alternativen scheiden zum jetzigen Zeitpunkt aus, beziehungsweise werden durch andere Marktteilnehmer (Yahoo) erst angekündigt – eine Monopolstellung von Google Print hätte drastische Konsequenzen für Bibliotheken, Schüler und Studenten, da die Förderung und finanzielle Absicherung kaum einer gemeinnützigen Bibliothek langfristig gesichert wäre, wenn kommerzielle Anbieter diese Inhalte (direkt oder indirekt) für sich vereinnahmen könnten. Geldmittel zur Vermittlung durch von Suchmaschinen „umsonst" zur Verfügung gestelltem Wissen für Bibliotheken würden nur schwer vermittelbar – eine einmal zerstörte Wissens- und Bildungslandschaft ist jedoch praktisch nicht mehr wiederbelebbar.

Don't be Evil

Google hat verschiedene Optionen, um wieder die Initiative zu ergreifen – die Offenlegung der Algorithmen zur Verbesserung der Suchergebnisse steht dabei an prominenter Stelle. Google könnte damit offen auf die Open Source Gemeinde zugehen und gleichzeitig die Qualität der eigenen Dienste verbessern. Um die Zuneigung der Entwicklergemeinde nicht zu verspielen, wird Google um eine wesentlich stärkere Förderung im Bereich Forschung und Entwicklung innerhalb der einzelnen Länder nicht umhinkommen. Es kann davon ausgegangen werden, dass Google dies bewusst ist – das drohende Beispiel des Internet Explorers und der im Vergleich dazu blühenden (virusfreien) Entwicklungsumgebungen des Mozilla/

Firefox Browsers ist nicht zu übersehen. (Auch in diesem Bereich ist Google ein Lapsus unterlaufen: ein für Webmaster aber auch für Googles weitere Entwicklung wichtiges Tool – die Google Toolbar – war über lange Zeit nur in einer proprietären Version für den Microsoft Internet Explorer verfügbar, damit wurden ganze Nutzergemeinden und Betriebssysteme – Linux – von der Nutzung ausgegrenzt.)

Googles Öffnung zum Open Source Bereich auf GPL-Basis könnte erfolgreich der Monopolkritik entgegenwirken. Eine Zusammenarbeit mit Entwicklungspartnern in Hochschulen und Universitäten sorgt dabei nicht nur für ein besseres Image und fähige Fachkräfte, sondern könnte auch die Initialzündung für eine gänzlich veränderte Entwicklungslandschaft werden. Eine derartige Landschaft könnte auch mit Recht als Vertreter öffentlicher Interessen auftreten und als Garant für Informations- und Meinungsfreiheit wirken. Ein derartiges Zusammenspiel öffentlicher und privater Interessen sollte auch im Interesse der kommerziellen Searchenginebetreiber sein – ihre Existenzberechtigung und ihr Monopol bestehen nur aus einem fragiles Gefüge im Spannungsfeld von Nutzerzuneigung, Shareholdervalue, gesellschaftlicher Akzeptanz und Wirtschaftlichkeit.

> We're trying to make Google a place where people live online.
> (Quelle: Eric Schmidt, Google CEO)

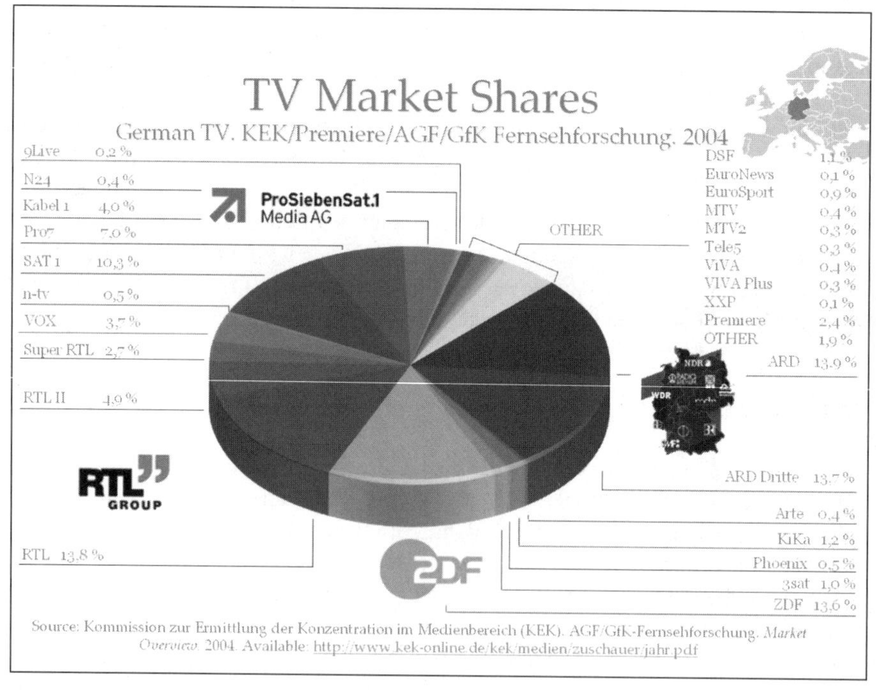

Bild 4

Momentan ist die Symbiose zwischen Nutzern, Suchmaschine, Börsianern, Contentprovidern, Advertisern und Gesellschaft zum Teil ernsthaft erschüttert – und dies kann auch für Google gravierende Konsequenzen haben. Dem Marktführer steht das Beispiel anderer, in gesellschaftliche und politische Ungnade gefallener, Monopole vor Augen – in den Vereinigten Staaten wurde 1984 das Monopol der größten amerikanischen Telefongesellschaft (ATT) zerschlagen, um den Wettbewerb zu stimulieren. (ATT wurde dabei in mehrere kleine Telefonunternehmen mit regionalen und nationalen Netzen zerlegt.) Microsoft war zum Zeitpunkt der Untersuchung der Geschäftsgebaren durch die Europäische Union gleichfalls das Zentrum einer derartigen Debatte, das Unternehmen sollte dabei in die Bestandteile Betriebssysteme und Officesoftware getrennt werden, um eine weitere Stärkung des doppelten Monopols zu verhindern. Eine entsprechende Diskussion für den Suchmaschinensektor erscheint den Marktführern der Suchmaschinenindustrie umso dringlicher, als kein bisheriges Medium einen derartigen gesellschaftlichen Durchdringungsgrad vorzuweisen hat – für jedes andere Medium: Zeitschriften, Radio und Fernsehen gelten jedoch ganz klare Regeln und Begrenzungen (Bild 4), die in Deutschland durch das Bundeskartellamt, zusammen mit den Landeskartellbehörden überwacht werden – zum Schutz des Wettbewerbs und des Innovationspotential der deutschen Wirtschaft. Diese zentrale ordnungspolitische Aufgabe ist Bestandteil jeder Marktwirtschaft und kann durchaus dazu führen, dass zur Förderung des Wettbewerbs die Suchmaschinenmonopole in verschiedene Bestandteile, wahrscheinlich parallel zur Grabenkluft Suchmaschine und Vermarktung, zerschlagen werden müssen – insbesondere, wenn dies zur Wahrung nationaler Interessen erfolgt. Dabei hilft der amerikanischen Firma Google auch nicht die propagierte Google Geschäftsphilosophie: Don't be evil.

Unter Umständen können sich Gesellschaften gezwungen sehen, Google und anderen Suchmaschinenbetreibern einige Zeilen hinzuzufügen – der Vorschlag des britischen Staatsmannes und Philosophen Edmund Burke wird dann sicherlich dazugehören:

> All that is necessary for the triumph of evil is that good men do nothing.

– Google könnte mehr tun.

Anmerkung: Der vorliegende Artikel basiert auf der Publikation „Die Google Gesellschaft“ und einer Präsentation des Authors auf einer Veranstaltung des Münchner Kreises: „Suchen und Finden als Bindeglied im Productportfolio“ Februar 1, 2006. Der Author bedankt sich hiermit für die hilfreichen Kommentare seiner Assistenten Frédéric Philipp Thiele und Josefine Peller.

5.5 Die Produktsuche als Bindeglied zum Produktportfolio

Stefanie Waehlert
T-Online International, Darmstadt

Suchfunktionen im Internet sind heute ein eigenständiges Feature mit hoher Kundenakzeptanz. Aber eines ist klar: Unsere Kunden wollen nicht suchen, sondern finden.

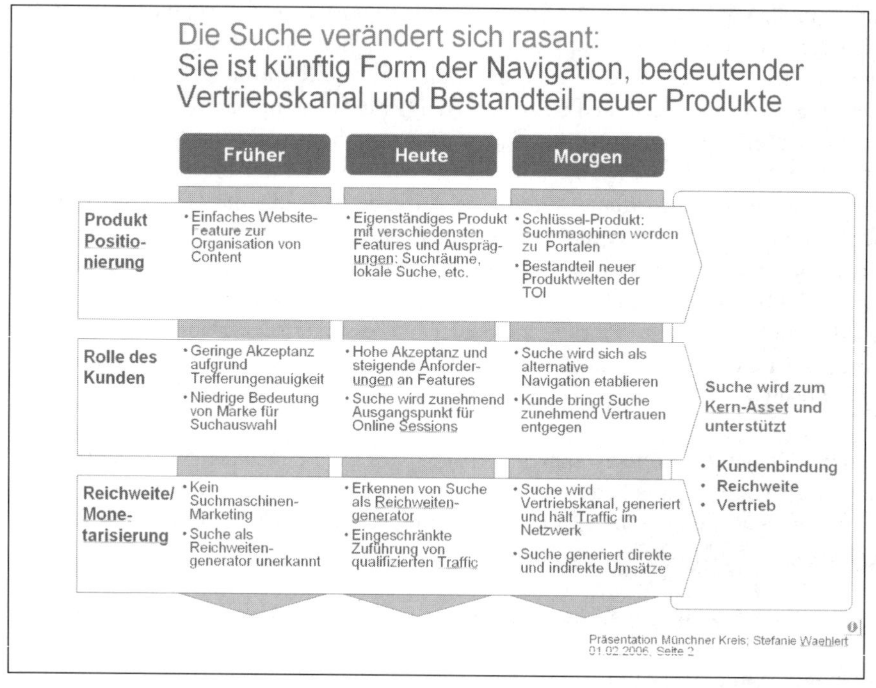

Bild 1

Die Suche verändert sich rasant (Bild 1). Vom ehemaligen Webseitenfeature, das aufgrund fehlender Treffergenauigkeit wenig Akzeptanz beim Kunden besaß und sich nicht monetarisieren ließ, hat sich die Suche gegenwärtig zu einem eigenständigen Produkt mit hoher Kundenakzeptanz und Reichweitenrelevanz entwickelt. Und diese Entwicklung wird sich auch zukünftig fortsetzen.

Und um schnell zu finden, wird die Suche immer häufiger von den Internetnutzern anstelle der Navigation verwendet. Sie übernimmt damit eine Portalfunktion. Denn der Kunde hat gelernt, dass er über die Suche nahezu jede existente Information schnell und zuverlässig ansteuern kann.

Suchfunktionen schaffen Vernetzung und sorgen für Orientierung – und das nicht nur bei Inhalten, sondern zunehmend auch bei Produkten. Ob für den E-Commerce oder für digitale Güter wie Musik – künftig wird die professionelle Suche immer wichtiger. Intelligente Suchfunktionen unterstützen die Kundenbindung und bieten einen zusätzlichen, wichtigen Vertriebskanal. Die Suche entwickelt sich damit vom einfachen Webseiten-Feature zu einem Schlüsselprodukt für Portalanbieter.

Bild 2

Warum ist eine einfache und zuverlässige Produktsuche für T-Online so wichtig? (Bild 2)

Die Basis unserer Unternehmensstrategie ist das kombinierte Geschäftsmodell aus Access und Non-Access – also dem Zugangs- und Portalgeschäft. Viele unserer über elf Millionen Access-Kunden in Deutschland nutzen unser T-Online- Portal als Eintritt ins Internet. Dazu bieten wir Inhalte an, die unsere Kunden wollen – von Informationen und Nachrichten bis zur digitalen Unterhaltung. Und wir schaffen Einkaufswelten – bei T-Online selbst, aber auch bei unseren anderen Marken wie

Scout und Musicload. Unser Shopping-Angebot mit mehr als 600 angeschlossenen Partner-Shops und dem eigenen T-Online Shop ist eine zentrale Anlaufstelle für den Einkauf im Internet.

Ich habe einige Beispiele mitgebracht, an denen Sie erkennen können, wo Suche für uns große Relevanz hat. Das ist bei der Produktsuche neben der eigentlichen Websuche, die wir den Usern über unsere Startseite auch zur Verfügung stellen, der Fall. Sie sehen hier beispielsweise die Shoppingsuche im Shoppingportal. Sie gehen auf unterschiedliche Portale bei uns und sind dort wirklich in der Spezialistensuche für das einzelne Thema, der Musiksuche, um ein weiteres Beispiel zu nennen. Die Ergebnisse der Spezialsuchen integrieren wir auch in unsere Kernsuche. Dies hat wiederum zum Ergebnis, dass wir unsere Produktthemen dort auf den Suchergebnislisten sehr hoch platzieren.

Bislang waren vor allem zwei Faktoren wichtig, damit sich Kunden in Angebotsportalen zurechtfinden: Übersichtliche Navigation und eine aktive Vernetzung von Content und Angebot. Seit einiger Zeit sehen wir aber, dass unsere Kunden immer gezielter die Suche einsetzen, um sich einen Überblick im Produktangebot zu schaffen.

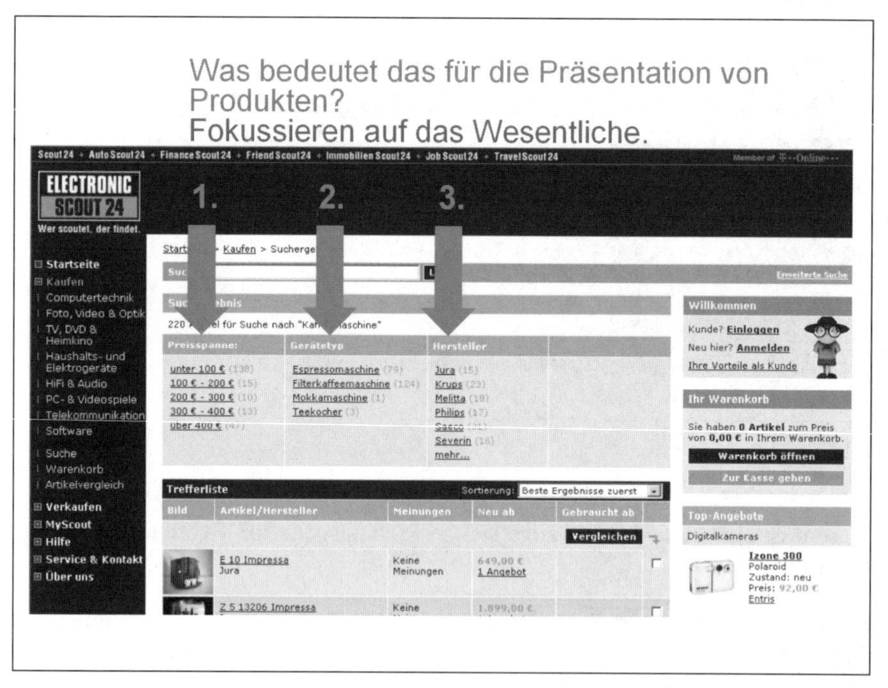

Bild 3

Was bedeutet das für die Präsentation von Produkten? (Bild 3)

Eines unserer neuesten Beispiele ist das Produktthema ElectronicScout24. Die Scoutgruppe sowie Musicload sind Brands, die auch zu T-Online gehören. Auch hier bieten wir eine Spezialsuche an, um das Finden zu erleichtern. Hier sehen Sie, wie das Suchergebnis bei ElectronicScout24 aufgebaut ist. Gerade die Produktsuchmaschinen verschaffen den Kunden einen umfassenden Marktüberblick und fokussieren im Wesentlichen auf das Produkt als solches. Dazu gehören neben dem Preis (1.), der für viele Kunden zentral ist – auch die Produktbeschreibung (2.), Bildmaterial, Features oder technische Daten. Andere Differenzierungsmerkmale wie zum Beispiel der spezielle USP der einzelnen Händlerplattform werden nicht angezeigt oder kaum berücksichtigt. Auch andere Differenzierungen wie die Absendermarke (3.) treten immer häufiger in den Hintergrund. Besonders für die großen Markenartikler bedeutet dies langfristig eine Schwächung der eigenen Marke.

Wir können nicht darauf verzichten, über die großen Suchmaschinen gefunden zu werden – wir müssen aber Wege finden, dabei auch unsere Marken adäquat zu transportieren. Zu den aktuellen Aktivitäten von T-Online gehören die Suchmaschinenoptimierung der gesamten Website und die Anpassung des Html-Codes an Suchmaschinen-Algorythmen. Darüber hinaus bewerben wir unsere Produkte und Angebote stärker aktiv über Adwords. Auch die Suche in unserem eigenen Angebot muss und wird noch besser werden. Um den wachsenden Bedürfnissen unserer Kunden gerecht zu werden, arbeiten wir kontinuierlich an der Optimierung und setzen dabei auf innovative Konzepte. Wir beobachten sehr genau, wie sich Suchtechnologien weiterentwickeln. Denn sie werden für erfolgreiche Produktpräsentationen zunehmend wichtig.

5.6 Diskussion

Moderation: Prof. Dr. Thomas Hess
Universität München

Prof. Hess:
Ich möchte Ihnen am Anfang der Diskussion zum Thema Geschäftsmodell einen kurzen Einstieg geben, dann das Panel vorstellen und dann in die Diskussion einsteigen.

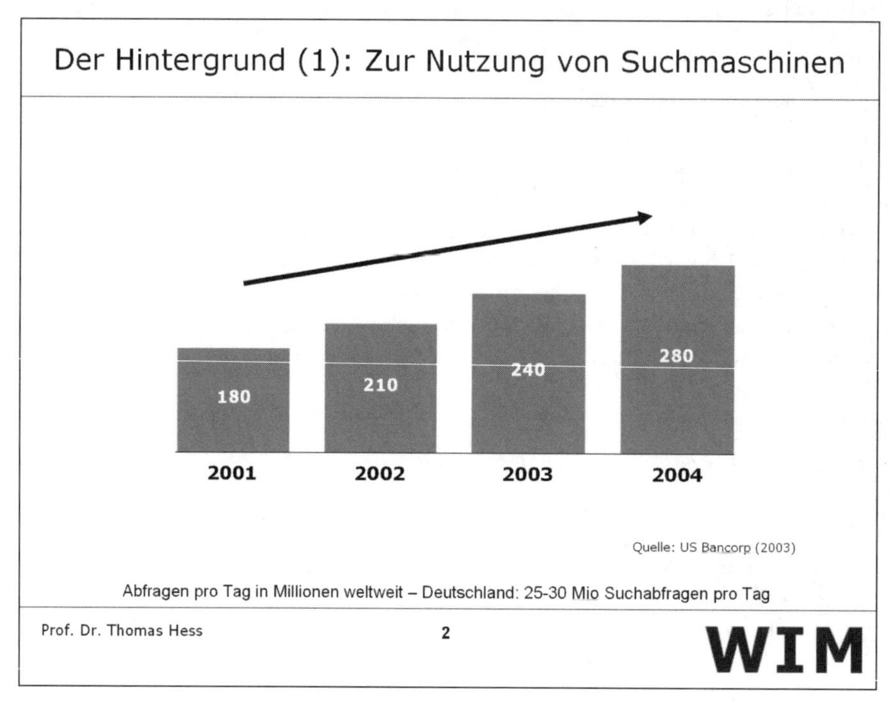

Bild 1

Noch einmal ganz kurz für Sie zur Systematik Daten zur Nutzung von Suchmaschinen (Bild 1). Das wollen wir auch im zweiten Teil aufgreifen.

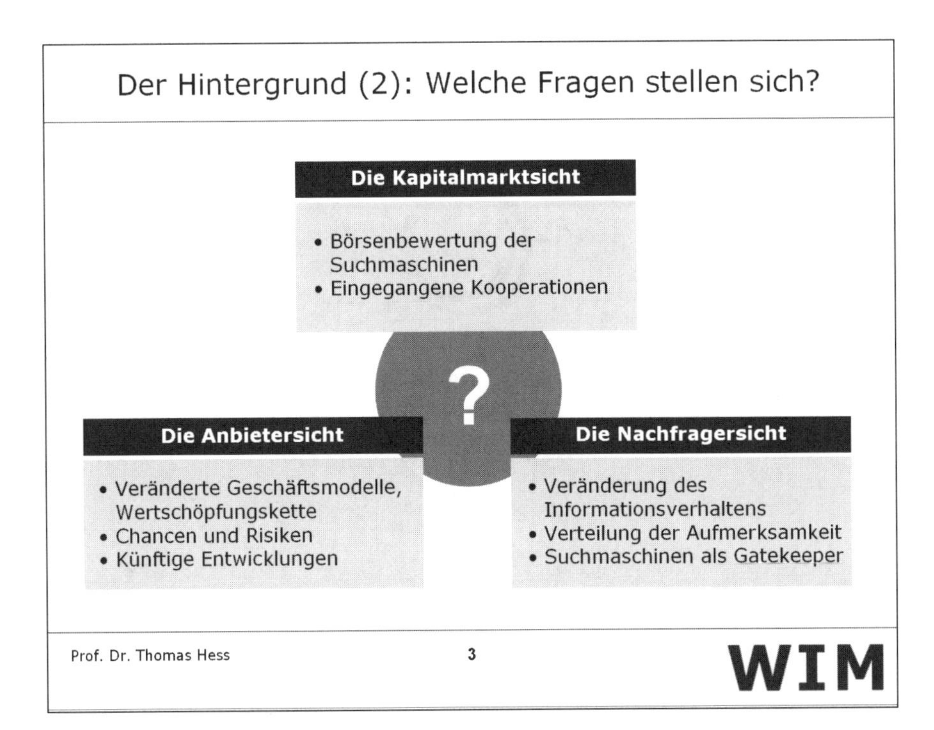

Bild 2

Welche Fragen stellen sich (Bild 2)? Wir haben natürlich die Anbietersicht. Wie verändern sich Geschäftsmodelle? Was passiert dort? Da haben wir hier prominente Vertreter. Die Nachfragersicht, nicht nur technisch getrieben, sondern auch vom Nutzerverhalten. Wie verändert sich letztlich die Aufmerksamkeit? Wir hatten es eben am Beispiel der Werbung schon mal kurz aufgegriffen. In Richtung Wertschöpfungsketten ist eine ganz zentrale Frage: Welche Rolle werden eigentlich Suchmaschinen in der Wertschöpfungskette haben? Ist es die erste Stelle, dort wo man einsteigt und von wo man zu anderen Angeboten geleitet wird oder ist eine Suchmaschine nur ein Angebot unter vielen, was dann keine große Bedeutung hat? Interessant ist aber auch die Kapitalmarktsicht, die habe ich als drittes dazu genommen. Das Thema Börsenbewertung hatten wir schon ganz kurz. Woher kommen die extremen Bewertungen, die heute da sind? Aber auch die Frage nach den Kooperationen ist interessant, d.h. wer arbeitet mit wem zusammen? Gibt es vielleicht hier auch Verbindungen über die klassischen Branchengrenzen hinweg zur Softwareindustrie, vielleicht zur Hardwareindustrie? Das ist das Feld, was wir in der zweiten Runde gern adressieren möchten. Eine Ergänzung noch: Wir haben heute sehr stark die Marketingsicht und werden sehr stark Infrastrukturprovider und Telekommunikationsprovider dabei haben.

Bild 3

Ein Thema ist noch nicht so stark adressiert, genauer gesagt ein Branche, die das Thema tangiert: die Medienbranche. Wir haben gerade eine Untersuchung durchgeführt zu der Frage, was zwischen den einzelnen Medien passiert, d.h. wen verdrängt die Suchmaschine? Ein Auszug daraus (Bild 3): Die Suchmaschinen haben eine Art Sogwirkung; 73% haben in unserer Umfrage geantwortet: ja, seitdem es die Suchmaschinen gibt, benutze ich weniger Branchenverzeichnisse. Wenn man aus der Contentbranche kommt, so sind dies Zahlen, die einem zu denken geben. Ähnliche Untersuchungen gibt es auch, wenn man in den Bereich der wissenschaftlichen Publikationen schaut, in den Bereich der Fachverlage. Auch dort gibt es interessante Verschiebungen, die auch dieses Themenspektrum hier noch ergänzen werden.

Das Panel

Volker Gläser, Yahoo! Deutschland GmbH, München

Volker Heise, Infopeople AG, Erlangen

Dr. Dorothée Ritz, Microsoft Deutschland GmbH, Unterschleißheim

Prof. Dr. Hendrik Speck, Fachhochschule Kaiserslautern

Stefanie Waehlert, T-Online International AG, Darmstadt

Prof. Dr. Thomas Hess 5

Bild 4

Wenn Sie auf das Panel schauen (Bild 4), so haben wir versucht, sowohl die neutrale Seite, die Hochschule, aber auch Vertreter der bekannten Player zu gewinnen. Ich werde Ihnen kurz die Panelteilnehmer in alphabetischer Reihenfolge vorstellen:

Wir starten mit dem Vertreter eines etablierten Unternehmens in Feld, Herrn Volker Gläser von Yahoo! Deutschland. Er ist dort im Managementteam tätig und insbesondere für Unternehmensentwicklung und der Produktstrategie verantwortlich. Er hat einen Hintergrund im Bereich Kommunikationswissenschaften, Betriebswirtschaft, und war u. a. auch bei klassischen Medienunternehmen wie Gruner + Jahr, Pro7, Sat1 tätig.

Mit Herrn Volker Heise von Infopeople AG kommt eine ganz andere Ecke hier mit herein. Herr Heise ist Vorstand und Gründer der Infopeople AG, die seit 2000 am Markt als Unternehmen aus der Applikationsecke, d.h. als Softwarehaus tätig ist. Er wird uns genau dies noch näher vorstellen.

Frau Dr. Dorothée Ritz musste leider ihre Teilnahme an der heutigen Konferenz absagen.

Als dritten Vertreter auf dem Panel haben wir Herrn Prof. Dr. Hendrik Speck. Er kommt aus der Wissenschaft und beschäftigt sich an der Fachhochschule Kaiserslautern im Bereich Informatik, genauer gesagt interaktive Medien, speziell mit dem Thema Suchmaschinen, aber auch generell mit Informationsarchitekturen, sehr stark an der Grenze zwischen Informatik und deren Anwendungen. Er war u. a. als Chief Information Officer der European Graduate School tätig.

Last but not least begrüßen wir Frau Stefanie Waehlert von T-Online in Darmstadt, auch ein Unternehmen, was sehr stark von dem Thema Suchmaschinen tangiert ist und eine Strategie fahren wird, dies in das eigene Produktportfolio zu integrieren. Stefanie Waehlert ist verantwortet als Stabsleiterin des CMO, Herrn Graßmann, und als Leiterin des Bereiches Context für vielfältige Themen im Marketingbereich. Dazu gehören: der Aufbau des Qualitäts- und Prozessmanagement für den Marketingbereich, die Einführung von CRM für die T-Online, sowie die marketingseitige Steuerung der internationalen Beteiligungen. Seit einem Jahr verantwortet Frau Waehlert auch die Suche von T-Online. Hier ist sie für die strategische Neurausrichtung zuständig. Bei ihr laufen alle Fäden für die übergreifende Integration der Suche in das T-Online Portal zusammen. Frau Waehlert ist Betriebswirtin und seit dem Jahre 2000 bei T-Online.

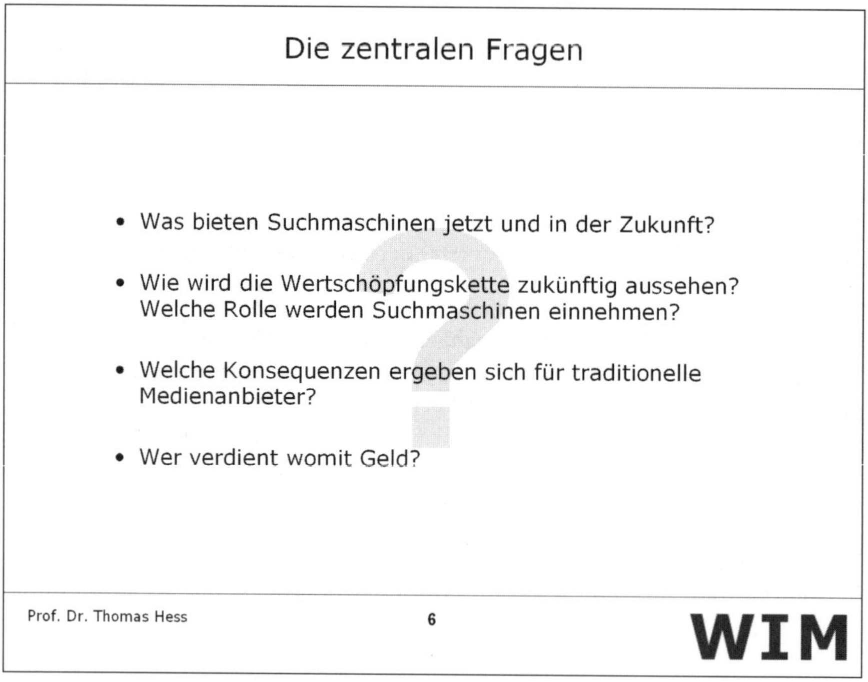

Die zentralen Fragen

- Was bieten Suchmaschinen jetzt und in der Zukunft?
- Wie wird die Wertschöpfungskette zukünftig aussehen? Welche Rolle werden Suchmaschinen einnehmen?
- Welche Konsequenzen ergeben sich für traditionelle Medienanbieter?
- Wer verdient womit Geld?

Prof. Dr. Thomas Hess 6 WIM

Bild 5

Die Fragen die wir heute diskutieren wollen, sind noch kurz zusammengefasst (Bild 5): Was bieten Suchmaschinen jetzt, d.h. wo ist eigentlich das Produkt, was man noch verkaufen kann? Das Thema Wertschöpfungsketten, wenn wir es weiter herunter brechen: Wie sieht die Wertschöpfungskette aus? Wo genau sind dann die Suchmaschinen positioniert? Welche Konsequenzen hat das für Inhalte-Anbieter, aber auch für andere Telekommunikationsanbieter, Softwareanbieter, also alle, die wir im Bereich der Time Industrie häufig subsumieren. Und natürlich ist die Frage wichtig, welche Erlösquellen dahinter stecken. Sind das direkte Erlöse? Sind das Pay per Use Erlöse, die wir sehen werden? Sind das indirekte Erlöse z.B. aus klassischer Werbung? Kann man vielleicht sogar die Software verkaufen? Soweit mein erster Einstieg zum Thema.

Wir gehen nun in das Panel und werden wie folgt vorgehen. In der ersten Runde werden die Panelteilnehmer eine kurze Sicht auf ihre Dinge darstellen. In der zweiten Runde werden wir einige Themen auf dem Panel aufgreifen und danach mit Ihnen in die Diskussion starten. Wir beginnen mit Herrn Professor Speck, der seine Sicht auf die Dinge darstellen wird. Bitte, Herr Speck.

Prof. Speck:
(Der Vortrag ist unter Ziffer 5.4 abgedruckt.)

Prof. Hess:
Ich denke, dass waren gut drei Folien und diese sind sicher an manchen Stellen bewusst provokativ für die Diskussion formuliert worden. Das nehmen wir gern als Input mit. Wir gehen gleich zum zweiten Redner, Herr Gläser.

Herr Gläser:
(Der Vortrag ist unter Ziffer 5.2 abgedruckt.)

Prof. Hess:
Vielen Dank, Herr Gläser. Wir gehen gleich weiter, Frau Waehlert von T-Online.

Frau Waehlert:
(Der Vortrag ist unter Ziffer 5.5 abgedruckt)

Prof. Hess:
Ganz herzlichen Dank, Frau Waehlert. Herr Heise, Ihr Einsatz.

Herr Heise:
(Der Vortrag ist unter Ziffer 5.3 abgedruckt.)

Prof. Hess:
Herr Heise, auch Ihnen ganz herzlichen Dank. Ich denke, wir haben jetzt vier ganz unterschiedliche, interessante Sichten auf das Thema Geschäftsmodelle kennen gelernt. Wir haben nach meinen Eindrücken recht viel zum Produktprogramm gehört, d.h. was letztlich da zu erreichen ist. Finden +, das Finden von Webseiten,

aber auch Communities, Marktplätze usw. Zwei Themen sind noch nicht ganz so intensiv besprochen worden, die auch aus meiner Sicht sehr stark zu den Geschäftsmodellen gehören. Das erste ist die Frage der Wertschöpfungsketten und das zweite die Frage der Erlösströme. Vielleicht starten wir gleich mit dem Thema Wertschöpfungsketten: welche Rolle spielen da die Suchmaschinen? Wie ist das Zusammenspiel zwischen der Suchmaschine und einem Unternehmen wie T-Online zum Beispiel, was Content und Infrastrukturdienstleistungen anbietet? Vielleicht Herr Gläser und Frau Waehlert dazu?

Herr Gläser:
Das Wichtige für einen Portal-Anbieter wie Yahoo! mit seinen vielfältigen Services ist, die User dort zu gewinnen, wo sie den Weg ins Internet suchen. Suchmaschinen sind dafür heutzutage von entscheidender Wichtigkeit. 80 Prozent aller Internetuser in Deutschland benutzen Suchmaschinen, wenn sie nach Informationen im Internet suchen. Deshalb verknüpfen wir die Suche mit allen Bereichen unseres Portals. Der Suchende kann somit alle gewünschten Informationen mit unseren Tools und Angeboten finden. Wenn es sich dabei um einen Yahoo! User handelt, sucht er bei uns und findet auch die Information bei uns. Dabei hat jede dritte Suchanfrage in Deutschland einen kommerziellen Hintergrund. Und wenn der User diese Transaktion bei Yahoo! vollzieht, dann ist das natürlich ein großes Plus für uns. Das Internetbusiness funktioniert so. Sie müssen sich überlegen, wie Sie Traffic gewinnen und so werthaltig wie möglich machen. Am Ende des Tages reduziert sich alles grundsätzlich auf eine ganz einfache Rechnung im Internetbusiness. Das ist der Average Revenue per User, ARPU, den wir auch in anderen Bereichen haben. Der ist entscheidend. Es ist sehr viel wichtiger für einen Internet-Anbieter, einen werthaltigen Nutzer zu gewinnen und ihn auch zu behalten, als das in anderen Offline-Businesses der Fall ist. Denn der nächste Anbieter ist im Web ja in der Tat nur einen Klick entfernt. Darum ist für uns, um die Frage abschließend zu beantworten, ein integriertes Modell sehr entscheidend. Wir möchten den User da an die Hand nehmen, wo er die Informationen sucht. Dann möchten wir ihn durch unsere hochwertigen Services führen, von denen wir glauben, dass sie in vielen Bereichen Marktführer sind. Das ist aus unserer Sicht eine Erfolg versprechende Wertschöpfungskette: den Nutzer da an die Hand zu nehmen, wo er ins Internet geht und ihn dann durch unterschiedliche Services zu führen.

Prof. Hess:
Vielen Dank. Ich glaube, die Perspektive ist klar, Sie wollen der Einstiegspunkt sein und darüber den Nutzer führen. Da gibt es sicher eine zweite Sicht, Frau Waehlert.

Frau Waehlert:
Ich kann das nur ergänzen, was Herr Gläser schon sagte. Für T-Online, ich habe es bereits meinem Vortrag dargestellt, ist Suche auch eines der Herzstückchen neben attraktivem Content, den wir dem User anbieten möchten. Dadurch erhoffen wir uns vom Kunden eine hohe Markenloyalität. Die Themen Kundenbindung und Reich-

weite sind eng mit der Nutzung der Suche verbunden. Wir wollen den Kunden, der auf unser Portal kommt, in die richtigen Kanäle steuern. Dies erreichen wir nur dadurch, dass wir ihm seine Bedürfnisse schnell durch für ihn werthaltige Suchergebnisse erfüllen. Die Wertschöpfungskette setzt sich für uns aus den drei Kernelementen Content, Suche und Marke zusammen. Wie wir es heute bereits gehört und auch selbst im Alltag erfahren haben, nimmt die Suche einen immer größeren Stellenwert ein. Dies gilt auch gleichermaßen für T-Online.

Prof. Hess:
Vielen Dank. Als ich Ihre beiden Statements gehört habe, habe ich mich ein bisschen daran erinnert, wie vor vier, fünf Jahren eine ähnliche Argumentation geführt wurde: man muss Traffic generieren. Was hat sich jetzt wirklich geändert? Warum hat es vier, fünf Jahre mit einem Produkt nicht funktioniert und warum ist das jetzt plötzlich dabei?

Herr Gläser:
Ich glaube nicht, dass das Geschäftsmodell nicht funktioniert hätte. Die Frage ist letztlich, wie ein Geschäftsmodell so zu monetarisieren ist, dass es auch langfristig für den User interessant bleibt. Wenn Sie sich heute Monetarisierungsmodelle im Internet und gerade im Search Engine Business anschauen, dann reden wir über bezahlte Sucheinträge, die auch klar als solche gekennzeichnet sind. Warum sind die Klickraten auf solche Sucheinträge sehr hoch? Weil sie in der Regel relevant sind. Es wird dann sehr spannend, wenn wir über E-Business, über E-Transaktionen reden. Hier bekommt der Nutzer auf einer Suchergebnisseite ein relevantes Suchergebnis. Somit wird der bezahlte Sucheintrag, der als relevant erachtet wird und der es gerade bei Transaktionsthemen auch ist, für den Nutzer wirklich werthaltig. Das ist etwas anderes als ein Banner zu einem bestimmten Suchthema, das gar nicht relevant ist. Wenn Sie also nach Winterreifen suchen und Sonnenschirme als Banner angeboten bekommen, dann ist es schlecht, weil es nicht relevant ist. Da hat sich das Businessmodell geändert, aber in eine Richtung, die dem User ein echtes Add-on bietet. Es ist ein relevantes Ergebnis und darum funktioniert es. Es hat auch vor vielen Jahren schon funktioniert, aber es hat da noch nicht so gut funktioniert wie es funktionieren kann. Ich denke, die großen Search Engines zeigen, wie es funktionieren kann, wobei wir natürlich auch hier in einem sich ständig wandelnden Markt sind. Der Bereich der bezahlten Sucheintrage ist natürlich ein sehr wichtiger.

Prof. Hess:
Okay, vielen Dank. Vielleicht Herr Speck an Sie eine Frage. Sie haben am Anfang manche Sachen sehr provokativ hinterfragt, die vielleicht ein bisschen als Selbstverständlichkeit angesehen werden. Wie würden Sie die Diskussion der letzten Minuten einschätzen? Laufen wir da wieder auf das gleiche Problem hinaus oder ist da wirklich substanziell, wie es auch von den Vertretern der Anbieter dargestellt wird, etwas anders?

Prof. Speck:
Eine Sache hat sich natürlich stark verändert. Vor ein paar Jahren hatten wir die Situation, dass beispielsweise Rakingergebnisse innerhalb der Ergebnisse gekauft werden konnten, d.h. wir hatten keine dezidierte Trennung zwischen Search Engine Results und Marketing. Da hat es bereits eine sehr positive Entwicklung gegeben. Insofern ist das mit Sicherheit begrüßenswert. Was wir natürlich auch betrachten müssen, ist, dass es eine sehr junge Technologie ist, zumindest denke ich das. Da wird sich noch eine ganze Menge ändern. Da wird sich noch eine ganze Menge ändern. Da wird noch eine ganze Menge passieren. Das wird wahrscheinlich auch mit verstärktem Einfluss von gesellschaftlichen, politischen oder sozialen Faktoren in irgendeiner Art und Weise zusammenhängen. Als Beispiel, wo das zum Teil kritisch ist, tippen Sie einfach eine Suche nach Troja als fiktives Beispiel ein. Ein gebildeter Mitteleuropäer wird da erwarten, dass ein Objekt oder ein Themenkomplex in irgendeiner Art und Weise zumindest zur Debatte steht, der auf eine mehrtausendjährige Historie zurückweisen kann. Wenn Sie das tun, werden Sie in den meisten Search Engines allerdings völlig andere Ergebnisse finden, d.h. auch da stellen wir fest, dass es noch ein paar Sachen gibt, an denen wir arbeiten müssen.

Prof. Hess:
Vielen Dank. Wir kommen zu einem zweiten Gebiet, den Wertschöpfungsketten. Herr Heise, Sie hatten das im Business to Business Bereich schon sehr dezidiert gezeigt, auch wie man die Integration wieder zurückführen kann. Haben Sie auch eine Einschätzung, was im Consumer Bereich passiert? Ist aus Ihrer Sicht auch dort zu erwarten, dass das Integrationsthema, was sie jetzt vorgestellt haben, ebenso dominant sein wird?

Herr Heise:
Auf der einen Seite konzentrieren sich die meisten Anwender auf Suchgeschwindigkeit und lassen sich deutlich beeindrucken von den auch immer besseren, relevanteren Treffern aus dem Web. Auf der anderen Seite ist da der Business Worker, der noch mehr in seinem Job unterstützt werden möchte. Bei unseren Konzernkunden geht er dafür immer mehr aus dem Intranet heraus und will zusätzlich fachrelevante Quellen, wie z.B. von Gartner & Co. Man will ein einziges Web-Interface alle internen und externen Inhalte erreichen und dann gleich den Durchgriff bekommen ohne sich vorher registrieren zu müssen. Der User erwartet dabei nicht Werbung, ganz im Gegenteil: Er erwartet hochwertigen Content und keinerlei Ablenkungen.

Prof. Hess:
Vielen Dank. Das war also der zweite Komplex zu den Geschäftsmodellen. Eine zusätzliche Frage, bevor wir mit Ihnen in Diskussion kommen, bezieht sich noch auf die Rahmenbedingungen. Herr Speck, Sie hatten es angesprochen. Braucht man letztlich auch eine Regulierung dieses Bereichs der Medienbranche, die man in anderen klassischen Medien schon hat? Können Sie darauf noch einmal kurz eingehen?

Prof. Speck:
Ich persönlich habe Probleme mit einer derartigen Regulierung, weil die Gefahr natürlich darin besteht, dass wir dann irgendwann vielleicht das chinesische Modell bekommen, was das andere Extrem ist und wir mit Sicherheit auch nicht wollen. Die Lösung wird meiner Meinung nach nur darin bestehen können, dass wir eine intensivere Auseinandersetzung mit der Technologie und Gesellschaft haben, um das banal darzustellen. Wir haben bis jetzt keine Search Engine, die am Algorithmus ihre Rankingkriterien transparent darstellt. Es gibt dazu kaum entsprechende wissenschaftliche Publikationen usw., d.h. wir arbeiten mit Marktführern, wir arbeiten an Monopolstrukturen, die einen Großteil unserer Infrawissensgesellschaft bestimmen, die ihre Kriterien nicht transparent darlegen. Das muss sich ändern.

Prof. Hess:
Okay. Gibt es noch andere Einschätzungen zum Thema Regulierung auf dem Panel? Herr Gläser?

Herr Gläser:
Nur generell dazu: Letztlich sollte immer der User entscheiden, was er bekommen möchte und was nicht. Und das wird er auch tun. Ich kann nur unterstreichen, was Herr Professor Speck sagte. Wir sollten alle Anfänge einer möglichen Zensur von vornherein verhindern. Das ist ein wichtiges Thema, das man bei allem nie vergessen darf. Es geht bei allem allein darum, relevante Inhalte zu liefern. Der User wird es dem Anbieter danken.

Prof. Hess:
Also ein klares Statement gegen die klassische Regulierung in diesem neuen Feld, wie wir sie in vielen Medienbereichen bisher haben. Auch das ist ein Punkt für die Diskussion. Ich möchte die Diskussion gern erweitern. Wir haben unsere Knackpunkte zu den Geschäftsmodellen schon angesprochen. Ich lade Sie sehr herzlich ein, Ihre Fragen oder auch Anmerkungen zu den Präsentationen hier mit einzubringen.

N.N.:
Ich saß gerade hier drinnen und hatte ein Deja vú mit der Mobilfunkbranche. Es ging jetzt genau um diese Bedürfnisse, dieses Clustern von Diensten und eigentlich auch um eine Tagesverlaufslinie. Auch wenn wir den Nutzer nehmen, Sales Force hieß sie damals beim Mobilfunk. Ich kann Ihnen nur sagen, der Mobilfunk hat alle Flops schon einmal durchlaufen, die Sie vermeiden können, wenn Sie daraus lernen können, wollen, sollen. Nur dann lassen Sie das Thema Bedürfnisse kein Lippenbekenntnis sein, denn der Nutzer ist weitaus intelligenter und wird es einfach nicht tun, wie Sie schon sagen. Nur genau diese Innovationen, ob es in der Tasche oder im Laptop ist, ist die Mobilfunkbranche m. E. einfach schon zwei Jahre voraus und hat sich auch ziemlich die Finger verbrannt, in einige Bereichen sogar ein bisschen weit. Sie können sich da eine Menge abgucken, zumindest vom Innovationsgrad

und was dann die Umsetzung angeht, vielleicht an der einen oder anderen Stelle doch anders umsetzen.

Frau Waehlert:
Es ist richtig, was Sie sagen. Wir bei T-Online betrachten auch Benchmarkings und Unternehmenszweige, die dort schon weiter sind. Herr Gläser hat zutreffend auf den Punkt gebracht, dass der Kunde und die Nutzungszahlen entscheiden. Die Entwicklung der Suchtechnologien in den letzten sieben, acht Jahren ist schon frappierend. Dies gilt ebenso für die Möglichkeiten, Suchergebnisse darzustellen. Die Nutzung von Suchmaschinen ist deshalb so hoch, weil für den Nutzer tatsächlich relevante Suchergebnisse angezeigt werden. Deshalb wenden wir alle, wie wir hier sitzen, tagtäglich Suchmaschinen aus Überzeugung an und sind auch immer verblüfft, was Suchmaschinen mittlerweile zu leisten vermögen. Ich denke, dass wir dem richtigen Weg sind. In der Tat, man sollte immer über den Zaun schauen und gucken, wo bereits Fehlentwicklungen gelaufen sind. So können wir es vermeiden, uns mit dem Thema Suche in die falsche Richtung zu bewegen.

Herr Gläser:
Ich kann das nur unterstreichen. Wir kommen immer wieder auf den Punkt zurück: Der User, der Nutzer wird es entscheiden. Wenn Sie sich die Qualität von Suchmaschinen und deren Ergebnisse heute im Vergleich zu den vergangenen Jahren anschauen, ist es nahezu erschreckend, was wir noch vor vier oder fünf Jahren im Markt gesehen haben. Sie haben über Intelligenz von Suchmaschinen gesprochen. Es ist ein gigantischer Schritt nach vorne, wenn Sie schauen, was wir heute tun und wie wir es tun. Wir bieten dem Nutzer Suchergebnisse und Informationen an, die als relevant erachtet werden. Sonst würden die nämlich nicht wieder kommen und Suchmaschinen nicht in dem Maße das Eingangstor zum Internet bilden, wie es heute der Fall ist. Diese Entwicklung wäre mit Informationen, die nicht dem Bedürfnis der User entsprechen, nicht möglich gewesen. Oder denken Sie darüber nach, wie Sie vor vier oder fünf Jahren gesucht und gefunden haben. Vergleichen Sie das mit der hohen Qualität von heute. Es hat schon längst ein Quantensprung stattgefunden und ich denke, die grossen Anbieter arbeiten bereits allesamt an den nächsten Sprüngen.

Prof. Hess:
Also, hier breites Vertrauen in die Entwicklung. Hier noch ein Kommentar.

Herr Heise:
Ich bin ja kein Vertreter von Yahoo oder T-Online, aber ich glaube auch, dass im Inhaltebereich ´Web´ mit seinen 10, 20 Milliarden Seiten Vieles getan worden ist. Ich bin selbst zufriedener User verschiedener Suchmaschinen. Trotzdem sind Interessen spürbar, die nicht bloß aus dem Consumer-Bereich kommen. Für eine Businessworker-Sicht muss etwas getan werden. Hier erkenne ich bei vielen Internetangeboten noch nicht so richtig die klare Strategie. Da wird noch gerne einfach die

bestehende Suchmaschine erweitert, wohl wissend, dass dies immer eine gewisse Begrenzung hat, wie vorhin gerade dargestellt. Da erkenne ich nur punktuelle Verbesserungen.

Prof. Hess:
Vielen Dank. Herr Eberspächer bitte:

Prof. Eberspächer, TU München:
Eine Frage an Herrn Gläser. Der Geist oder vielleicht besser der Dämon Google schwebt im Raum, und wenn man die Zahlen gesehen hat... auch fiel ja heute das Wort Monopol schon mehrere Male. Ich muss den Zuhörern sagen, dass wir natürlich versucht haben, jemand von Google, also Ihren Konkurrenten, ebenfalls einzuladen Es ist uns nicht gelungen. Jetzt haben Sie, Herr Gläser, die Möglichkeit, vielleicht ein Statement abzugeben zu der Frage: Haben wir es nun mit einem drohenden Monopol zu tun? Welche geschäftliche Bedeutung hat denn das für Sie, dass alle sagen, es ist eigentlich nur noch einer da. Oder sind die Zahlen vielleicht doch nur ein Teil der Wahrheit?

Herr Gläser:
Herr Eberspächer, diese Zahlen kommentieren wir nicht. Wir bei Yahoo! äußern uns generell nicht zu unseren Wettbewerbern. Das Entscheidende für unsere tägliche Arbeit ist doch: Wie können wir unsere Produkte für die Nutzer optimieren? Und wie können wir neue Nutzer dazu gewinnen und bei uns halten? Das ist für Yahoo! anhand des 4-Säulen-Modells ein netzwerkübergreifendes Thema. Wir haben in Deutschland im Jahr 2005 eine sensationelle Entwicklung genommen. Wir sind deutlich schneller gewachsen als der Markt im Bereich der Internetportale und wir haben auch bei der Suche ein rasantes Wachstum gesehen. Für uns ist entscheidend, wie wir in der Lage sind, wirklich Werte zu schaffen und Usern relevante Inhalte zu bieten. Wenn wir uns da die Entwicklung ansehen, insbesondere Ende 2004 und das ganze Jahr 2005, kann ich nur sagen, dass wir fantastisch positioniert sind und einen tollen Sprung nach vorn gemacht haben. Gleichzeitig ist es aber unbestritten, dass wir noch weiter möchten: Wir haben bereits an anderer Stelle gesagt, dass kein anderes Unternehmen in Deutschland im Jahr 2005 so innovativ war wie Yahoo!. Und wir werden unseren Nutzern auch im Jahr 2006 eine Fülle von neuen Produkten bieten, von denen wir glauben, dass sie auf den deutschen Markt zugeschnitten sind und von deutschen Nutzern auch angenommen werden. Da sprechen die Zahlen aus dem vergangenen Jahr für uns.

Prof. Hess:
Vielen Dank. Herr Picot war der nächste.

Prof. Picot:
Ich möchte das Thema Geschäftsmodelle ansprechen, dass hier im Mittelpunkt steht. Wir können beobachten, dass in letzter Zeit die verschiedenen Such- und Por-

talanbieter zunehmend Dienste in ihrem Umfeld ansiedeln, und zwar für den Nutzer unentgeltliche Dienste, die von anderen traditionellen Unternehmen bisher eher entgeltlich angeboten wurden. Ich denke z.B. an Telefondienste, an bestimmte Navigationsdienste, aber auch an Kleinanzeigen u. ä. Das muss ja irgendwie finanziert werden, zurzeit offensichtlich durch Anzeigen oder Werbeerlöse. Ich möchte Sie fragen, wie weit kann das gehen, wie nachhaltig wird das sein oder sind das nur vorübergehende Phänomene, die dann doch hinterher wieder zu entgeltlichen Diensten führen werden. Diese Entwicklungen, die ja aus Sicht des Konsumenten sehr interessant sind, haben möglicherweise doch nachhaltig Effekte in den betroffenen Branchen. Glauben Sie, dass auf lange Sicht solche Zusatzdienste in dieser Form weiter gebündelt angeboten werden und durch entsprechende Werbeerlöse gegenfinanziert werden? Oder denken Sie an andere Erlösmodelle, die das ersetzen sollen?

Herr Gläser:
In der Grafik wurde bereits deutlich, dass es letztlich ein Mix von Services ist, die wir unserem User anbieten. Wir bieten Dienste an, die eine Registrierung aus unterschiedlichen – auch rechtlichen – Gründen erfordern, zum Beispiel ein Mailprodukt, ein Kommunikationsprodukt, ein Messangerprodukt. Das sind Produkte, die die neuen Kommunikationsmöglichkeiten und auch die neuen Kommunikationsgepflogenheiten widerspiegeln. Darüber hinaus sind dies sicherlich Produkte, die eminent wichtig sind für einen Portalanbieter wie wir das sind. Es ist meine feste Überzeugung, dass sich diese Produkte auch langfristig in unserer Kommunikation verankern werden. Es gibt andere Produkte, die sich in dieser noch relativ jungen Branche sehr stürmisch entwickeln. Und wir gehen fest davon aus, dass das auch weiterhin der Fall ist. Aber dieser Internetportalmarkt und der Suchmarkt wachsen so rasant schnell und vertikalisieren sich sehr schnell. Dabei haben wir noch gar nicht darüber gesprochen, dass Suche in großem Maße in den Bereichen Bildersuche stattfindet. Ebenso die Videosuche. Hier wirkt sich besonders der steigende Anteil an Breitbandnutzern in Deutschland aus. Parallel steigt ebenso die Anzahl der Dienste, die eine größere Bandbreite erfordern. In diesem Bereich sind sicherlich noch Erfahrungen zu machen und Erfahrungswerte zu sammeln. Aber wo wir über Kommunikationstools und Transaktionen reden, wo Sie über das Internet etwas kaufen oder verkaufen möchten – all das wird zunehmend ein fester Bestandteil unseres täglichen Lebens. Davon bin ich überzeugt. Beim Kommunizieren, Besorgen und Verkaufen von Gütern ist es schon jetzt ein Business. Künftig wird es noch weiter stark steigen und eine große Zukunft haben.

Bei anderen Diensten muss man schauen, wie sie angenommen werden. Datingdienste im Internet sind beispielsweise derzeit ein rasant wachsendes Business, doch müssen wir erst abwarten, wie sich das langfristig entwickelt. Es ist natürlich eine Margenfrage für einen Anbieter, der Business im Internet macht. Da rechnet man im Unterschied zurzeit um 1999/2000/2001 natürlich in ARPU (Average Revenue Per User). Unter dem Strich gibt es bereits Bereiche, die weiter wachsen werden und die klar zum modernen, neuen Kommunizieren, Kaufen und Verkaufen dazu gehören.

Und es gibt andere Bereiche, die jetzt entstehen und bei denen man erst schauen muss, wie sie sich entwickeln.

Prof. Speck:
Ein ganz kurzer Komment auf diese Frage. Es gibt einen Aspekt, der dabei auch nicht zu vernachlässigen ist. Je mehr derartige Tools sich anbieten, je detaillierter ihr entsprechendes Nutzerprofil ist, was sie von dem einzelnen Nutzer zur Verfügung haben, bei einzelnen Suchmaschinenanbietern bis zum Jahr 2038 vorsorglich abgespeichert, umso höher bzw. umso spezialisierter ist natürlich auch die Art und Weise des Marketings, die Sie anbieten können, umso höher ist natürlich auch der entsprechende Gewinn für den jeweiligen zugeschnittenen Marketingbereich. Das ist z. T. in Zehnerpotenzen; das ist nicht ganz zu unterschätzen. Ich kenne die Zahlen natürlich nicht so genau.

Herr Gläser:
Das wird immer so pauschal in den Raum geworfen. Da werden Nutzerprofile gespeichert, und dann machen die irgendwelche Marketingmaßnahmen, die der User vielleicht gar nicht will. Das entscheidende ist auch hier, dass es nur dann passiert, wenn Nutzer auch tatsächlich ihre Einwilligung dazu geben und wenn sie tatsächlich möchten, dass diese Daten gespeichert werden. Ich habe diese Diskussion sehr häufig geführt. Gerade bei Yahoo! ist die Sensibilität um diese Problematik ausgesprochen ausgeprägt. Wir fühlen uns als Advokat der Bedürfnisse und auch des Sicherheitsempfindens unseres Users. Wären wir das nicht, hätten wir kein Vertrauen oder könnten keins gewinnen. Wer möchte, dass sein Profil gespeichert wird, der macht das in guter Absicht. Wenn wir diese Informationen nutzen, werden uns diese Nutzer mitteilen, ob wir einen guten Job machen oder nicht. Wenn wir ihn nicht machen, kommt er nicht wieder und das kann wohl kaum unser Ziel sein.

Frau Waehlert:
Herr Prof. Picot, ich wollte noch kurz auf Ihre Frage hinsichtlich zukünftiger Geschäftsmodelle eingehen. Wir sind bei weitem noch nicht am Ende angelangt, sondern erst am Anfang dessen, was sich noch rund um das Thema Suche entwickeln kann. In Zukunft erwarten wir noch weitere gravierende Veränderungen in der Suchmaschinentechnologie: Wenn wir uns die Entwicklung der Suchmaschinen in anderen Ländern anschauen, bekommen wir eine Vorstellung davon, wie Suche künftig aussehen kann. Langfristig kann ich mir beispielsweise eine engere Verzahnung der Suche direkt mit den Warenwirtschaftssystemen eines Retailers vorstellen – dadurch bekommt man nicht nur Informationen über Preis und Sortiment, sondern auch über die tatsächliche Verfügbarkeit. Auch eine Verbindung zu Routenplanern ist denkbar: Der Kunde findet im Internet das Produkt, lokalisiert den Händler in seiner Nähe, z. B. über Google Earth. Er kann dann mittels Zugriff auf das Warenlager die aktuelle Verfügbarkeit ersehen und sich direkt den Weg zum nächsten Laden zeigen lassen, wo er sich das Produkt anschauen und sofort kaufen kann.

Dies bietet meines Erachtens einen guten Ausblick auf zukünftige, mögliche Wertschöpfungsketten und Geschäftsmodelle. So wird sich das Thema Suche auf diesem Planeten für uns alle weiter entwickeln, unabhängig davon, ob diese Weiterentwicklung durch Google oder andere Anbieter erfolgt. Der Kunde wird bereit sein, für eine sehr gute, schnelle Suche, die ihm nach seinen Bedürfnissen werthaltige Ergebnisse und Informationen liefert, zu bezahlen. Dies war vor ein paar Jahren noch nicht denkbar.

Prof. Hess:
Ganz herzlichen Dank. Ich habe noch drei Meldungen gesehen. Meine Bitte an alle, dass Sie sich zunächst kurz vorstellen, das Panel wird dann aus Zeitgründen gebündelt beantworten.

Herr Stein:
Ich habe zum Thema der neuen Geschäftsmodelle eine Frage, die vor allem Frau Waehlert und Herrn Gläser betrifft. Herr Heise hat ein Modell vorgestellt, bei dem sehr spezifisch Suchbedürfnisse in einem bestimmten Unternehmen befriedigt werden, ganz allgemein formuliert. Könnten Sie sich jetzt vorstellen, dass Sie ein Geschäft daraus machen, einen derartigen Dienst, beispielsweise für kleine und mittlere Unternehmen, auf einer verallgemeinerten, breiten Basis anzubieten? Damit würden Sie eine Virtual Private Suchmaschine anbieten (analog zu VPN, Virtual Private Network), mit all den wunderschönen Sicherungsmechanismen auch für Contents der Kunden. Könnten Sie sich so etwas vorstellen?

Prof. Hess:
Herzlichen Dank. Wir nehmen es dazu, und am Ende gibt es eine Abschlussrunde, wo jeder auf dem Panel Antworten geben kann. Hier war eine zweite Frage. Bitte sehr.

Prof. Eberle, ZDF:
Ich habe eine Frage zu den bezahlten Sucheinträgen. Herr Gläser, Sie hatten diese gelobt, weil sie die für die Suche relevanten Ergebnisse bringen. Nun kann man es vielleicht auch etwas kritisch sehen, denn die bezahlten Sucheinträge stellen ja nicht anderes dar, als dass jemand gewissermaßen die Pfade bezahlt, die dann zu ihm hinführen sollen. Wie verträgt sich das mit der Unabhängigkeit eines Portalbetreibers, dass Inhalte-Anbieter dafür bezahlen, dass sie besser aufgefunden werden? Ich habe da doch meine Bedenken. Verspielen Sie nicht in gewisser Weise das Vertrauen in Ihre Portalfunktion? Erklärt sich vielleicht so der Vertrauensverlust, der Ihnen im Eingangsreferat bescheinigt worden ist?

Prof. Hess:
Herzlichen Dank Auch das nehmen wir für die Abschlussrunde mit. Wir hatten noch eine dritte Frage. Darf ich Sie auch bitten.

Herr Wagner, Agentur A&B.face2net, Berlin
Ich wollte noch einmal offen ins Panel zu dem Monopolthema fragen. Diese Zahlen, die hier präsentiert wurden, die Fernsehanteile werden ja festgemacht anhand von Werbeumsatz oder Einschaltquoten. Die Suchmaschinenanteile, die hier präsentiert wurden, beruhen, soweit ich informiert bin, auf einem Panel von einer fünfstelligen Zahl von Websites, die ihre Logfiles zur Verfügung stellen. Dort wird geguckt, wie viele Besucher von Suchmaschinen auf diese Seite kamen, und anhand dessen kommen z.B. diese 80 % Marktanteil von Google zustande. Was ist da der Ansatz, um diese offensichtlich sehr verschieden gelagerten möglichen Monopole zu vergleichen? Es ist nicht unbedingt gesagt, ob jetzt die Suchmaschine mit der höchsten Anzahl an Suchanfragen auch die marktintensivste ist. Vielleicht waren die Leute auch einfach nur mit der ersten Suchanfrage nicht zufrieden und haben noch mal gesucht? Also, offene Frage: wie kann man dieses Thema angehen?

Prof. Hess:
Vielen Dank. Direkt angesprochen wurden, wenn ich es richtig notiert habe, Frau Waehlert und Herr Gläser. Dann werden wir noch einmal die Runde öffnen. Vielleicht starten Sie, Frau Waehlert.

Frau Waehlert:
Herr Stein, Ihre Frage bezog sich auf die Communities und auf die Social Search. Herr Gläser hat es eigentlich schon angesprochen. Er ist prädestiniert dafür, weil er diese Technologie als Search Engine mit anbietet. Sie haben Recht, das ist auf jeden Fall auch ein Thema, mit dem sich T-Online beschäftigt. Wir haben in dem Segment B2B, wie wir es nennen, eine relativ hohe Kundenzahl. Da bietet es sich auch besonders an, zielgruppenspezifische Bedürfnisse zu berücksichtigen. Auch im B2C Bereich ist dies vorstellbar, insbesondere je zielgruppenspezifischer sie die Kunden betrachten. Diese Betrachtung geht in Richtung Personalisierung, in Richtung Communities, und ist sehr gut mit dem Thema Suche zu unterstützen.

Herr Gläser:
Das Thema B2B Business ist natürlich spannend. Wir führen insbesondere mit unseren amerikanischen Kollegen intensive Gespräche und tauschen uns aus. In den USA ist das Thema schon sehr viel weiter fortgeschritten als bei uns. Doch zu Ihrer Frage, Herr Eberle, ob wir gut damit leben können, dass wir bezahlte Sucheinträge haben. Mein Standpunkt dazu: Ein bezahlter Sucheintrag ist Werbung und die wird bei uns klar und deutlich auch so gekennzeichnet. Auf einen bezahlten Sucheintrag zu klicken tut nicht weh und ist nichts anderes, als dass Sie auf einen Online-Banner klicken, den ich auch auf dem Portal ZDF.de finde. Auch da werden Sie auf die Seite eines anderen Anbieters geführt. Von daher sehe ich da den Kritikpunkt nicht. Viel wichtiger ist für uns bei dem Thema: Tut es der User wirklich? Klickt er auf die bezahlten Sucheinträge? An den Klickraten, die wir verzeichnen, können wir sagen: Er tut es. Wenn das dauerhaft der Fall ist, wird unser Gewissen

bei diesem Thema immer besser. Denn dann ist es ein klarer Indikator dafür, dass hier auch ein relevanter Inhalt geboten wird. Von daher habe ich hoffentlich Ihre Frage beantwortet.

Prof. Hess:
Vielen Dank. Jetzt haben wir noch nicht die Frage nach dem Monopol beantwortet. Vielleicht Herr Heise und Herr Speck noch einen Kommentar dazu. Herr Heise.

Herr Heise:
Ich glaube, dass ich für das Thema „Monopol" nicht der richtige bin. Aber wir unterstützen sicherlich dabei, dass sich Monopole nicht so sehr herausbilden. Bei uns dreht es sich vor allem um Angebot, Nachfrage und Bedarf. Wie bekomme ich dieses große Angebot – wir sehen es etwas weiter gefasst – mit der Nachfrage des Users „Suche" und seinem wirklichen Bedarf zusammen. Was wir bieten, ist ein weiterer Aspekt und ich glaube auch ein weiteres Geschäftsmodell, dass auch für T-Online und Yahoo interessant ist. Wir sind hier in anfänglichen Versuchen des Gesprächs, dass dort ein bisschen mehr geboten wird, z.B. für Klein- und Mittelständler, aber auch für größere Organisationen – mehr geboten wird, als bloße Linklisten auf einen Wirtschaftsdienstprovider, sondern eben eine komplette Sicht auf Wirtschaftsinformationen aller Provider.

Prof. Speck:
Zwei Aspekte noch. Es gibt einen Punkt, wo ich mir nicht so ganz sicher bin, ob ich automatisch Klickraten oder Popularität gleich setzen würde mit Qualität. Das muss meiner Meinung nach nicht ständig zutreffen, um das einmal freundlich zu bezeichnen. Den zweiten Aspekt, den wir hier haben, der dennoch relativ wichtig ist, ist ein sehr junger Industriebereich. Da wird noch eine ganze Menge passieren, gerade auch in dem Trust Auseinandersetzungsbereich, Gesellschaft, Politik. Und da erwarte ich auch noch viel mehr. Ich erwarte allerdings auch von Search Engine deutlich mehr Offenheit für derartige Themen, auch z.B. Kooperation, Forschungsgeschichten usw., als dass zum jetzigen Zeitpunkt der Fall ist.

Prof. Hess:
Ganz herzlichen Dank. Das war fast schon ein passendes Schlusswort.

Herr Heise:
Da Sie das Thema Forschungsprojekt so konkret ansprechen. Wir starten gerade eins mit der LMU zum Thema Bildersuche. Es ist ein sehr spannendes Projekt, und es ist auch für uns sehr spannend zu schauen, wie User die Relevanz von Inhalten in unserer Bildersuche bewerten. Das wollte ich nur noch anfügen.

Prof. Hess:
Es freut mich natürlich auch, dass unser Thema aus Sicht der Industrie für die Forschung relevant ist. Ganz herzlichen Dank, meine Dame und meine Herren, hier an

das Panel. Ich denke, wir haben einen guten Überblick bekommen, was heute schon an Geschäftsmodellen da ist und was mittel- bis langfristig angedacht ist. Was mich erstaunt hat ist, dass es doch einen gewissen Konsens gibt über das. Herzlichen Dank auch an das Publikum für die Fragen!

6 Die Zukunft der Suchmaschinen

6.1 Machine Vision Technology

Dr. Hartmut Neven
Neven Vision, Santa Monica, CA

Guten Tag, ich bin sehr froh, einen Vortrag über die Zukunft der Internetsuche halten zu dürfen, wobei ich ehrlich sagen muss, dass wir nicht wirklich an der Zukunft der Internetsuchen ganz allgemein arbeiten. Wir konzentrieren unsere Arbeit auf das visuell suchen. Aber ich glaube, dass visuelle Suche ein ganz wichtiger Bestandteil von zukünftigen Suchmaschinen sein wird, was ich ein bisschen im Vortrag erklären möchte. Da die Folien auf Englisch sind, möchte ich den Vortrag auch auf Englisch halten.

What is Neven Vision doing? Neven Vision is doing Machine Vision. Some people also call it Image Recognition. Essentially in the context of internet search you can think of it as follows: If today you use the Google engine or Yahoo you input in a text string and you get information back about the text string. So, what we are proposing is to do the same thing but instead of sending in text you send an image and you get information about the image content back. Now we are doing this not just for any search application even though it is applicable for many search contexts; we focus mainly for mobile phones. Why? Simply because mobile phones tend to have a camera and even more camera phones will be out there in the near future.

Fig. 1

Here I have a little bit of the basic statistics (Fig. 1). I think most of you are very familiar with this phenomenon. Basically we are staring at a phenomenon where in a few years about a billion camera phones will be in the market. Today it is about 350 Million camera phones. To say it a little bit harshly this means that every human being of economic relevance will have a camera phone in the pocket. For someone working in image recognition this is a beautiful situation. You have something like a small PC with an attached camera and internet connection. This is a perfect context. A huge infrastructure investment has been made to enable visual search as an important new service. I am going to explain some sub-services that I enabled.

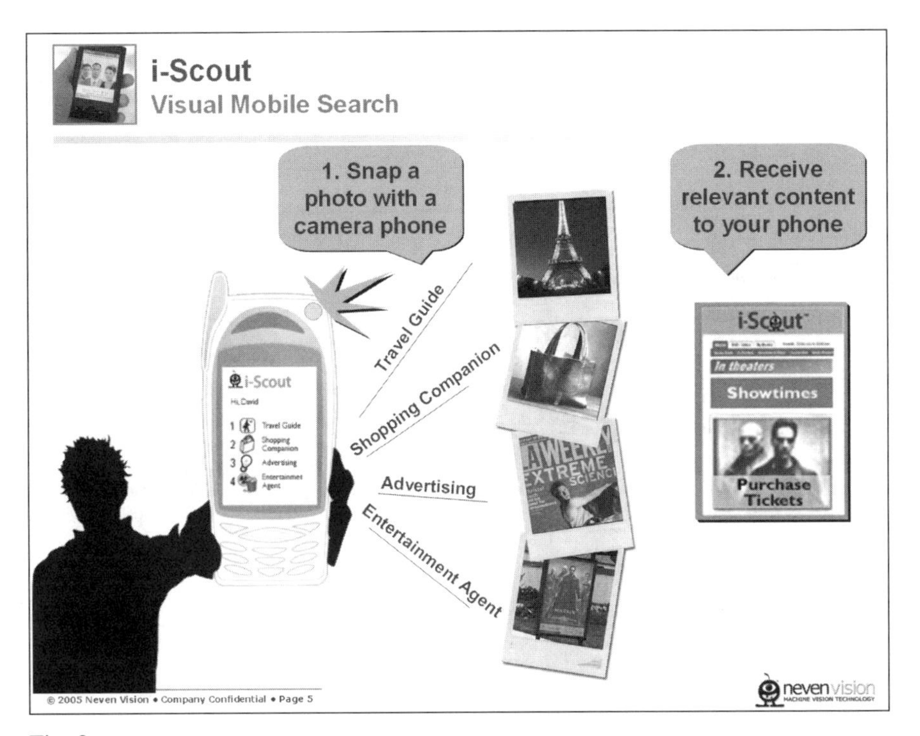

Fig. 2

First, I will start with our i-Scout Product (Fig. 2). Here you have a nice graphic that shows the basic idea. Assume you see something that might interest you. This could be a product you might want to buy, a tourist site you see while traveling, some advertising in a magazine or on a poster at the bus stand. One click with your camera phone to transmit the image of the object of interest to our servers and immediately you will obtain information about this object. Here you see a little bit of the infrastructures behind it. Assume you come by a movie billboard and you wonder: "Shall I see this movie? Is it a good movie?" You might want to see a preview. You might want to read some reviews. You might want to buy the ticket for the movie. You might want to know where it plays. All these options are offered to you after a single snapshot with your camera phone.

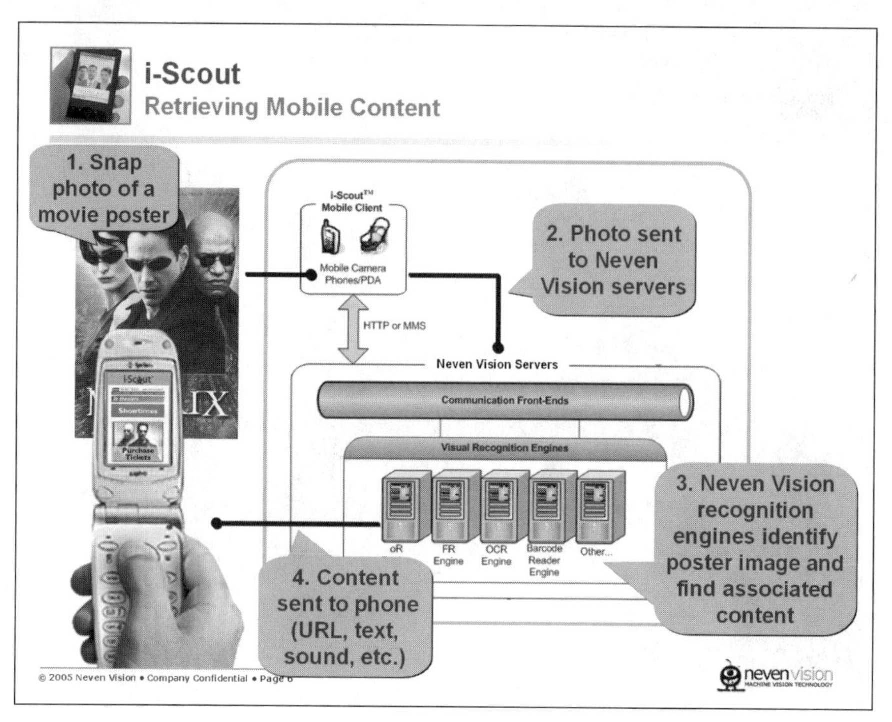

Fig. 3

To accomplish this you take your camera phone; take a snapshot which is sent to our servers (Fig. 3). The recognition servers consist of multiple expert engines because there are many different types of image contents you might encounter. We have one engine we call the general object recognition engine. It is essentially an engine which recognizes textured objects. We have another engine which is a face recognition engine and is specialized in recognizing faces. Then we have a text recognition engine, because sometimes you simply might want to read what you see in front of you. Last but not least there are bar code readers. The later is useful in certain applications such as comparison shopping. That is because today image recognition is not yet capable of discriminating; say 100 handbags or pairs of jeans that all look more or less the same. So in order to find out what the same handbag would cost at Ebay, the best idea is to go for the bar code. In summary we have multiple recognition engines that will analyze the image that comes in and then return information accordingly.

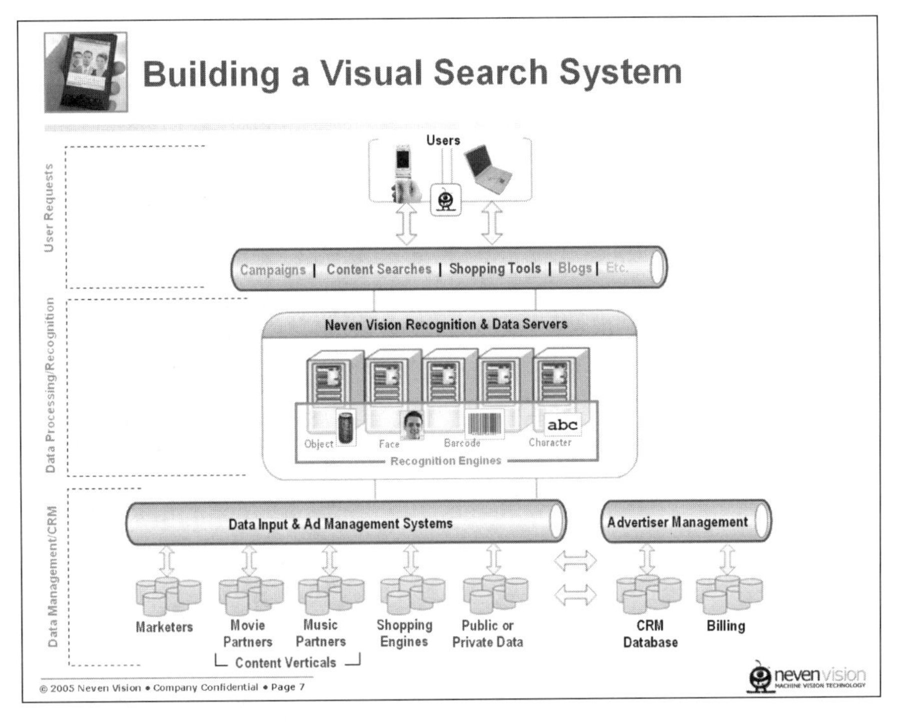

Fig. 4

Here is one more detailed drawing (Fig. 4). We see again the suite of the four main recognition engines: objects, face, bar code and character recognition. We believe those are the sub-engines that you need to manage different services that a visual recognition system should support.

i-Scout Value Proposition
for Mobile Marketing

- Branding and direct marketing with performance feedback
  - Connect to customer at moment of interest and create lasting connection
  - Rich, multi-channel, highly interactive, repeated/reinforcing impressions
  - Customer action to initiate
  - Get tracking data, marketing feedback
- Fun, active, and highly convenient experience for consumers
- Higher click rates than in comparable SMS campaigns

© 2005 Neven Vision • Company Confidential • Page 8

Fig. 5

This is not science fiction. This is in the market today (Fig. 5). Actually our first campaign was done here in Germany with Coca Cola. I don't know who of you saw it. In several teenage magazines you had the "Coke Fridge" campaign. People would click on a Coke Fridge Logo and send it in via short Code MMS 48899. It winds up at the Neven Vision servers and what you get back is a Java-based soccer game. Right from the start we had higher click rates than with comparable SMS campaigns. This was just the first campaign of many to come.

What you will see in the future, is there will be other vendors that will get more value out of their product packaging, magazine or TV advertising. Essentially, what this does for advertisers is that it turns every product packaging into a shopping surface. In the future you will stare at your breakfast table and it becomes a little shopping mall, your Kellogg Box invites you to download a latest hits MP3. The milk bottle will invite you to download the sequel of some popular TV series. What this technology does, is it takes the battle for advertising dollars outside of the confines of the browser. It extends the possibility for clicks through advertising into the physical world around us. And I am pretty certain that many people will stare for much longer at their beer bottle or a milk bottle than at most web pages. This is just one first application for visual search: to make mobile marketing more attractive.

According to all our statistics this will blow away many other traditional forms of advertising, It is a very engaging, interactive way of inviting a consumer on an opt-in basis to get more information about a product. To complement what I just said I will show you some additional slides. The snapshot picture can be taken from many places. It can be product packaging. It can be in magazines (Fig. 6). It can be on billboards or TV.

Fig. 6

Another nice application for this kind of technology is a mobile travel guide (Fig. 7). Let's say you travel to Tokyo, you stand in front of a sushi bar. In case you don't happen to be quite fluent in Japanese I assure you there is nothing traditional search can do for you. There is no way you could input and find out whether it is a good sushi bar to go into. With visual search, images can transcend language in many ways. Simply send a picture of the storefront to the Neven Vision servers and get an English speaking reply whether it is a good sushi bar to go into.

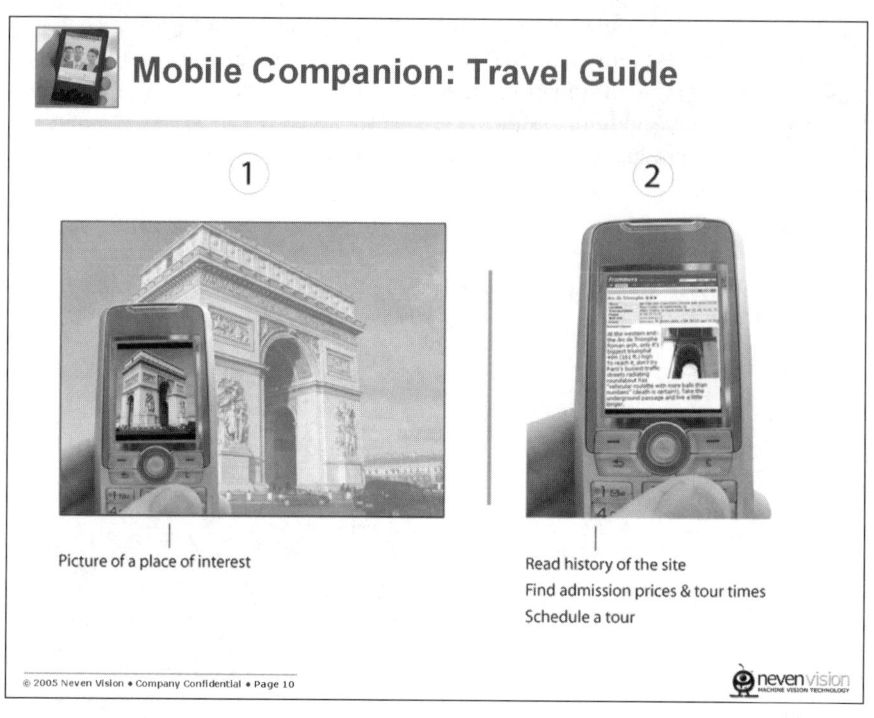

Fig. 7

Other future applications could entail things like maintenance or user manuals (Fig. 8). You can imagine many contexts where you have a complicated piece of machinery that somebody has to operate. Instead of going through a thick user manual to find out about a specific part, you simply take a picture of it and you get information about it.

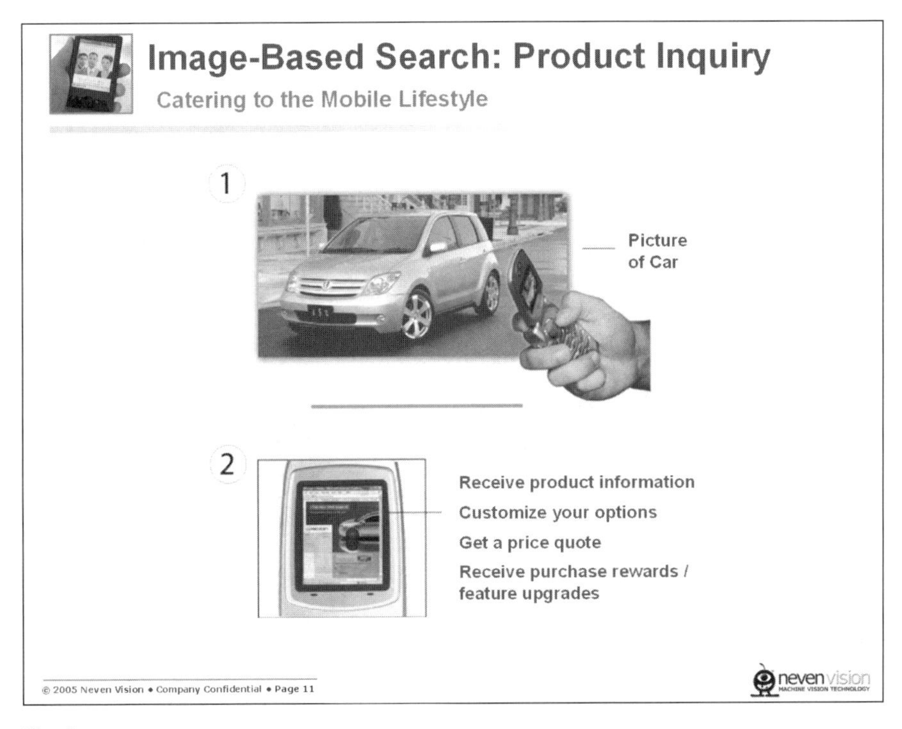

Fig. 8

i-Scout is just one first example of mobile search. Multiple carriers around the world are currently integrating this into their infrastructure and are essentially becoming the resellers for this service.

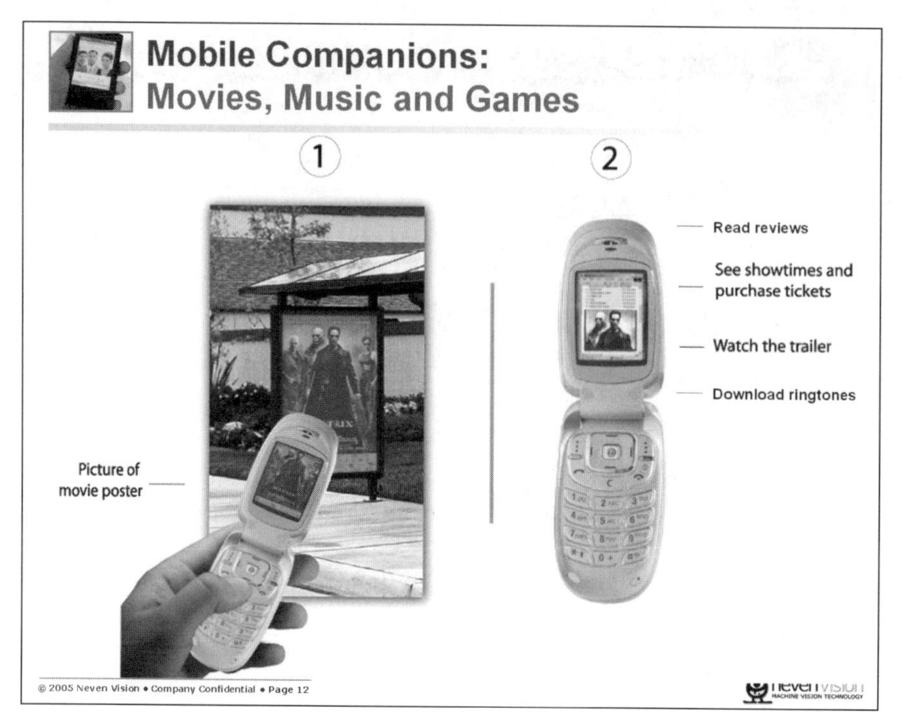

Fig. 9

The next product I want to show you we call "Mobile Identifier" (Fig. 9). Mobile Identifier realizes the specific application to take a picture of a person's face and to get information about that person. As you can imagine, first applications for this are in the security or law enforcement and defense domains. I don't know if you have seen this in the media but in the US this was a big deal. Mobile Identifier was shown on NBC and FOX news and many different channels reported about it.

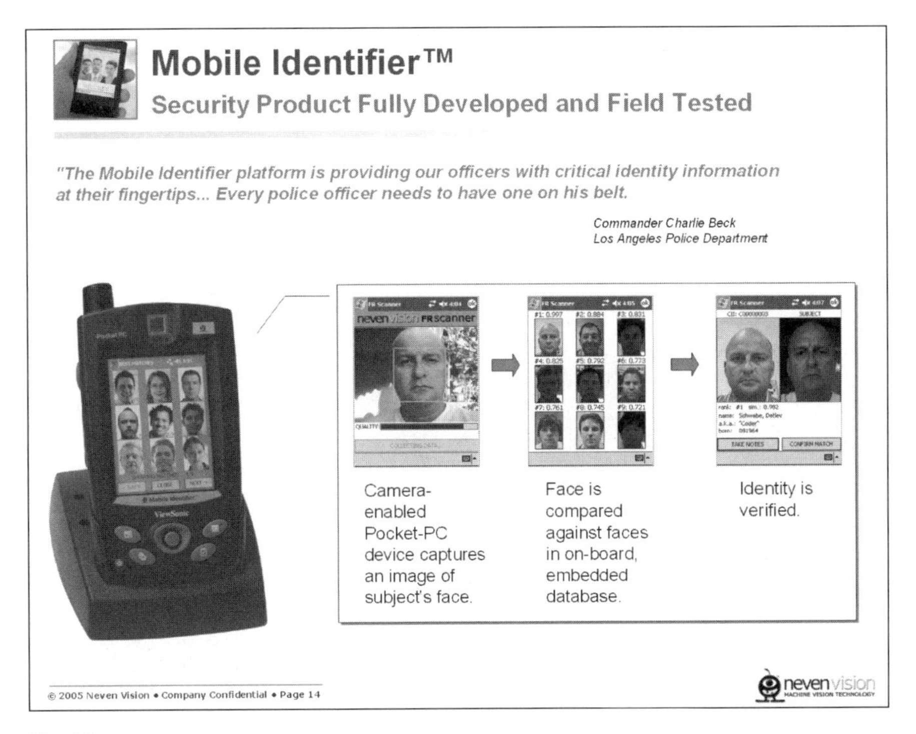

Fig. 10

Mobile Identifier is employed by Los Angeles Police Department (LAPD) today (Fig. 10). When members of the gang unit drive through neighborhoods to monitor gang activity they have a ruggedized PDA with an inbuilt camera to enable them to perform in-field identification. If they suspect a gang member they take a picture of this person, and then locally this device contains the complete LA gang data base. What happens then, you see in this figure that shows three stages. First face recognition software finds, within the LA gang data base of about 50,000 people, the best matches. Actually it gives you the nine most similar ones: nine because they nicely fit in one screen. Then you tap on it and you get a side by side image comparison. Together with the database image you get the criminal history. The database picture plus the name of the suspect will allow the officer to make a decision right there in the field whether it is the person he was looking for. The way this technology is used is important. It doesn't replace human decision making. The final decision rests with the police officer. All it does is takes a large data base and reduces it to a much smaller one that can be eyeballed in the field. The same unit has been tested in Iraq and Afghanistan as well with good success.

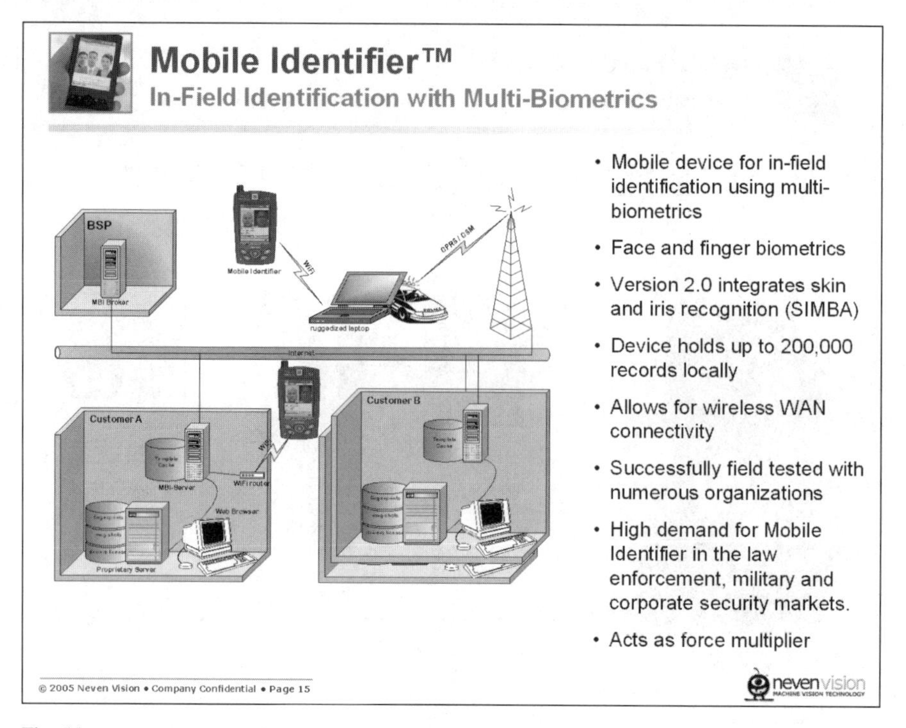

Fig. 11

For those of you who are a bit familiar with face recognition technology it is maybe important to say a few worlds how this field developed (Fig. 11). Actually, face recognition until very recently or maybe up to now had a pretty poor reputation in this sense. The technology was considered really cool if it would work but it didn't really work. This has changed over the last few years.

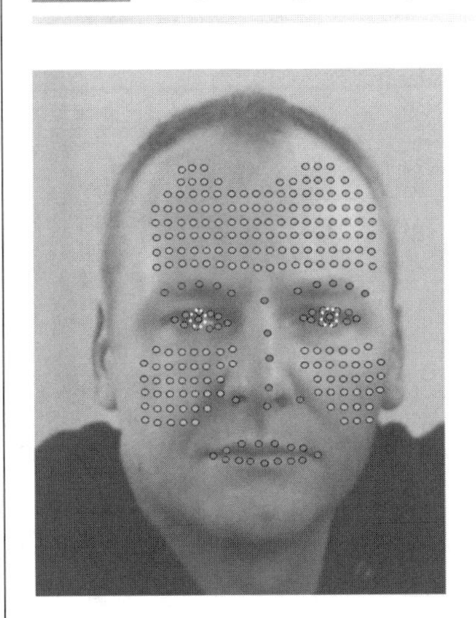

Fig. 12

Face recognition technology has drastically improved over the last two years, and not just at our company but at some of our competitors as well (Fig. 12). We have seen an increase in accuracy by a factor of ten. I will get back to this in a second.

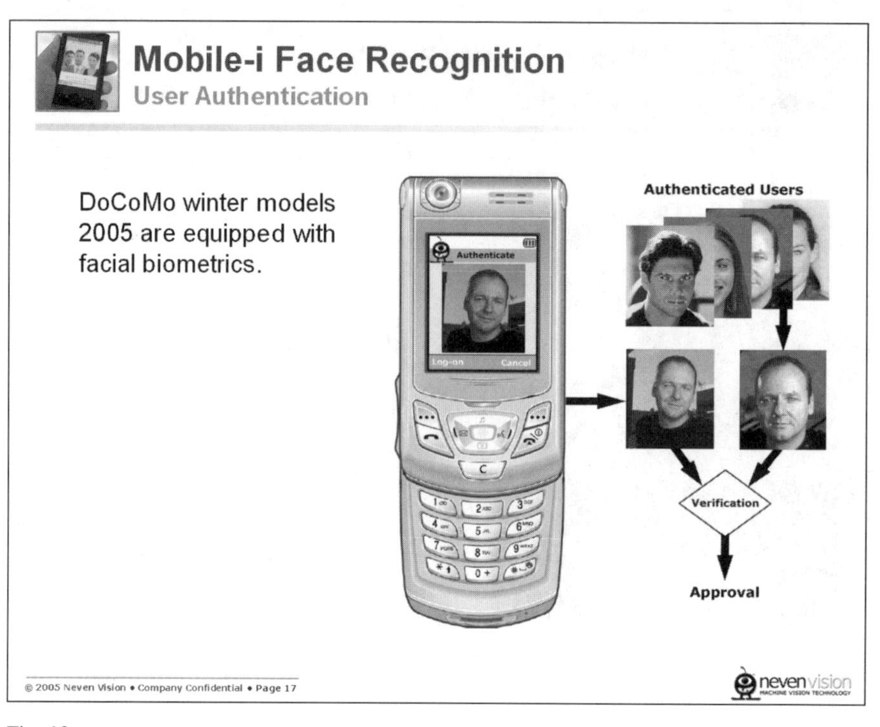

Fig. 13

I don't know who of you observed the use of facial recognition at NTT DoCoMo in Japan. I am not sure whether it is all their winter models or almost all of their winter models, but I think it is all of them. So, the DoCoMo winter models of 2005 are all equipped with facial biometrics (Fig. 13). What does the technology do? When you try to open your mailbox or if you want to get into your calendar, or most importantly if you want to invoke a payment transaction then the phone will automatically use a camera that is built-in, scan your face and make sure that you are the right owner of the phone. This is in particular important, as you might have observed, as in Japan your phone becomes more and more your credit card. It is a callable credit card. So, based on the policy of the credit card issuer you can say this is an unusual transaction. Then in these cases facial authentication will be used to make sure that indeed this is the right person. This is also a nice overall context for biometric use because in every use of biometrics there will be certain situations where it fails. For example, think of Halloween or Carnival when you might wear a mask. The best face recognition technology in the world will not help you if you just completely changed your face. But since your phone is connected to the internet, you can easily back up those few failures that are still remaining with a call centre approach. The operator will say: "Sorry, we cannot make sense out of this picture, please tell us your mother's maiden name." or whatever the policy would require.

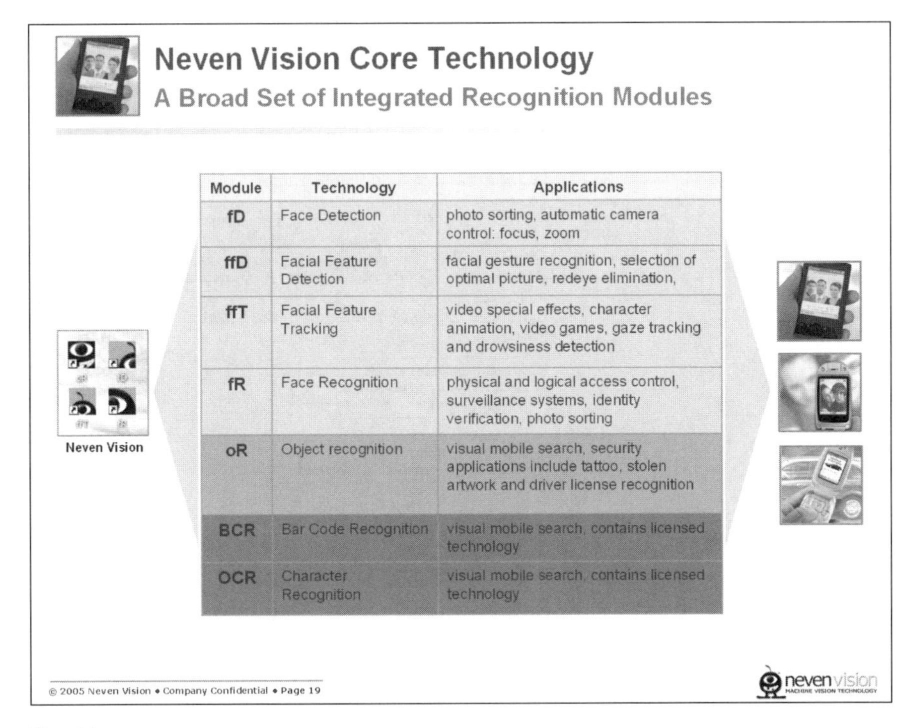

Module	Technology	Applications
fD	Face Detection	photo sorting, automatic camera control: focus, zoom
ffD	Facial Feature Detection	facial gesture recognition, selection of optimal picture, redeye elimination,
ffT	Facial Feature Tracking	video special effects, character animation, video games, gaze tracking and drowsiness detection
fR	Face Recognition	physical and logical access control, surveillance systems, identity verification, photo sorting
oR	Object recognition	visual mobile search, security applications include tattoo, stolen artwork and driver license recognition
BCR	Bar Code Recognition	visual mobile search, contains licensed technology
OCR	Character Recognition	visual mobile search, contains licensed technology

Fig. 14

The DoCoMo handsets are produced by companies such as NEC, Sharp, Sony, Panasonic, etc. So, a bunch of consumer facing companies have now made the decision that face recognition has the quality that allows it to be used for large scale roll out (Fig. 14). For our field this is a quite an exciting development. Still, face recognition is not yet in its asymptote in terms of quality. What we do today, and what is integrated in the DoCoMo handsets, is what we would call low resolution face recognition, that essentially compares your facial features. However, Samsung already half a year ago released an 8 Megapixel phone. With that resolution you can do very different things. With that resolution we can do other forms of analysis. One of them is skin texture analysis. You can think of it as fingerprinting with your face. Each of us has a very unique textured skin in our face. Little scars, birth marks, pores give a very characteristic pattern which can be analyzed and which brings down error rates. While you are at it, at 8 Megapixel you can also exploit the iris pattern which is well known as a highly accurate biometric. The phone generations that are rolling out now will allow us to combine facial feature analysis with skin texture analysis with iris analysis. And then you will have an incredibly highly accurate biometric that will allow to identify people on a population level. It will be possible to identify a person in a databases of several of million as opposed to several hundred thousand which is possible today.

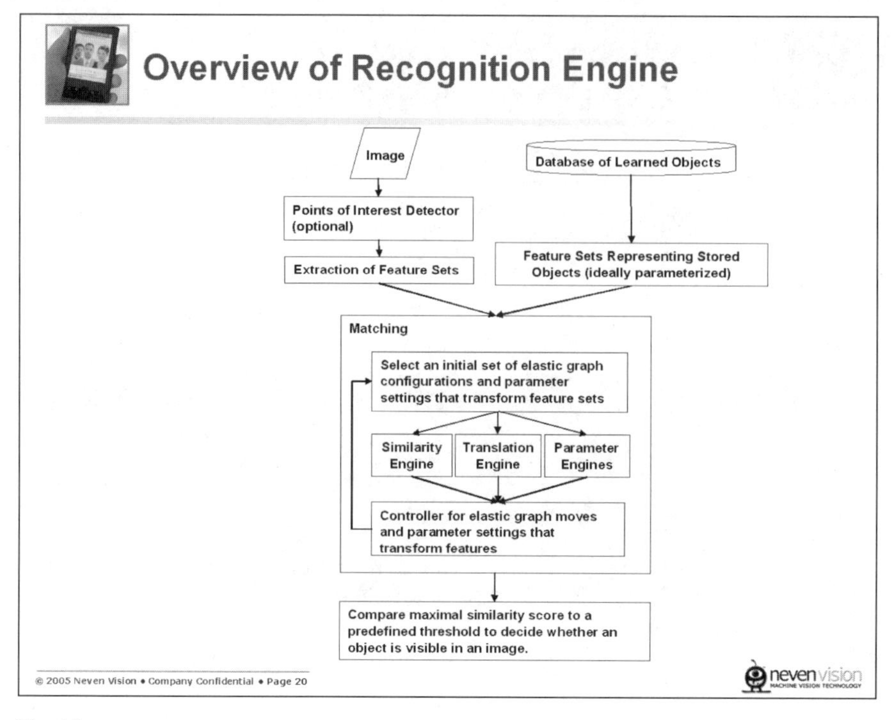

Fig. 15

How does machine vision actually work? How does one recognize the face? How would we recognize a Coca Cola logo? Of course there are many different flavors and many different approaches that have been published and worked on. But one can say that the successful approaches today share a certain number of elements. I want to talk about those. Here you have a little overview of the data flow when a facial image comes in (Fig. 15). What the software does first is to find so-called interest points. Interest points are things like little corners, sharp edges, places of high color contrast, little blobs, etc. There are certain definitions of what an interest point is but your intuition is not wrong if you think of it like the corner of your mouth, the tip of your nose. You will find in your face a set of interest points. This is the first step. At these points you will extract a set of, as we call it, feature vectors. Essentially those are a set of numbers that describe the neighborhood around the interest point. The feature vector, to stay with this technical term, describes what, for instance, the corner of a mouth or the corner of an eye actually looks like. This gives me the specifics in terms of an object description. Once that is accomplished, the third stage is a matching process. When a new picture of a face comes in, I find the interest points, I extract the facial feature vectors and then I have a second picture and I ask the question: Is this the same person now? Yes, no?. We will do exactly the same process again for the second picture. I will find the interest points again, I will extract the feature vectors and then I go through a matching process where essentially I take these two sets of feature vectors and see if I can bring them into alignment. Do they correspond to the same object? And how similar are the features I have extracted? If the similarity is higher than a certain threshold then we will say: "Okay that is probably the same person." At the top level, most successful machine vision algorithms work in a fashion similar to this. Under the hood there are huge differences but I think it is not necessary to go into those.

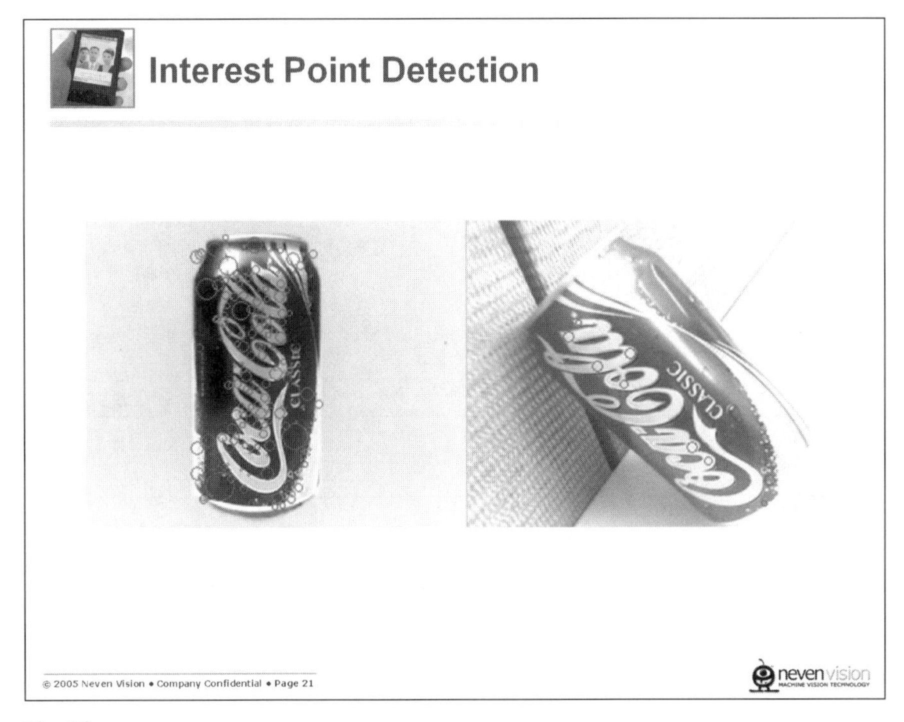

Fig. 16

I will show you a few pictures to illustrate again what I explained. Here you see a Coke can and here all these little red circles essentially constitute interest points (Fig. 16). What you also typically do, is look for interest points at different scales. There are very fine structures you are interested in and you look at very coarse structures, and you look at all these levels at the same time. Then you see the object again but in a different angle, in a different lighting. Then you will extract interest points there as well. What is shown here are those that are matching.

Choice of Features

- Multiple feature types are employed concurrently
- A corner stone feature are Gabor Wavelets
- Motivation for the use of Gabor Wavelets
  - Good experimental results
  - Favorable signal theoretic properties
    - Optimal localization in space and frequency domain
    - Amplitude is invariant under small translations
    - Phase information for precise localization
  - Biologically plausible

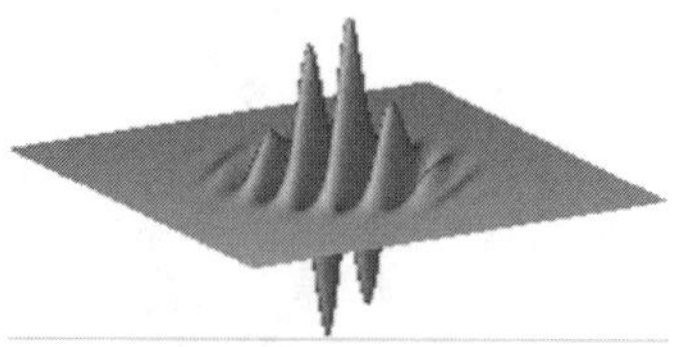

© 2005 Neven Vision • Company Confidential • Page 22

Fig. 17

Finding of Corresponding Points

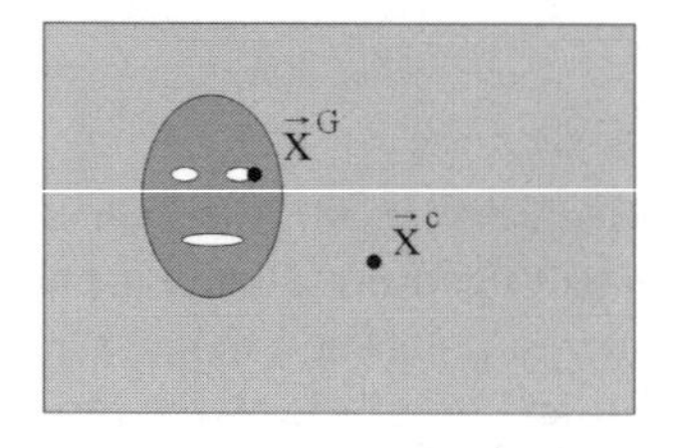

1. How similar is the feature $\vec{f}(\vec{x}^c)$ extracted at $\vec{x}^c$ to a set of sample features $\{\vec{f}^G(\vec{p}_i)\}$?
2. How different is $\vec{x}^G$ and $\vec{x}^c$?
3. Which parameters $\vec{p}$ characterize $\vec{f}(\vec{x}^c) = \vec{f}(\vec{x}^c, \vec{p})$?

Only Neven Vision employs dedicated engines to address questions 2) and 3).

© 2005 Neven Vision • Company Confidential • Page 23

Fig. 18

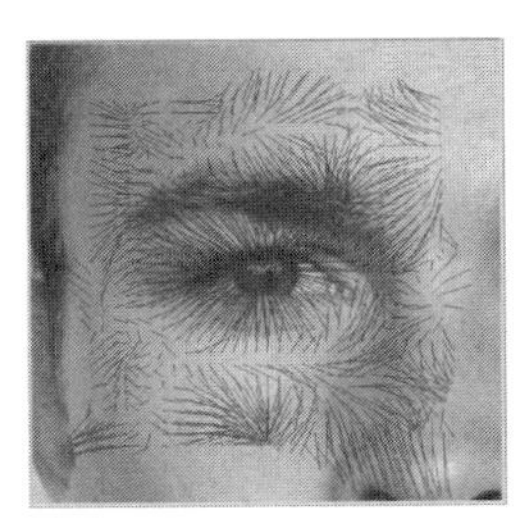

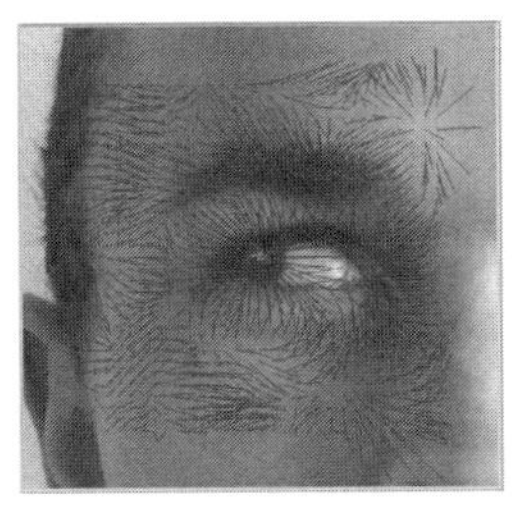

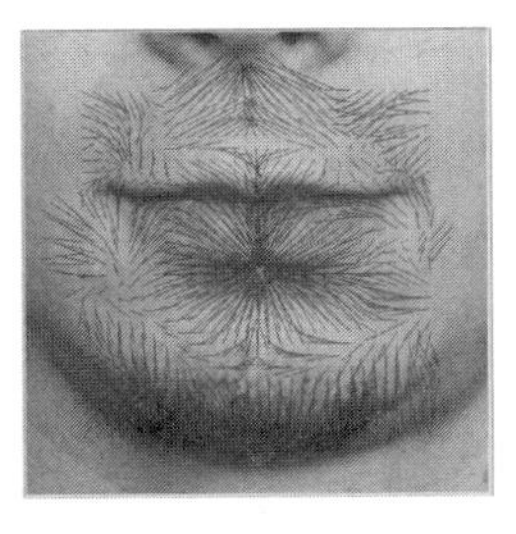

Fig. 19

This picture is illustrating the subroutine that brings feature points into alignment (Fig. 17). You have the feature points from one face, you have the feature points from another face and now we try to bring those into very precise alignment. The precision of this alignment is very important for good recognition results. You can imagine if on one side I am exactly on the corner of an eye and in the second picture I am a little bit off then I will compare apples with oranges and my recognition algorithm cannot be that good. Actually we found that you have to be at sub-pixel precision to achieve good results. This subroutine we call the translation engine (Fig. 18). This is essentially the sub-engine that makes sure that the interest points are brought into high precision alignment before looking if the feature vectors are the same or not (Fig. 19).

- Camera phones constitute a large and fast growing market.
- Image recognition forms the basis of new services that will become pervasive.
- Machine vision enables broad range of services: from identity management via visual search to entertainment applications

© 2005 Neven Vision • Company Confidential • Page 27

Fig. 20

This is the conclusion slide (Fig. 20). I hope I convinced you that camera phones constitute a large and fast growing market that is very interesting for machine vision technology to be applied to. Image recognition will form the basis of various new services from which we believe that they will become pervasive. Those services range from identity management to visual search to entertainment applications. Since we will all sooner or later have a camera phone in our pocket you will be able to see for yourselves.

6.2 Search and Find in Scientific Literature

Richard Charkin
Macmillan Ltd., London

I am wearing several hats today. The first one, and it'll be very brief, is as the chairman of the Nature Publishing Group which is Macmillan's scientific publishing arm. The second is as the president of the Publisher's Association in the UK. In that second part I might address some of the legal and moral issues that have already been raised.

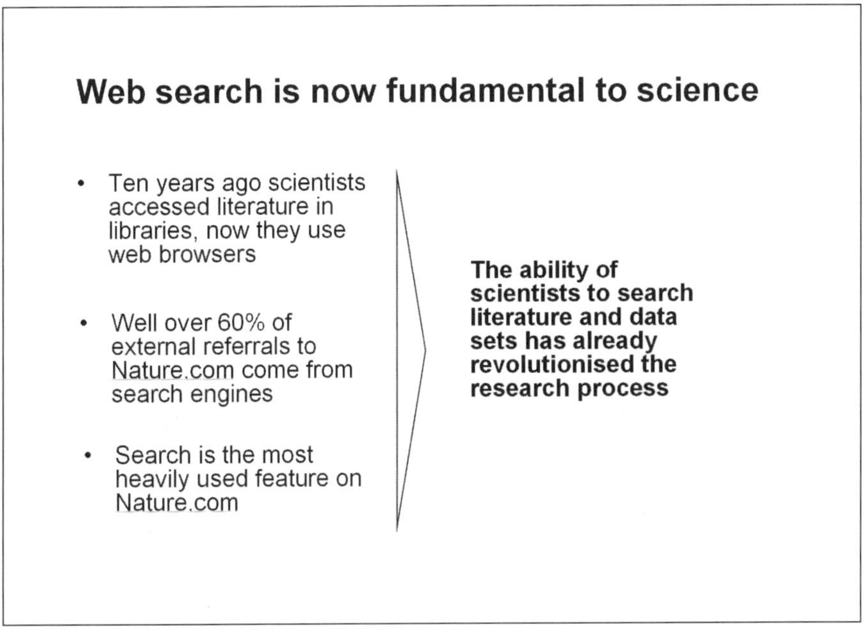

Web search is now fundamental to science

- Ten years ago scientists accessed literature in libraries, now they use web browsers
- Well over 60% of external referrals to Nature.com come from search engines
- Search is the most heavily used feature on Nature.com

The ability of scientists to search literature and data sets has already revolutionised the research process

Fig. 1

Firstly, web search is wholly fundamental to science (Fig. 1). Only ten years ago scientists accessed literature by going to the library. Now, we estimate that something like 90 % of scientific literature research is done on the web and already 60 % of referrals to www.nature.com come from search engines. Within our own web site search is by far the most heavily used feature. It goes without saying that the ability of scientists to search literature and data has revolutionised the process of scientific discovery. It has also revolutionised the grant application and grant awarding process because of the ease to checking what research has been done and the viability and popularity of any particular piece of research.

The following slides tell their own story (Fig. 2, Fig. 3).

Search is multifaceted
General web search
Comprehensiveness is the primary goal
• Google
• Yahoo!
• MSN
• Ask
Vertical search
Reduces noise with a restricted index
• PubMed/ADS
• Scopus
• CrossRef Search
• Google Scholar
• Scirus
Search
Federated search
Search many sources through one interface
• Z39.50/Zing
• OpenSearch
Social search
Implicit and dynamic, based on overlapping user interests
• Yahoo! My Web 2.0
• Rollyo/Wink
• Del.icio.us/Connotea

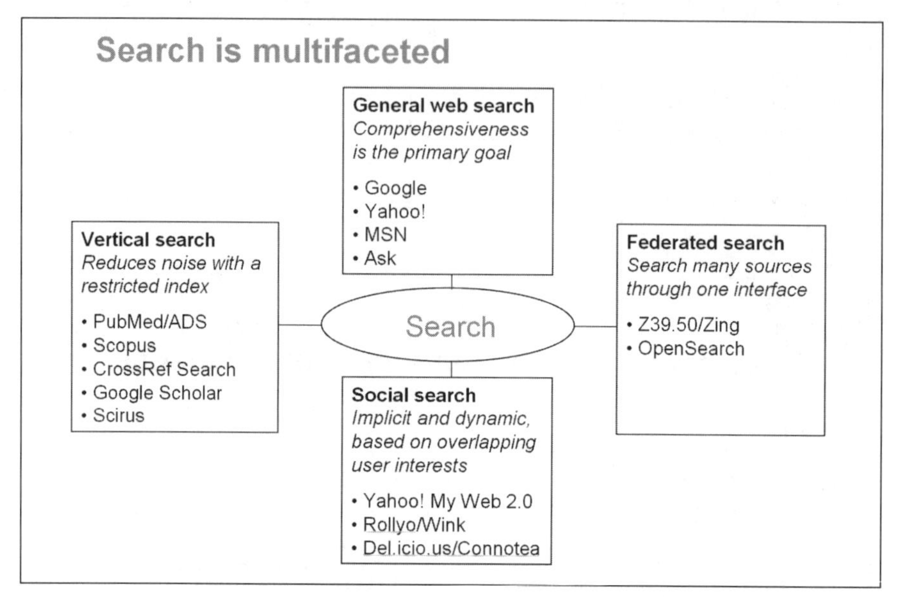

Fig. 2

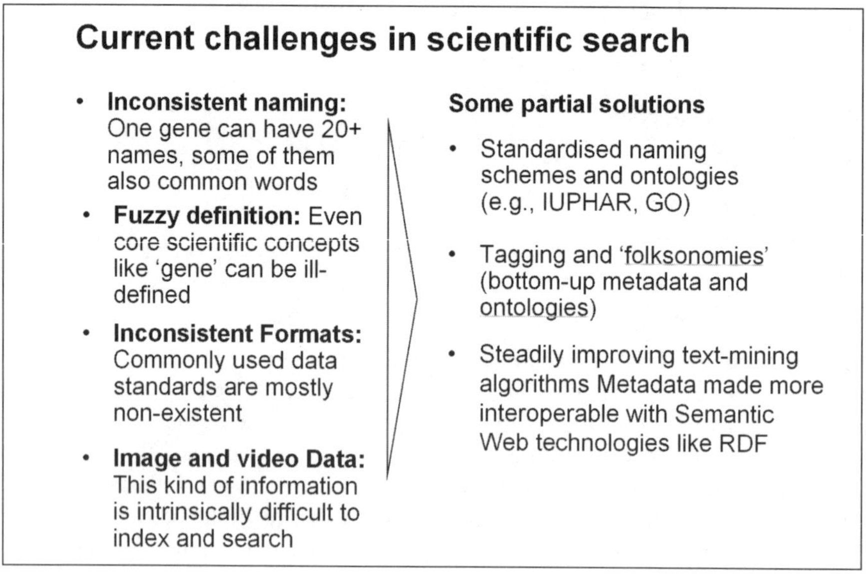

Current challenges in scientific search
• Inconsistent naming: One gene can have 20+ names, some of them also common words
• Fuzzy definition: Even core scientific concepts like 'gene' can be ill-defined
• Inconsistent Formats: Commonly used data standards are mostly non-existent
• Image and video Data: This kind of information is intrinsically difficult to index and search
Some partial solutions
• Standardised naming schemes and ontologies (e.g., IUPHAR, GO)
• Tagging and 'folksonomies' (bottom-up metadata and ontologies)
• Steadily improving text-mining algorithms Metadata made more interoperable with Semantic Web technologies like RDF

Fig. 3

Now to discuss the relationship between publishing and search engines in general and Google in particular. I think the way that the publishers have to interact with Google is similar to the quandaries facing many organisations, including governments, in dealing with new situations. Google is of the people. It is used by all of us. It is popular. It is populist. It is democratic. It is successful. It is good. We know that it will benefit humanity, and this applies not just to Google but all search engines. We know that it can extend our reach to the vast audience of readers. Traditionally publishers have had actually fairly limited markets historically because of the cost of distribution and many other issues. The cost of finding a piece of information has been so hard.

So, we need to work with search engines to bring further our objectives of allowing reader to find author and author to find reader. But there are some fundamental issues where some search engines simply do not tie up with our businesses and indeed with our code of responsibility. So, we have a number of issues (Fig. 2).

The first one which I just touch on is that content which is available on the web is in my view only as valuable as the context in which it is set, e.g. many papers, scientific research papers, can be found on the web through Google Scholar and found very effectively. It will take you to the paper as held perhaps on the author's website or in the university's website but it will not necessarily be what we call the 'real thing'. It will be a version of the real thing. It may have been changed during publishing. It won't be set in the context of other papers published at the same time. It may or may not have the same linking to other papers and data sets. However, if you just took that paper on its own it is valid. But I think we have to underscore the importance of context as well as content.

Secondly, how do we show the value of copyright to those who advocate what some people call 'copy left' or indeed open access? One of the problems of the English Language – I am not sure about German but I suspect the same – is that the word "free" has two meanings. One is 'without charge' and the other is 'without constraint'. I think publishers round the world believe in free access, everyone should have access to their material. This does not mean that you do not pay for that access. And indeed in my view paying for the access supports and stimulates creativity not the other way round.

Thirdly, how do we protect our author's moral as well as commercial rights in this new digital world? I'll give you an example of the sort of issue we face. I went to see the Society of Authors which is the British organisation representing novelists and other authors and I presented a slide saying that our first job is to ensure that author's commercial rights and moral rights are not disadvantaged by the web. What I thought was an entirely friendly statement was rejected as being 'too negative'. Now, we shall have to persuade authors of our goodwill and responsibility but they have been frightened by the cavalier attitudes of some of the search engine companies.

Finally, how do we re-engineer our business models? How do we go through this process of revolution and stay in business. One example is that in the English language there are two versions of more or less every novel, the American version and the British version. Google or Yahoo or MSN don't really worry too much about which version it finds. It'll find any version. This means that authors' rights and income are being eroded and publishers' profitability will be eroded if we lose those territorial rights. So, we have to fight for them. One group of publishers labelled search engines as 'kleptomaniacs'. I really don't want to go along with that but I do wish we could move to a situation where the publishers saw the search engines as colleagues and not as kleptomaniacs but that will require the search engines to act responsibly towards authors, copyrights and publishers.

6.3 Herausforderungen im Umfeld Enterprise Search

Hermann Friedrich
Siemens AG, München

Der Zentralbereich der Siemens AG, der die Unternehmensbereiche bei der Entwicklung und Einführung neuer Technologien unterstützt, heißt Corporate Technology. Ich leite dort das Fachzentrum Knowledge Management, das sich mit den neuesten Technologien auf den Gebieten Wissensrepräsentation, Information Retrieval, Semantic Web, Web Analysen und Application Integration beschäftigt.

In meinem Vortrag möchte ich mich auf Herausforderungen im Umfeld Enterprise Search und damit auf das interne Wissensmanagement innerhalb der Siemens AG konzentrieren. Die Internet Suche klammere ich deshalb bewusst aus.

Zum Start ein kurzer Überblick zu Siemens (Bild 1): Die Siemens AG zählt zu den weltweit größten und traditionsreichsten Firmen der Elektrotechnik und Elektronik. In rund 190 Ländern unterstützt das vor über 150 Jahren gegründete Unternehmen

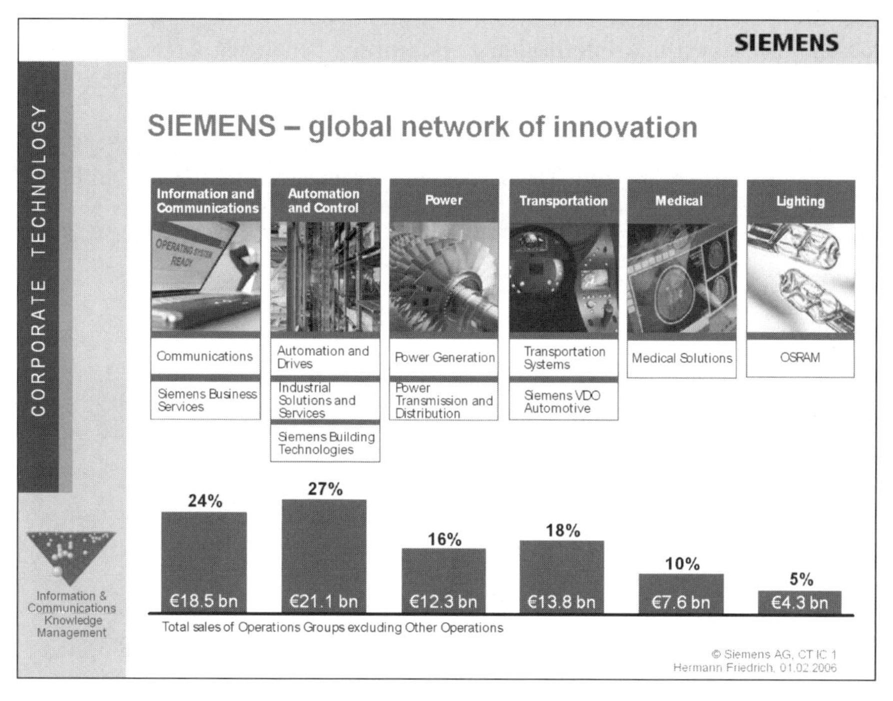

Bild 1

seine Kunden mit innovativen Techniken und umfassendem Know-how. Das Geschäftsportfolio reicht von Informations- und Kommunikationslösungen über Automatisierungssysteme, über Lösungen für Energieerzeugung und Übertragung bis hin zu Produkten und Lösungen für die Medizin, sowie für Verkehr und Transport (Bahn, Automobil-Elektronik).

Wissensmanagement spielt traditionell für diese Bereiche der Siemens AG eine große Rolle. Vor mehr als 10 Jahres begannen die ersten Initiativen bei Siemens, Wissensmanagement als wahrnehmbares Thema explizit voranzutreiben. Innerhalb eines Zeitraumes von weniger als zwei Jahren wurde Knowledge Management sowohl zentral als auch in den Bereichen organisatorisch verankert. Dies zeigt den hohen Stellenwert, der dem Knowledge Management in unserem Unternehmen zugemessen wird. Einen weiteren Schub erfährt das Thema Knowledge Management derzeit durch die Initiative „Siemens One", mit der unsere Bereiche gemeinsam auf Kunden in ausgewählten Branchen zugehen. Durch die Bündelung unserer Kompetenzen ergänzen wir die vertikale Geschäftsverantwortung der Bereiche und bringen deren Portfolio in maßgeschneiderte Gesamtlösungen für ausgewählte Branchen ein. Zum Beispiel arbeiten die unterschiedliche Siemens Bereiche zusammen bei der Lieferung von Technik für große Sportstätten, Krankenhäuser oder Flughäfen, die von der Gebäudeautomatisierung, über Brandschutz, Sicherheitssysteme, bis hin zu Kommunikationstechnologien, Steuerungssystemen oder der Anbindung an Verkehrssysteme reicht. Für derartige Projekte ist der Austausch von Wissen und Information zwischen den beteiligten Organisationseinheiten von entscheidender Bedeutung, um die vorhandenen Synergien zwischen den Bereichen zu nutzen.

Wo steht Siemens heute beim Thema Wissensmanagement und speziell bei Enterprise Search?

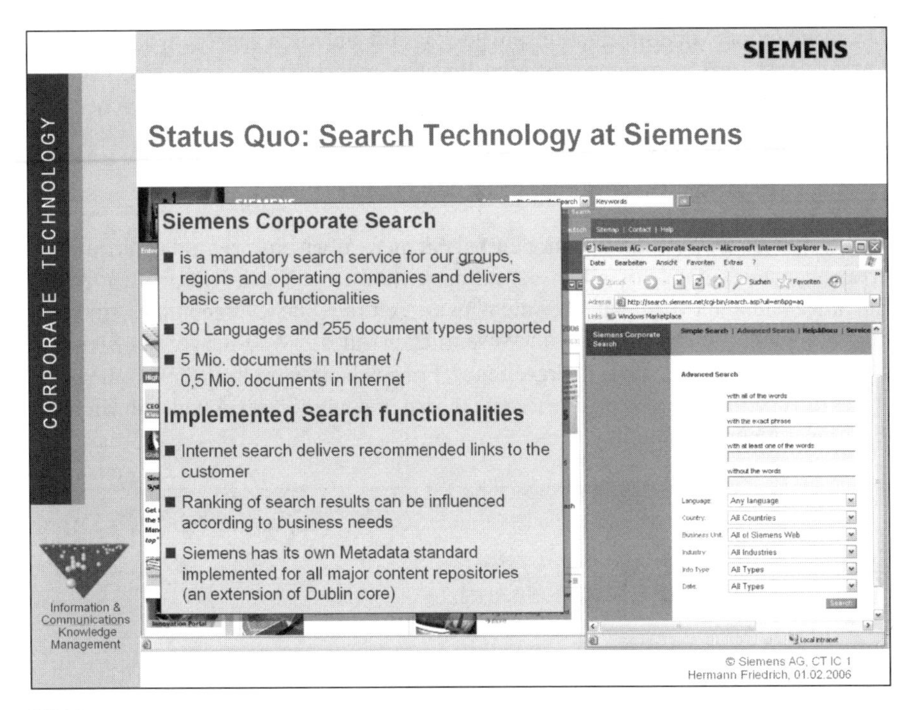

Bild 2

Eine zentrale Rolle beim Thema Wissensmanagement fällt heute dem Siemens Enterprise Portal zu (Bild 2). Es stellt den Mitarbeitern einen personalisierten und rollenbasierten Zugriff auf die für ihre Arbeit erforderlichen Informationen, Anwendungen und Dienste zur Verfügung. Auch Applikationen für Wissensmanagement und Collaboration sind darin integriert.

Wesentlicher Bestandteil ist außerdem eine Corporate Search Engine. Die erste Version entstand 1998 und basierte auf einem AltaVista-Derivat. Um den speziellen Anforderungen der Siemens AG gerecht zu werden, haben umfangreiche eigene Weiterentwicklungen stattgefunden. Heute sind im Intranet mehr als 5 Millionen Seiten indiziert. Bei der Variante für das Internet kommen weitere 700.000 Seiten dazu.

Siemens ist in 190 Ländern aktiv. Um hier die Mitarbeiter möglichst optimal zu unterstützen werden mehr als 30 verschiedene Sprachen unterstützt. 255 unterschiedliche Dokumenttypen werden über die Suche indiziert und zugreifbar gemacht. Auf Basis einer klassischen Volltextsuche kommen weitere Suchmechanismen zum Einsatz. So z.B. eine Key Word Suche oder die so genannte Guided Search. Hier wird beim Ranking berücksichtigt, von welcher Seite aus man die Suche angestoßen hat. Anhand des Kontextes erfolgt die Gewichtung der Suchresultate.

Die Annotation von Informationsobjekte basiert auf dem Dublin Core Schema. Dieses wurde um Siemens spezifische Beschreibungselemente erweitert. Dadurch ist es z.B. möglich, zu definieren, auf welches Geschäftsfeld oder auf welches Produkt sich eine bestimmte Information bezieht.

Kommen wir zu den Herausforderungen der Zukunft:

Heute sind noch viele Informationen bei Siemens über eine zentrale Suche nicht erreichbar. Dies liegt vor allem daran, dass viele Repositories zwar über eigene Suchmechanismen verfügen, aber nicht an die zentrale Suche angebunden sind. Die zentrale Suche beschränkt sich im Wesentlichen auf die Web-Server bei Siemens. Da der Bedarf steigt, auch übergreifende Fragen beantwortet zu bekommen und dabei in verschiedenen Repositories zu stöbern, gewinnt dieser Aspekt für Siemens eine zunehmende Bedeutung.

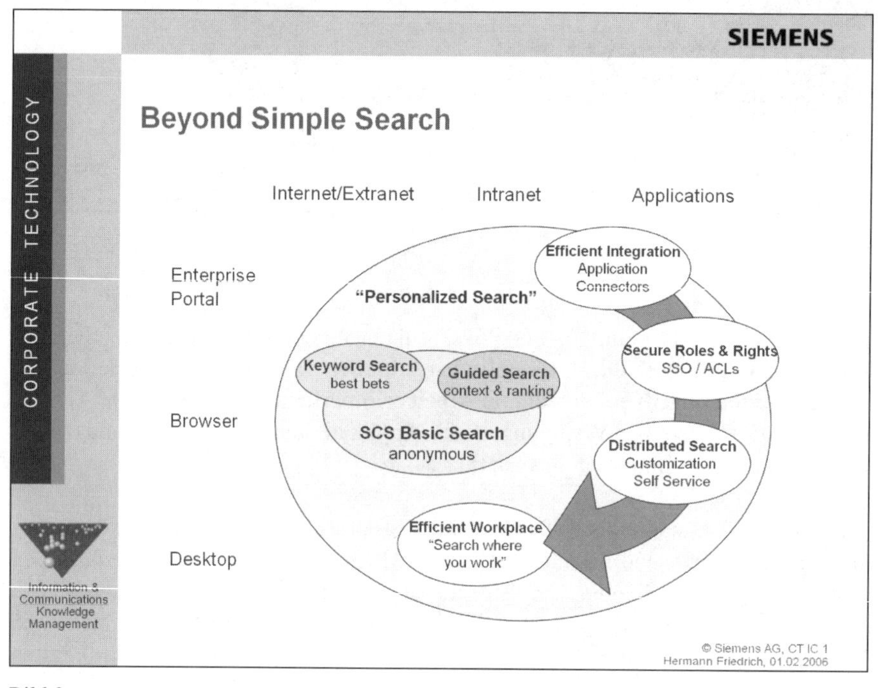

Bild 3

Verbesserte Konnektoren und Meta-Such-Mechanismen, bei denen Suchanfragen in den einzelnen Repositories angestoßen und die Ergebnisse zusammengeführt werden, sollen die Nutzer hier mehr unterstützten (Bild 3).

Single-Sign-On und die Zugangskontroll-Funktionen des Enterprise Portals werden dann dafür genutzt, zu entscheiden, welche Information einem Nutzer bei der Suche als Ergebnis dargestellt werden und welche nicht.

Des Weiteren soll die Intranet Suche auch mit der Desktop Search oder der Email-Suche verknüpft werden, so dass Anwender selbst entscheiden können, welche Repositories sie in die Suche mit einbinden wollen, unabhängig von der Art der Informationen und unabhängig von der Applikation oder dem System, von dem aus die Suche angestoßen wird. Microsoft wirbt dafür mit dem Slogan „Search where you are".

Siemens arbeitet derzeit an entsprechenden Konzepten und evaluiert Produkte von Enterprise Search Anbietern, die solche Mechanismen zur Verfügung stellen.

Etwas weiter in der Zukunft liegen die folgenden Szenarien, die wir bei Corporate Technology verfolgen.

Unser Ziel ist es, intelligentere Mechanismen für die Strukturierung und die Suche nach Information zur Verfügung zu stellen, die über die einfache Volltextsuche oder eindimensionale Navigationsstrukturen hinausgehen. Dabei setzen wir auf Technologien aus dem Semantic Web Umfeld, um Daten und Wissen aus unterschiedlichen Quellen zu integrieren und automatisiert zu verarbeiten.

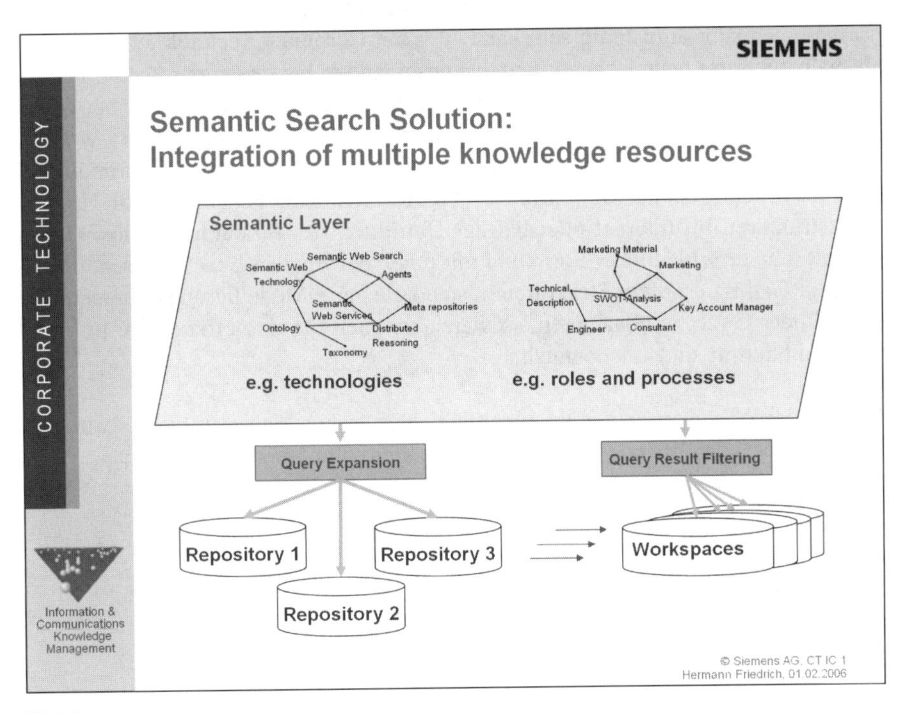

Bild 4

Wir haben dafür Prototypen erstellt, bei dem verschiedene Repositiories über einen semantischen Layer miteinander verknüpft sind (Bild 4). Die Informationsobjekte aus den einzelnen Repositories werden dabei mit Metadaten annotiert, d.h. die einzelnen Objekte referenzieren auf Konzepte und Attribute, deren Bedeutung und Beziehungen untereinander in Ontologien festgelegt sind So lassen sich z.B. Organisationsstrukturen oder Produktportfolios maschineninterpretierbar modellieren und den Informationsobjekten zuordnen. Die so entstandenen Strukturen lassen sich sowohl für die Navigation und den integrativen Zugriff auf die verschiedenen Repositories als auch für die Suche nutzen.

So ist es z.B. möglich eine Query-Expansion automatisch vorzunehmen, indem man bei einer bestimmten Abfrage auch Synonyme oder direkt in Beziehung stehende Begriffe (wie sie im semantischen Netzwerk festgelegt sind) in die Suche mit einbezieht. Genauso sind neue Filtermechanismen realisierbar, die z.B. anhand von modellierten Metadaten zu Rollen und ihren bevorzugten Interessen eine Auswahl oder Priorisierung der angezeigten Informationen vornehmen. So bekommt ein Marketingmitarbeiter bei derselben Anfrage z.T. andere Suchergebnisse als ein Mitarbeiter der Entwicklung.

Der Haken an der Sache ist, dass die maschinenlesbare Modellierung von Metainformationen sehr aufwendig sein kann. Wir bei Corporate Technology setzen uns deshalb auch mit technischen Lösungen auseinander, bei denen der Nutzer bei der Definition von semantischen Strukturen optimal unterstützt wird, bzw. bei denen Metainformationen aus vorhandenem Material automatisiert generiert werden. Heute werden im Konzern bereits an vielen Stellen Informationsstrukturen formal aufgebaut, sei es bei der Definition von Prozessen, bei der Festlegung von Navigationsstrukturen im Internet oder bei der Definition des Produktportfolios. Leider derzeit in unterschiedlicher Form und mit unterschiedlichen Beschreibungsmechanismen. Gelingt es, diese Strukturen in standardisierte Modellierungsschemata wie RDFS oder OWL zu überführen, so wären sie auch für eine effizientere Informationsannotierung und -suche nutzbar.

Gerade das Wissensmanagement innerhalb eines großen Konzerns bietet damit eine ganze Reihe von Anwendungsfällen für die sinnvolle Nutzung der Semantic Web Technologien

Soweit der Blick in die nahe Zukunft.

6.4 Challenges of the Next Years

Bradley Horowitz
Yahoo!, Sunnyvale, CA

I want first start out by telling you the Yahoo Search Vision, and it is a very broad inspirational vision. It is to enable people to find, use, share and expand all human knowledge. I think most people think of a search engine as find (Fig. 1). That is kind of the base line functionality. We expand that and also consider how people use the information. And if you look at our products we are concerned not only with presenting a flat page of search results, but also helping the user get things done, helping fulfill their initial intension. I think most interestingly we are looking at sharing an expanding as ways to transcend the current limitation of search engines. I'll speak to some products that we have out there that do just that.

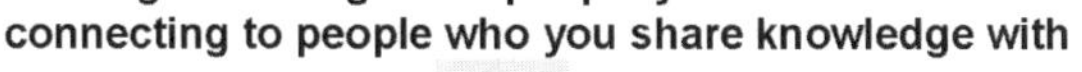

Fig. 1

This vision, find, use, share and expand is in acronym in English that says 'fuse'. Fuse means to bring things together. It is also related to the word 'fusion', great release of energy (Fig. 2). That is what we hope to do, when we apply this principle.

Fig. 2

One way of thinking about fuse is 'Better Search Through People'. I'll explain what that means. If you look at the future of search or the current state of search and we will begin internet time with Yahoo, at least at Yahoo. That is where things start. Our founders more than ten years ago went into a dorm room to basically organize the web for the rest of the web users. So, it was a very bold thing for two people to think that they were going to organize the web (Fig. 3). The web was of course a much smaller bag then. But that's kind of when things started. They were going to apply their editorial expertise to make sense of the web sites that were out there. And they created a directory. That is how Yahoo was born.

- **Yahoo**
  Jerry & David create a directory

- **Altavista**
  Search for words in documents

- **Google**
  Leverage topology of the web itself

- **What's next?**

5

Fig. 3

Soon the web grew beyond what two people could organize. That's when automated techniques like Altavista came into prominence. They automated the process entirely so robots and crawlers went out there to spider the web. They brought the information back to a centralized location. Then full text indexing was applied. Now, if I typed in 'IBM' into the Altavista search engine I could get the millions of pages where those three characters occurred. That was a great innovation. It took us really through the late 90ies in terms of time line.

The next mayor innovation was really Google. What Google understood with the page rank algorithm is that looking at pages in isolation is never going to be enough to take those millions of hits and rank them appropriately. What we have to do is take a step back and look at the link structure, the topology of the web to understand who is linking to whom. That was a great breakthrough and we credit Google with that. It really has led to the state of search today which is more of a navigational paradigm. So, anywhere you want to go on the web search becomes your steering wheel. Now, when I typed in 'IBM' to a search engine the 'IBM' site itself, the canonical site becomes the first entry and you can actually use search now to get around the web.

We have been asking ourselves, what's next? This kind takes us up to the present day. One of the previous speakers, as they put up the screen shots of Yahoo and Google together, mentioned that there is hardly any difference between them. I think we agree with that, if you look at the number of results we are returning or the freshness or the relevance. And we will continue to improve that, both Yahoo and the industry. We want to make sure our index is comprehensive and we have every document. We want to make sure we rank things appropriately that all 48 million results are in exactly the right order. We want to make sure the index is fresh, so that if someone changes a comment on a blog we want that represented directly in the index immediately. There are all these different areas and I think trust, which we heard a lot about before, is another very important area that there is a lot of work to be done on.

But in some ways these represent pushing on dimensions that are already realized as supposed to brake through as a revolution. We have been asking ourselves: What is the next breakthrough? What is the next phase shift in the industry? If you take a step back and think about Google's page rank algorithm, and we use a similar algorithm to do the ranking, basically what you have done is you have given web masters the privilege of voting of what is relevant for the rest of us. The way they do that is by building links and those links are analyzed to determine what are the best in most important sites and we rank them accordingly. That means when I do a search or you do a search or anyone does a search we all get exactly the same results. We get the results that web masters determine were right for us.

We think the next big breakthrough is really social search which is to free us from that description, the web master's description of relevancy and allow us to make decisions about what's important on a per case basis. Some of the previous speakers have alluded to this. You can think of it as personal search and social search. So, allowing me to decide whether I want web masters to vote on what's important or whether I want doctors or physicists or thirteen year old Japanese school children if I am doing a query for anime. Different groups, or perhaps my friends I trust more than other groups, or my neighbors if I am doing a query for a plumber in Munich. I would want to know what is the local knowledge supposed to the global knowledge. All of these things are broadly in a category we call 'social search'.

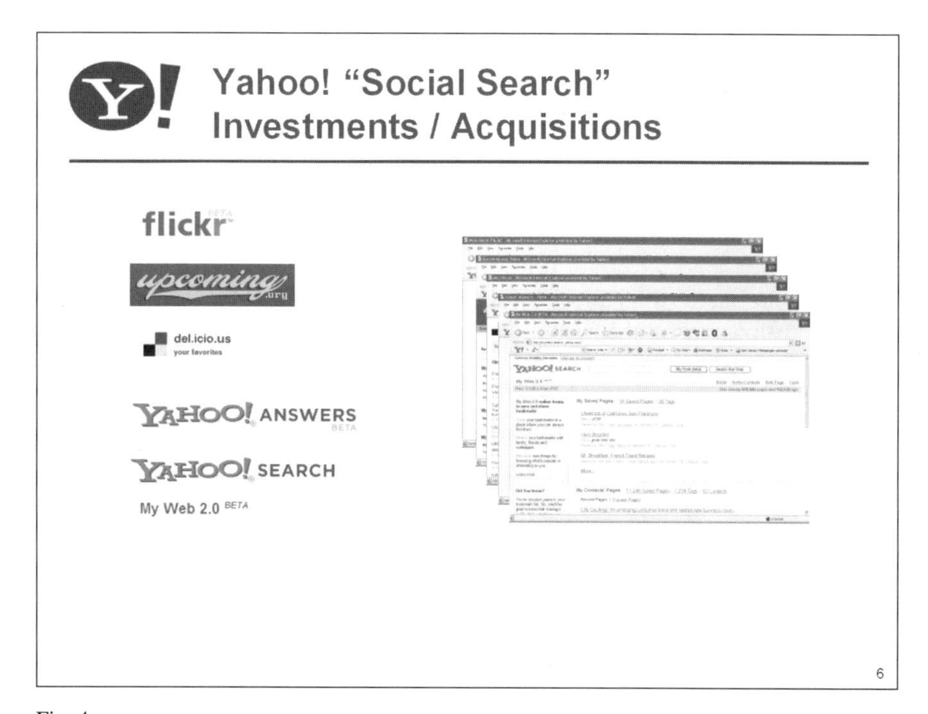

Fig. 4

In the last year really all of these acquisitions have happened literally in the last calendar year. We have acquired a number of companies. One is 'flickr' which is a social photo sharing site (Fig. 4). They were extremely innovative and regarded as one of the flagship 2.0 companies. Another is 'upcoming.org' which is a social calendaring site which basically allows me to share my calendar and share events in various ways. Another is 'del.icio.us', a social bookmarking site. To take the knowledge of the sites that I like on the internet and syndicate that you are my friends. Another one that was internally developed is something called 'Yahoo! Answers' and this is a great example of this fuse mission. A little bit of the history… Yahoo! Answers was actually born in Korea and it turned out no matter how good a job a search engine did of crawling Korean documents it wasn't sufficient. There just weren't enough native Korean documents to answer every question that the Korean users had. So e.g. how many vertebras in a Giraffe's neck? There was no Korean document that answered that question. So, it was moot - no matter how much effort we build into the crawling system we couldn't provide an answer. It was actually a competitor to both Google and Yahoo that launched knowledge search in Korea, which really reflected the question back to people in the community. If the web search engine didn't have an answer to how many vertebra are in a Giraffe's neck let us ask people. And the people filled up that platform with questions and answers and literally millions of new documents; new knowledge recourses were born through that platform. It transcended just the state of indexing the artifacts of knowledge, things like web pages, magazine, journals, movies and books. That is very good and we should definitely do that but the real knowledge of humanity is still in people's head and both Google and Yahoo acknowledged that even if we indexed all the available artifacts, all the available documents, that's still only a tiny fraction of our collective wisdom. Answers is a platform that speaks to that opportunity and that's launched in life today and I'll describe it a little bit more.

Another one that is very important is something we call 'My Web'. This is the closest realization of the vision I painted which is ability for you to decide personally what's important to you on the internet and have that reflected in the search experience.

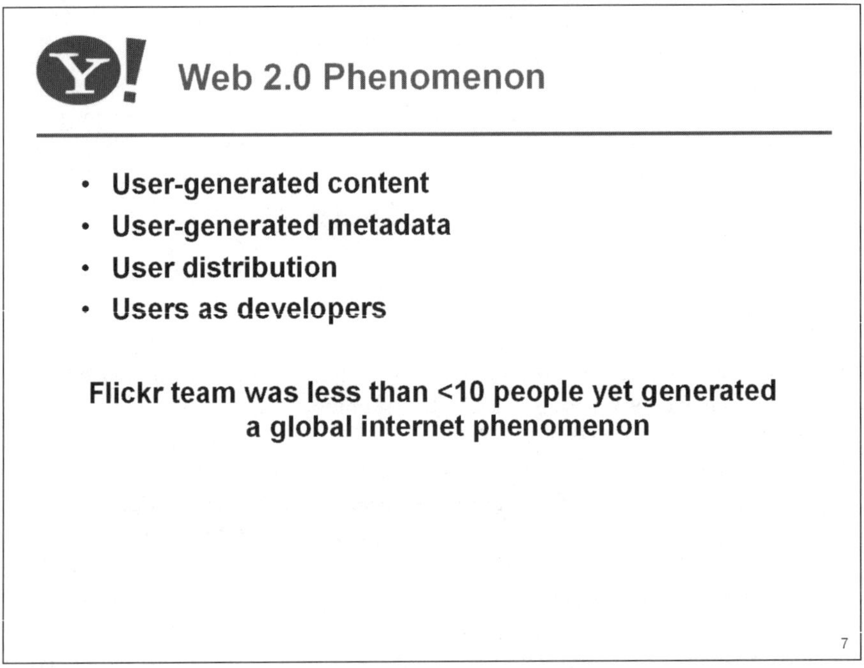

Web 2.0 Phenomenon

- **User-generated content**
- **User-generated metadata**
- **User distribution**
- **Users as developers**

Flickr team was less than <10 people yet generated a global internet phenomenon

7

Fig. 5

This whole category of applications have been described as something that people are calling Web 2.0. There some characteristics to these applications I just want to briefly cover (Fig. 5). One is that they are generally filled up with user-generated content. The 'flickr' photo showing service that I mentioned, there are no photos that we have licensed from third parties. We didn't go to Corbis or Getty. We took advantages of the proliferation of camera phones and digital photography. Every image in 'flickr' is contributed by a user and that is significant.

The second thing which is a little bit more subtle is that the users themselves have generated the metadata around that content, rather than using a machine vision as Dr. Neven told us about. We think that that's valid. We think that there is additional value when you ask people to do some categorization for you. The term folksonomy was introduced, we use something called 'tagging'. Tagging is a very simple way to move away from a structured taxonomy where I might tag a picture as animal -> mammal -> feline -> cat whereas the 'Folksonomy' just invites you to type in anything right at the top of your head with a few keystrokes. By lowering that barrier to entry we have created a system where nearly 90% of the photos within 'flickr' are now tagged and described by humans.

Again, thinking about the limitations of machines a lot of these descriptions are subjective. So, even as Dr. Neven pushes the envelope so that you can look at a picture of a dog and the algorithm comes back with 'dog' as a tag, which is great and we very much applaud that – it'll be a very long time before an algorithm will tell you that that's a funny picture or a cute picture or a subjectively great photograph. All of these things are places where we still depend on the knowledge of people. And that's what user-generated metadata is about.

Another thing that 'flickr' did was user distribution. So, through integration with common blogging platforms 'flickr'-hosted images began to appear across the internet, literally on tens of thousand of sites that weren't owned by 'flickr'. That was a great way of 'flickr' becoming an imaging backbone for the blogesphere. That was done just with an integration to blogging software and then the users themselves picked up on this phenomenon and distributed 'flickr'.

Finally through opening up APIs through creating Java, PERL and PHP, APIs, so that hackers and developers around the world could use 'flickr' as a platform literally hundreds of application were born. Some of these actually became part of the 'flickr' system. Others are mostly toys and kind of fun things that people do. But that spirit of openness that we are going to create computing platforms, then allow other people to add value and build value against our platform is very much the spirit of Web 2.0.

This small company – it was actually a Canadian company that we acquired with less than ten people – really created an internet phenomenon because the got millions of people working with them. They got tens of millions of users that were filling up content within 'flickr'. They got those same users to do the tagging. Imagine what it would have cost if outsourced that problem to a country and paid people to tag. I think the quality would have been worse and the expense would have been prohibitive. They got the users themselves to distribute their product. So, as supposed to having a business development resource do that users went out and did that.

Finally, they solicited the bright people in the world to help build value against that platform. It is really a different democratization of the system than we are used to centralized company offering services. This really invites the public to contribute to the content to the metadata and annotation to the ultimate decision making process of what that service becomes.

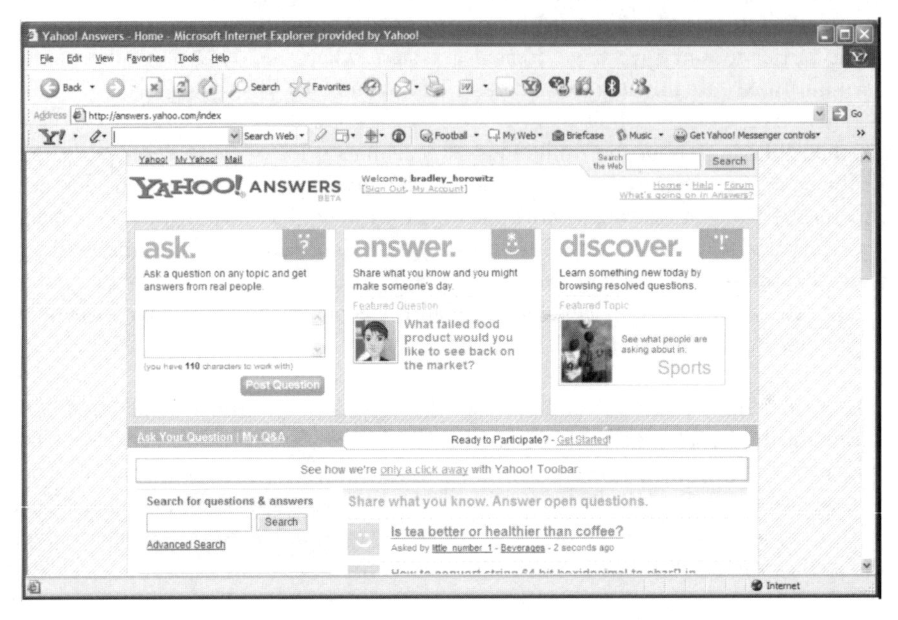

Fig. 6

This is the screen shot of 'Yahoo Answers!' (Fig. 6). It is available at 'answer.yahoo.com'. In some ways it is a very simple system but it allows you to come in and ask a question and get an answer from the community. It is very early but we think again this is a fantastic way to build on the knowledge within people's heads. If I think about my parents who are both in their 70ies, they have never authored a web page, they have never written a book. I'm the only one who knows what they know (and my brother and sister.) This is designed for people like that, ordinary people to come in and transfer the knowledge that they have about ordinary questions. Some of these are things, you see one on the screen there, is tea better or healthier than coffee. Some of those are empirical and people will reference other data that lives on the internet. Some of them are very subjective and conversations about these topics. All of them are fair within a system like this.

6.5 Zur Bewertung der Qualität von Suchmaschinen

Dr. Dirk Lewandowski
Heinrich-Heine-Universität, Düsseldorf

Nahezu jede Betrachtung des Suchmaschinen-Markts endet in der Forderung nach mehr Transparenz und vor allem nach mehr Konkurrenz auf diesem Markt. Nutzer könnten sich nur umfassend informieren, wenn ihnen ein möglichst großes Quellenspektrum (d.h. möglichst viele hochwertige Suchmaschinen) zur Verfügung stünde, das auch tatsächlich genutzt werden würde. Tatsächlich verlassen sich die Nutzer aber zu einem großen Teil auf Google als alleinige Suchmaschine, seltener werden Yahoo und MSN verwendet, kleinere Anbieter mit eigener Technologie spielen nur eine untergeordnete Rolle [Lewandowski, 2005], S. 21ff.

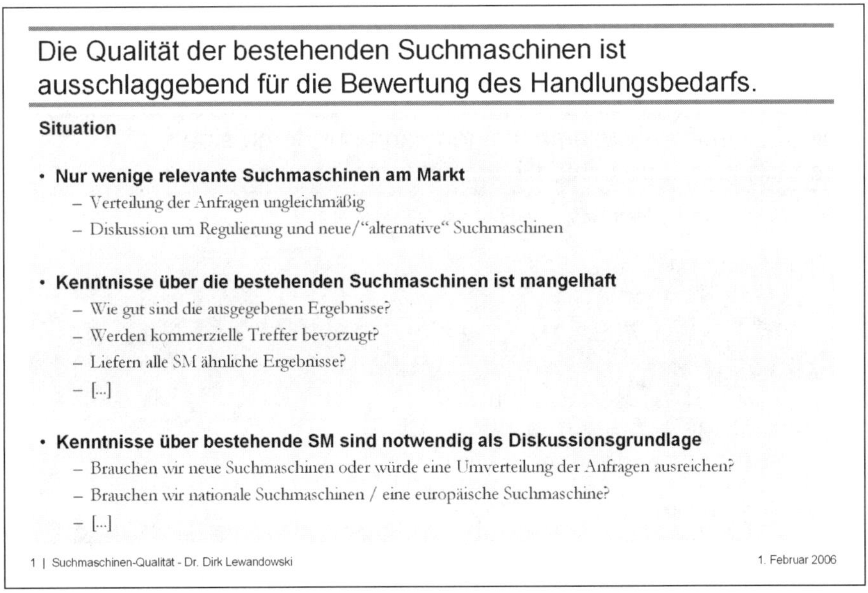

Die Qualität der bestehenden Suchmaschinen ist ausschlaggebend für die Bewertung des Handlungsbedarfs.

Situation

- **Nur wenige relevante Suchmaschinen am Markt**
  - Verteilung der Anfragen ungleichmäßig
  - Diskussion um Regulierung und neue/"alternative" Suchmaschinen
- **Kenntnisse über die bestehenden Suchmaschinen ist mangelhaft**
  - Wie gut sind die ausgegebenen Ergebnisse?
  - Werden kommerzielle Treffer bevorzugt?
  - Liefern alle SM ähnliche Ergebnisse?
  - [...]
- **Kenntnisse über bestehende SM sind notwendig als Diskussionsgrundlage**
  - Brauchen wir neue Suchmaschinen oder würde eine Umverteilung der Anfragen ausreichen?
  - Brauchen wir nationale Suchmaschinen / eine europäische Suchmaschine?
  - [...]

1 | Suchmaschinen-Qualität - Dr. Dirk Lewandowski 1. Februar 2006

Bild 1

Während Forderungen nach der Regulierung des Markts oder der Schaffung neuer, „alternativer" Suchmaschinen leicht geäußert werden, ist noch ziemlich unklar, wie gut – oder wie schlecht – die bisher existierenden Suchmaschinen tatsächlich sind (Bild 1). Wären sie alle schlecht, so ergäbe sich tatsächlich eine Notwendigkeit alternativer Suchmaschinen. Wären sie allerdings alle qualitativ hochwertig, so dürfte es sich wohl nur noch um die Frage nach einer neuen Verteilung der Nutzeranfragen auf die unterschiedlichen Suchmaschinen handeln.

Letztlich geht es um ganz unterschiedliche Fragen, von denen hier drei beispielhaft genannt werden sollen:

- Wie gut sind die ausgegebenen Ergebnisse der unterschiedlichen Suchmaschinen?
- Werden (was als Verdacht von Nutzerseite öfters geäußert wird) kommerzielle Treffer bevorzugt?
- Liefern eigentlich alle Suchmaschinen ähnliche Ergebnisse oder stellt ein Wechsel der Suchmaschine auch immer einen „Perspektivenwechsel" dar?
- ....

Um auf solche Fragen eine Antwort zu geben, müssen die bestehenden Suchmaschinen untersucht werden. Erst danach kann entschieden werden, ob tatsächlich neue, alternative Suchmaschinen vonnöten sind oder ob mit den bestehenden bereits ausreichend Alternativen vorhanden sind, die jedoch von den Nutzern schlicht nicht angenommen werden. Und letztlich kann auf der Basis entsprechender Untersuchungen qualifizierter über die Notwendigkeit nationaler bzw. europäischer Suchmaschinen diskutiert werden.

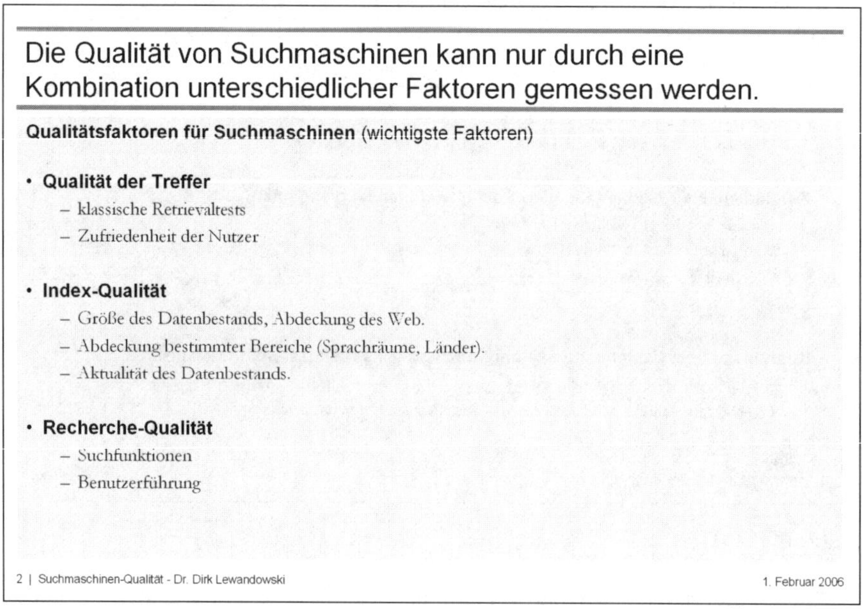

Die Qualität von Suchmaschinen kann nur durch eine Kombination unterschiedlicher Faktoren gemessen werden.

Qualitätsfaktoren für Suchmaschinen (wichtigste Faktoren)

- **Qualität der Treffer**
  - klassische Retrievaltests
  - Zufriedenheit der Nutzer
- **Index-Qualität**
  - Größe des Datenbestands, Abdeckung des Web.
  - Abdeckung bestimmter Bereiche (Sprachräume, Länder).
  - Aktualität des Datenbestands.
- **Recherche-Qualität**
  - Suchfunktionen
  - Benutzerführung

2 | Suchmaschinen-Qualität - Dr. Dirk Lewandowski 1. Februar 2006

Bild 2

Aber wie kann nun die Qualität bestehender Suchmaschinen bewertet werden? Es handelt sich um drei Qualitätsebenen, die untersucht werden müssen: Die Qualität der Treffer, die Qualität der Datenbestände (Indizes) sowie die Qualität der Recherche (Bild 2).

Trefferqualität

In der Regel wird die Güte von Suchmaschinen (bzw. von Information-Retrieval-Systemen allgemein) durch Relevanztests bewertet [Lewandowski, 2005], S. 139ff. Die Treffer, die auf Testanfragen hin zurückgegeben werden, werden einzeln bewertet, meist nach einer einfachen Unterscheidung nach „relevant" und „nicht relevant". Solche Tests ergaben in der Vergangenheit für die verschiedenen Suchmaschinen zwar unterschiedliche Werte (cf. [Griesbaum, 2004]), in der Tendenz ist jedoch eine Annäherung (zumindest der großen internationalen) Suchmaschinen zu erkennen. Für die aktuelle Suchmaschinenlandschaft mit den zurzeit wichtigsten Anbietern Google, Yahoo und MSN liegt allerdings kein solcher Test vor.

Selbst wenn zwei Suchmaschinen in Retrievaltests die gleiche Qualität erreichen würden, müsste es nicht sinnlos sein, in beiden zu recherchieren. Trotz gleicher Qualität könnten die beiden Systeme vollkommen unterschiedliche Treffer liefern. Auch zu dieser Frage, die sich nur durch die Bestimmung des Überschneidungsgrads zwischen den einzelnen Suchmaschinen beantworten lässt, liegen keine aktuellen Studien vor.

Index-Qualität

Neben der beschriebenen Qualität der Treffer geht es um die Qualität des Index: Hier sind vor allem die Vollständigkeit, die Aktualität und die gleichmäßige Abdeckung (vor allem auf Sprach- und Länderebene) zu nennen.

Zur Vollständigkeit der Datenbestände der Suchmaschinen liegen nur inzwischen veraltete Untersuchungen vor [Lawrence undGiles, 1998;Lawrence undGiles, 1999], insbesondere fehlen Studien zur tatsächlichen Größe des World Wide Web, anhand derer die Abdeckung durch die Suchmaschinen gemessen werden könnte.

Zur Aktualität der Suchmaschinen-Indizes liegt mit [Lewandowski, et al., 2006] eine aktuelle Untersuchung vor, die zeigen kann, dass keine der momentan wichtigsten Suchmaschinen (Google, Yahoo, MSN) in der Lage ist, die Seiten aus der Testkollektion täglich in ihrem Index zu aktualisieren. Zwischen den Suchmaschinen bestehen große Unterschiede: Während Google mit dem höchsten Anteil der tagesaktuell indexierten Seiten vorne liegt, gelingt es MSN offensichtlich am schnellsten, seinen Gesamtindex aufzufrischen. Weitere Untersuchungen speziell zu Seiten mit niedriger Aktualisierungsfrequenz stehen noch aus.

Eine gleichmäßige Abdeckung des Web innerhalb des Crawls der Suchmaschinen ist vor allem hinsichtlich der Abdeckung unterschiedlicher Länder und Sprachräume von Bedeutung. Dass es den Suchmaschinen nicht gelingt, unterschiedliche Länder auf gleich hohem Niveau abzudecken, können [Vaughan undThelwall,

2004] anhand des Vergleichs der Abdeckung der Länder USA, China, Singapur und Taiwan belegen. Wesentlich mehr US-Sites werden erfasst und diese werden auch deutlich tiefer indexiert als die aus anderen Ländern. Vaughan und Thelwall vermuten dafür Gründe, die in der Struktur des Web und seines bisherigen Wachstums liegen. Für Seiten aus Deutschland bzw. deutschsprachige Dokumente liegen bisher keine ähnlichen Untersuchungen vor, es ist jedoch anzunehmen, dass auch diese Websites nicht in ähnlichem Umfang abgedeckt werden wie die US-Sites.

Recherche-Qualität

Aber auch die Qualität der Recherche spielt eine Rolle. Zwar wissen wir aus dem Nutzerverhalten, dass der „allgemeine", „durchschnittliche" Nutzer seine einfachen Anfragen ohne großen kognitiven Aufwand formuliert [Hölscher, 2002;Machill, et al., 2003]. Für fortgeschrittene Nutzer sind die angebotenen Recherchemöglichkeiten (und ihre Funktionstüchtigkeit) aber durchaus von Bedeutung [Lewandowski, 2004]. Hier zeigen sich große Unterschiede zwischen den Suchmaschinen, allerdings wurden bisher nur einzelne Funktionen untersucht [Lewandowski, 2004].

Alle Nutzergruppen wiederum betreffen Fragen der Benutzerführung. Dabei handelt es sich um ein Thema, das in der Suchmaschinen-Forschung bisher nur wenig beachtet wurde – insbesondere in Hinblick auf die weitere Entwicklung hin zu einer „Personalisierung" der Suchmaschinen dürfte die Benutzerführung eine zentrale Stellung einnehmen, während die klassische Bewertung der Retrievaleffektivität an Bedeutung verlieren dürfte.

Einschränkung der Qualitätsbewertung

Die beschriebenen Faktoren können allerdings nicht die tatsächliche inhaltliche Qualität der Treffer messen, sondern höchstens, in welchem Maß die Nutzer selbst die gefundenen Treffer als hochwertig ansehen. Letztlich lässt sich dieses Problem aber auch nicht lösen, da nicht die (mit Einschränkungen objektiv bestimmbare) Relevanz für die Befriedigung eines Informationsbedürfnisses entscheidend ist, sondern die vom Nutzer empfundene Pertinenz [Lancaster undGale, 2003].

Handlungsbedarf

Die beschriebene Situation zeigt vor allem, dass es bisher an Erkenntnissen über die Qualität der bestehenden Suchmaschinen mangelt. Es scheint einfacher zu sein, Forderungen nach einem Gegenpol auf dem Suchmaschinen-Markt oder nach einer Regulierung der Suchmaschinen zu stellen, als zu erforschen, welche Probleme überhaupt tatsächlich bestehen. Dies ist aber essentiell für das Verständnis vorhandener sowie entstehender Problematiken.

Als Beispiel mag die Frage dienen, ob explizit „deutsche" Suchmaschinen eigentlich sinnvoll sind und gebraucht werden. Die internationalen Anbieter behaupten, den deutschen Sprachraum ebenso gut abzudecken wie alle anderen Sprachräume auch, aus vergleichenden Untersuchungen zwischen den USA und anderen Ländern können wir aber vermuten, dass dies nicht der Fall ist. Eine Untersuchung dieser Problematik speziell für Deutschland bzw. den deutschen Sprachraum steht allerdings aus.

Literatur

Griesbaum, Joachim (2004): Evaluation of three German search engines: Altavista.de, Google.de and Lycos.de, Information Research (Band 9), Nr. 4. URL: http://informationr.net/ir/9-4/paper189.html

Hölscher, Christoph (2002): Die Rolle des Wissens im Internet. Gezielt suchen und kompetent auswählen., Klett-Cotta, Stuttgart.

Lancaster, F.W. und Gale, V. (2003): Pertinence and Relevance, Drake, M.A., Encyclopedia of Library and Information Science Seite 2307-2316, Dekker, New York.

Lawrence, Steve und Giles, C.L. (1998): Searching the World Wide Web, Science (Band 280), Seite 98-100.

Lawrence, Steve und Giles, C.L. (1999): Accessibility of Information on the web, Nature (Band 400), Nr. 8, Seite 107-109.

Lewandowski, Dirk (2004): Abfragesprachen und erweiterte Suchfunktionen von WWW-Suchmaschinen, Information Wissenschaft und Praxis (Band 55), Nr. 2, Seite 97-102.

Lewandowski, Dirk (2004): Date-restricted queries in web search engines, Online Information Review (Band 28), Nr. 6, Seite 420-427.

Lewandowski, Dirk (2005): Web Information Retrieval: Technologien zur Informationssuche im Internet, DGI, Frankfurt am Main.

Lewandowski, Dirk; Wahlig, Henry und Meyer-Bautor, Gunnar (2006): The Freshness of Web search engine databases, Journal of Information Science (Band 32), Nr. 2, Seite 133-150.

Machill, Marcel; Neuberger, Christoph; Schweiger, Wolfgang und Wirth, Werner (2003): Wegweiser im Netz: Qualität und Nutzung von Suchmaschinen, Machill, Marcel und Welp, Carsten, Wegweiser im Netz, Bertelsmann Stiftung, Gütersloh.

Vaughan, L. und Thelwall, M. (2004): Search Engine Coverage Bias: Evidence and Possible Causes, Information Processing & Management (Band 40), Nr. 4, Seite 693-707.

6.6 Von Quasi-Monopolen zur Vielfalt

Dr. Wolfgang Sander-Beuermann
Universität Hannover, SuMa eV

Die Überschrift unseres Panels heißt „Herausforderungen der nächsten Jahre". Ich werde diese Überschrift als Frage auffassen und darauf eine klare Antwort geben. Ich halte es für die größte Herausforderung der nächsten Jahre, von den Quasi-Monopolen, die sich im Suchmaschinen- und Onlinebereich gebildet haben, zu einer Vielfalt zurückzufinden; zur Vielfalt im Suchmaschinenbereich, zur Vielfalt im Online-Bereich.

Mein Vorredner hat schon einige Argumente geliefert, warum die Monopole für uns vielleicht nicht gut sind: weil Suchmaschinen nicht alle Sprachräume gleich gut abdecken etc. Ich will Ihnen weitere Argumente nennen, mit denen ich vor allen Dingen klar machen will, dass wir gar nicht mehr nur über Suchmaschinen reden, sondern dass wir mittlerweile über viel mehr reden. Dass die Suchmaschinen sich ausgeweitet haben und sich weiter in alle Bereiche des Online-Geschäftes ausweiten.

Quasi-Monopole

Bild 1

Ich greife die untere Zeile in meiner Grafik auf; bisher waren die Suchmaschinen „nur“ die zentralen Verteiler digitalen Business (Bild 1). Der Name ‚Google‘ ist dazu heute schon einige Male gefallen. Ich bitte aber, das Ganze nicht an dem Namen Google festzumachen. Google steht hier als Platzhalter für einen beliebigen Quasi-Monopolisten; das Ganze ist auch keine Rede gegen Google. Dort steht zur Zeit zufällig gerade Google: es kann in ein paar Jahren jemand anders sein. Das macht die Lage nicht besser. Je nachdem, in welchen Statistiken man nachschaut, kommt man darauf, dass der Marktführer derzeit zwischen 80 und 90 % an Marktanteilen in Deutschland hat. In Deutschland ist der Marktanteil außergewöhnlich hoch, in anderen Ländern ist es nicht gar so drastisch. Die Bedeutung dieses Marktanteils soll in den Worten darunter in der Grafik klar werden.

Wirtschaftliches Potenzial

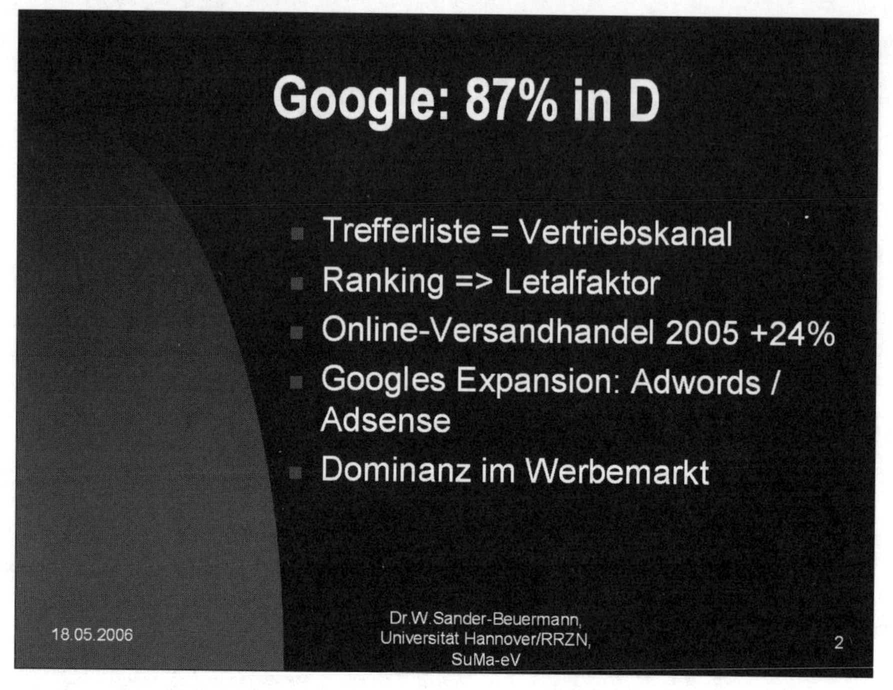

Bild 2

Die Trefferliste von Google ist mittlerweile ein Vertriebskanal (Bild 2). Der Online-Versandhandel hat in Deutschland im letzten Jahr um 24% zugenommen. Es ist für einen Online-Versandhandel ein Letalfaktor, ob er im Ranking unter den ersten zehn oder nach Platz 100 erscheint. Wenn er auf Platz 100 erscheint, kann er im Allgemeinen sein Geschäft zumachen. Aus dieser Erkenntnis heraus hat Google seinen Geschäftsbereich sehr sinnvoll ausgeweitet: auf das Werbegeschäft. Google hat die Adwords, die eingeblendete Key-Wort-Werbung, und Adsense erfunden. Ich will das hier gar nicht weiter ausführen. Goolge dominiert damit mittlerweile nicht nur das Suchmaschinengeschäft, sondern den Werbemarkt im Internet generell.

Bild 3

Aus diesem Bereich heraus beobachten wir die Expansion in weitere Bereiche (Bild 3). Google Print ist heute bereits erwähnt worden. Aber auch andere Formen der Suche, die lokationsbasierte Suche. Sie funktioniert so, dass ich sagen kann: Ich bin in einer Stadt an dem und dem Ort und jetzt sage mir den nächstgelegenen Taxistand oder ich fahre mit dem Auto und werde dirigiert etc.

Das sind Features, die Google teilweise, zumindest für die USA, schon anbietet. Die Google-Desktopsuche, die mir auf meinem eigenen PC Ordnung schaffen kann, dort alles indexiert, so dass ich meine lokale Suchmaschine habe all das bietet Google kostenlos an. Es hat für mich als Nutzer allerdings den Nachteil, dass Google auch meinen eigenen PC und dessen Inhalt kennt. Das ist der Nachteil, den man dafür in Kauf nehmen muss, so ähnlich wie bei dem Maildienst von Google: G-Mail ist schon angesprochen worden; Google liest mit.

Inwieweit all das mit dem Recht vereinbar ist, steht hier hinten an. Google steigt ins Telefongeschäft ein, in Instant Messaging, auch einen Bezahldienst gibt es mittlerweile Google Wallet und es ist eine Frage der Zeit, wann Google das erste Kreditkartenunternehmen oder eine Bank aufkauft.

Politisches Potenzial

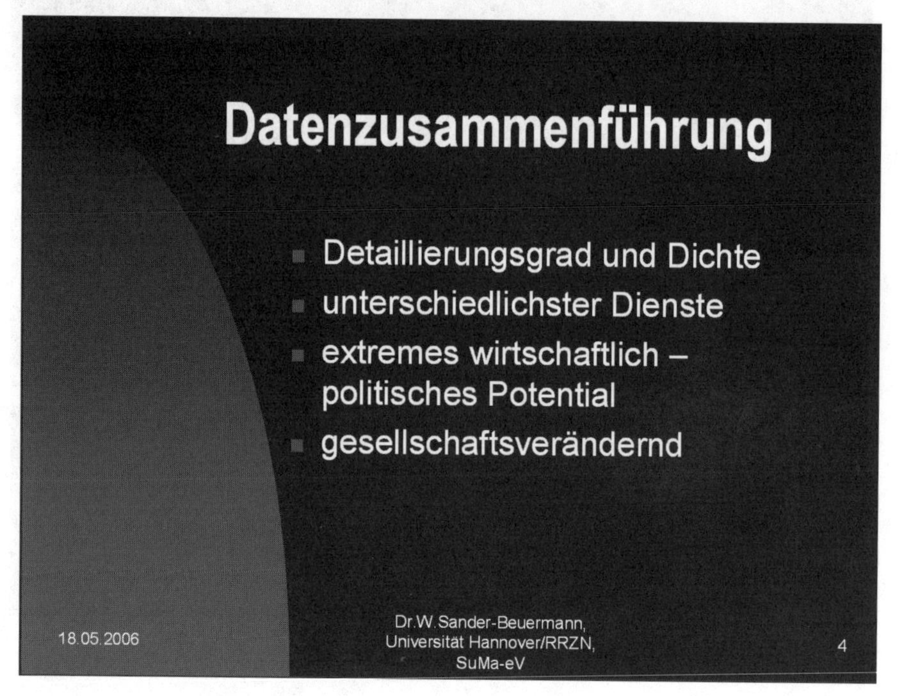

Bild 4

All diese Dienste und die Onlinedominanz finden ihre Krönung darin, dass sich in der Datenzusammenführung, die damit aus den unterschiedlichen Diensten möglich ist, eine Datensammlung ergibt, wie es sie noch nie in der Geschichte der Menschheit gab (Bild 4). Und das in einem Detaillierungsgrad und in einer Dichte von unterschiedlichsten Diensten, in denen extremes wirtschaftliches, aber auch politisches Potenzial steckt. Zum Beispiel wird von der chinesischen Regierung daraus politisches Kapital geschlagen. Man kann dort nachverfolgen, wer etwas Hässliches über die Regierung schreibt. Dieser sitzt dann hinterher im Gefängnis und man findet heraus, dass ein Suchmaschinenbetreiber die Information geliefert hat. Das alles ging durch die Presse. D.h. dieses alles wirkt auch gesellschaftsverändernd.

Ich bin nun nicht derjenige, der sagen will, wie schrecklich das alles ist, sondern wir müssen dringend etwas dagegen tun. Wir müssen in Deutschland und in Europa unabhängig werden und eigene Technologien aufbauen. Wir müssen eine Basis in eigner Suchmaschinentechnologie schaffen.

SuMa-eV

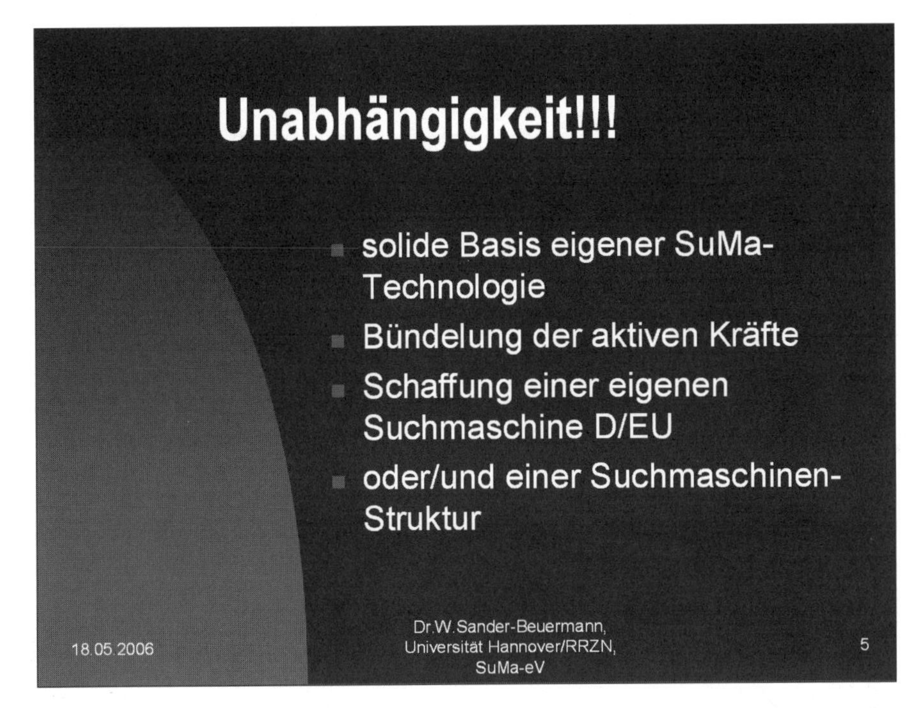

Bild 5

Ich habe dazu etwas in meinem Leben getan, was ich noch nie getan habe (Bild 5): Ich habe einen Verein gegründet, den SuMa-eV, einen gemeinnützigen Verein zur Förderung der Suchmaschinentechnologien und des freien Wissenszugangs, der sich zwei Dinge zum Ziel gesetzt hat. Einmal, hierfür ein Bewusstsein zu schaffen, ein Problembewusstsein. Und zum zweiten in Nischen sinnvolle Entwicklungen aufzugreifen und zu fördern, um zumindest in Nischen Potenzial zu erhalten und zu versuchen, aus den Nischen heraus dies auszudehnen. Ich halte es für dringend und zwingend erforderlich, dass in Deutschland oder möglichst in der EU eine eigene Suchmaschinentechnik aufgebaut wird. Diese muss auf einer Suchmaschineninfrastruktur fußen, zu der auch eine Know-how Infrastruktur gehört. Auch diese Know-how Infrastruktur ist in Deutschland und Europa verloren gegangen.

Eigene Suchmaschinen-Technologie dringend erforderlich

Es gibt in Deutschland und Europa keine Firma oder keine Universität, die in Lage ist Rechnercluster mit Zehntausenden von Rechnern und darauf Suchmaschinensoftware zu betreiben. Diese Kenntnis haben wir nicht. Die muss erst wieder aufgebaut werden. Das ist nicht etwas, was von heute auf morgen geschehen kann. Das wird ein, zwei Jahre dauern, aber es ist nicht unmöglich und meine Rede zum Schluss ist: Wir sollten es unbedingt tun!

6.7 Aspekte des Datenschutzes und Urheberrechts

Prof. Dr. Marie-Theres Tinnefeld
München

I. Funktion der Suchmaschinen

Das Internet bietet eine nie da gewesene Fülle an schnellen und kostengünstigen sach- und personenbezogenen Recherchemöglichkeiten. Das Problem des online-Recherchierenden besteht allerdings in der Regel nicht darin, möglichst viele Informationen zu erhalten, sondern in der strukturierten Auswahl relevanter Informationen. Es geht also um das Problem der Überfülle und damit um die Schwierigkeit der Auswahl. Für Onliner wird geben Portale und Suchmaschinen eine Auswahlhilfe.

Suchmaschinen wie Google oder Yahoo wirken als „Sesam, öffne dich!“ für Talente mit Ideen, die in der Forschung, auf dem Arbeitsmarkt, bei der Kundenwerbung oder als Hacker nach geeigneten, attraktiven Daten suchen. Neueste Erkenntnisse lassen allerdings vermuten, dass manche Suchmaschinen manipuliert bzw. zensiert sind. Wenn diese Beobachtungen zutreffen, dann erfolgt die Informationssuche nicht (nur) im Interesse des Nutzers, sondern auch in dem der Suchmaschinenbetreiber, die etwa ihnen genehme Websites bevorzugt platzieren und so Nutzerentscheidungen lenken. Es kommt auch vor, dass die Betreiber von Suchmaschinen nach dem Willen von bestimmten Regimes (z.B. in China) Seiten mit bestimmten politischen Inhalten unterdrücken. Damit ist die Zugangsfreiheit zur Information und damit die Meinungsfreiheit, das „Mutterrecht“ aller kommunikativen Grundrechte, gefährdet. Die informationelle Manipulation untergräbt gleichzeitig die Offenheit einer Gesellschaft.

II. Rechtliche Einordnung

Nach deutschen Recht sind die Programme etwa von Google oder Yahoo Teledienste, da sie primär dem individuellen Auffinden von allgemein zugänglichen Informationen nach bestimmten Suchbegriffen dienen. Dank ihrer Leistungsfähigkeit steht dem Anwender eine „geordnete“ Datenmenge auf einfachem Mausklick hin zur Verfügung.

1. Aspekte des Datenschutzes bzw. des Rechts auf „Privacy“

Der Datenschutz steht für „Privacy“. Trotz ursprünglicher Bedeutungsunterschiede werden die beiden Begriffe inzwischen international weitgehend synonym verwendet. Der grundrechtlich verankerte Datenschutz (Art. 2 Abs. 1 iVm Art. 1

Abs. 1 GG) ist heute mit dem Fernmelde- bzw. Telekommunikationsgeheimnis (Art. 10 GG) verbunden, das die vertrauliche Kommunikation in den Netzen sicherstellen will.

Der Schutz von Privatheit und Kommunikationsfreiheit ist für die freie Entfaltung der Person und die Funktionsfähigkeit einer Demokratie unabdingbar. Er wird in der Europäischen Union auf der Basis der Verfassungen der Mitgliedstaaten und der Europäischen Menschenrechtkonvention (Art. 8 EMRK) anerkannt und vor allem durch zwei Richtlinien abgesichert: Erstens durch die Richtlinie zum Datenschutz (1995/46/EG) und zweitens durch die Richtlinie zum Schutz der Privatsphäre in der elektronischen Kommunikation (2002/58/EG). Beide Richtlinien gelten im Kompetenzbereich der EU für den privaten und den öffentlichen Sektor. Die TK-Richtlinie strebt ein einheitliches Rechtssystem für alle Arten der elektronischen Kommunikation an und unterscheidet nicht wie das einfachgesetzliche deutsche Recht zwischen Telekommunikation(TK)-, Tele- und Mediendienste. Die Richtlinie enthält u.a. eine präzise SPAM-Regelung und setzt bei E-Mail-Werbung das Einverständnis des Adressaten/Empfängers voraus (opt in). Hat allerdings der Nutzer einer Dienstleistung seine E-Mail-Adresse angegeben, so darf der Vertragspartner diese Adresse zur Übermittlung von Werbemitteilungen für eigene Produkte nutzen, wenn der Kunde dies nicht sofort oder später ablehnt (reines opt-out).

Das Verständnis der deutschen datenschutzrechtlichen Regelungen zur Informationserhebung und – verarbeitung im Internet wird dadurch erschwert, dass sie in verschiedenen Gesetzen zu finden sind. Der Rechtsanwender sieht deshalb sich deshalb der Schwierigkeit ausgesetzt, die „richtige“ gesetzliche Rechtsgrundlage für seine Datenverarbeitung zu finden. Gängig ist dabei ein so genanntes (Drei-)Schichtenmodell.

Bei allen Unterschieden im Detail sind jedoch hinsichtlich aller datenschutzrechtlich relevanten „Ebenen“ der Internetnutzung bestimmte Grundprinzipien einheitlich geregelt. Für den nachfolgenden Problemaufriss wird deshalb weitgehend auf die konkrete Zuordnung zu den einzelnen „Schichten“ verzichtet.

2. Datenschutzrechtliche Kritik an den Suchmaschinen

2.1 Erstellung von Persönlichkeitsprofilen

Viele Internetseiten enthalten Informationen, die der jeweilige Autor nicht unbedingt der gesamten Welt, sondern lediglich einem bestimmten Personenkreis offenbaren will. Auch werden häufig Informationen ohne das Einverständnis, manchmal sogar ohne Wissen der betroffenen Personen veröffentlicht. So umfassen persönliche „My Pages“-Seiten von privaten Anwendern: Mitteilungen von Vereinen zu ihren Mitgliedern, von Schulen zu ihren Lehrern und Schülern oder E-Mail-

Adressen usw. Gespeicherte „My Pages“-Sektionen mit Selbstangaben über Hobbies, Dialyseverfahren usw. sind „Zeitaufnahmen“, die für die Bildung eines Persönlichkeitsprofils interessant oder den Versand von unverlangter E-Mail-Streuwerbung eingesetzt werden.

Suchmaschinen sind auf eine größtmögliche Anzahl von Datensätzen angewiesen, um von den Nutzern angesurft zu werden und damit mittelbar die notwendigen Geldmittel über Werbung einzunehmen. Google beispielsweise behauptet, mehrere Milliarden Webseiten indexiert zu haben. Die blitzschnelle Zusammenstellung der Informationen macht auch vor den bereits erwähnten privaten Homepages nicht Halt. Im Extremfall ermöglicht die Maschine damit das Erstellen von ganzen Persönlichkeitsbildern, ohne Wissen des Betroffenen. Jeder, der seinen eigenen Namen mithilfe einer Suchmaschine „gegoogelt“ oder „yahoot“ hat, wird dies bestätigen können. Da die Suchmaschinen, gezielte Auswertungen zu bestimmten Themen, damit aber auch zu bestimmten Personen ermöglichen, würde der alleinige Verweis auf die Verantwortlichkeit der jeweiligen Websitebetreiber zu kurz greifen. Die Betreiber von Suchmaschinen können datenschutzrechtlich nicht aus ihrer Verantwortung entlassen werden; denn die systematische Zusammenstellung von personenbezogenen Daten durch Suchmaschinen stellt gegenüber einzelnen personenbezogenen Informationen auf einer Website eine besondere Qualität der Datensammlung her.

Natürlich kann man es als Websitengestalter verhindern, dass private Websites von Suchmaschinen indexiert werden. Beispielsweise kann man die Seiten, deren Indexierung durch Suchmaschinen nicht gewünscht sind, kennzeichnen. Dies setzt aber seitens des Autors einer Website technische Kenntnisse und die notwendige datenschutzrechtliche Sensibilität voraus, die häufig nicht gewährleistet ist.

Der Betroffene selbst steht den Veröffentlichungen in der Regel relativ hilflos gegenüber. Zum einen weiß er häufig (noch) nicht, dass auf bestimmten Websites überhaupt Informationen über ihn veröffentlicht sind. Zugleich werden auch seine Datenschutzrechte, wie zum Beispiel der Anspruch auf Auskunft oder Löschung, ignoriert. Insbesondere ist es für einen Betroffenen illusorisch zu versuchen, bei Website- oder Suchmaschinenbetreibern einen Anspruch auf Auskunft darüber durchzusetzen, an wen seine Informationen übermittelt worden sind.

2.2 Die heimliche Auswertung von Nutzerdaten

Ein zweites datenschutzrechtliches Problem ist die heimliche Erhebung und Speicherung von Informationen über den Nutzer. Sehr häufig erfassen und speichern Suchmaschinen sämtliche Nutzungsvorgänge und werten die Suchvorgänge aus, um das Surfverhalten der jeweiligen Nutzer zu analysieren – ohne deren Wissen. Soweit der Nutzer in seiner Identität bekannt wird, ist nach dem deutschen Telemedienrecht regelmäßig die Einwilligung in die Verwendung der personenbezogenen Daten erforderlich, was aber häufig ignoriert wird. So soll beispielsweise Google die IP-Adresse, Suchbegriffe, Suchdatum und die Browserkonfigurationen miterfassen und speichern.

Mithilfe der IP-Adresse, die wie die Hausadresse eines Rechners wirkt, sind Internetnutzer zumindest ermittelbar. Hier kommt es grundsätzlich nicht darauf an, ob es sich um nur statische oder auch um dynamische IP-Adressen handelt. Auch dynamische IP-Adressen können personenbezogen sein, wenn und soweit man als Email-Provider tätig ist, was die meisten großen Suchmaschinenbetreiber mittlerweile als Zusatzservice anbieten.

Darüber hinaus speichern die meisten Suchmaschinen die Suchverläufe auf den Rechnern der Nutzer ab – ohne ihre Kenntnis. Wenn der Nutzer überhaupt einbezogen wird, so gehen die Informationen über das Speicherverhalten häufig in einer Flut von „Datenschutzinformationen“ unter. Immerhin ist insoweit die Gestaltung der Suchmaschinen datenschutzfreundlicher geworden. Bei den großen Suchmaschinen (Metacrwalern) wie Google oder Yahoo kann der versierte Nutzer nunmehr mit nur wenig Zusatzwissen eine solche Speicherung auf seinem Rechner unterbinden.

International wie national besteht das Problem der Geltendmachung von datenschutzrechtlichen Rechten gegenüber Websiteanbietern. Nutzer können selbst bei Suchmaschinenbetreibern mit inländischem Sitz nur unter größten Schwierigkeiten ihre Rechte auf Auskunft, Berichtigung, Löschung oder wenigstens auf Sperrung ihrer personenbezogenen Daten geltend machen.

2.3 Das Sonderproblem Gmail

Das Recht auf Privatheit will im Kern einen fairen (vertrauenswürdigen) Verarbeitungsprozess garantieren. Breiten Raum nehmen daher die prozeduralen Aspekte (Kontrolle und Auskunft) ein, die diesen Prozess absichern sollen. Sowohl nach nationalem wie auch nach europäischem Recht beginnt der Schutz immer mit der Frage: Wann ist die Verarbeitung welcher personenbezogener Daten zu welchem Zweck zulässig? Sie soll am Beispiel von Gmail erläutert werden:

Googles Mail Services (Gmail) stellt ein datenschutzrechtliches Spezialproblem dar. Gmail bietet ein Gygabyte Speicherplatz pro Nutzer an und durchsucht ihre nicht öffentlich zugänglichen Mails automatisch nach Stichworten, um daraufhin kontextbezogene Meldungen einblenden zu können; dieses E-Mail-Angebot will Google nach Pressemeldungen ändern. Die genannten Fähigkeiten der Google-Suche lässt keinen Zweifel entstehen, dass die Suchmaschinen auch personenbezogene Medienvermittler und Medienerzeuger sind, eine Einstufung, die in mehrfacher Hinsicht datenschutzrelevant ist.

Gmail wirbt damit, die Vorteile eines Email-Provider mit denen einer Suchmaschine zu verbinden. So sollen Nachrichten nicht „länger mühsam abgelegt“ werden müssen, sondern können mithilfe der Suchfunktionen leicht wiedergefunden werden. Datenschutzrechtlich brisant ist Gmail unter anderem deshalb, weil Gmail sämtliche Inhalte der E-Mails durchsucht. Zwar geschieht dies in erster Linie technisch, doch auch Angestellte von Gmail können Zugriff auf Mailboxen nehmen. Wie weitgehend Gmail dabei auf die Rechner der Nutzer zugreift und das Surfverhalten personenbezogen erfasst, ist im einzelnen ungeklärt. Dies wirft zusätzliche datenschutzrechliche Probleme auf. So dürfte es den meisten Nutzern beispielsweise nicht bewusst sein, dass die Suchfunktionen von Gmail die Durchleuchtung der Festplatten der Nutzerrechner und der dort gespeicherte Password-Dateien mitumfasst.

In der EU und Deutschland verstößt Gmail gegen das Fernmelde- bzw. Telekommunikationsgeheimnis, wonach Umstände und Inhalte medial vermittelter Kommunikation geschützt sind, insbesondere auch Verkehrsdaten. Passwörter (PIN und PUK) werden nach dem deutschen TKG von 2004 von diesem Schutz nicht erfasst. Nach europäischen Recht ist auch die datenmäßige Auswertung der Mails durch Google, um textabhängige Werbung zu schalten, unzulässig. Dabei spielt es keine Rolle, ob die Mail von einem Dritten oder von einer Maschine mitgelesen wird. Bei der Maschine besteht außerdem eine erhöhte Gefahr, dass Daten (dies gilt auch für Fragen) vom Computer „falsch verstanden“ werden.

Eine zulässige Auswertung aufgrund der Einwilligung des Nutzers scheidet schon deshalb aus, weil das TK-Geheimnis die vertrauliche Kommunikation zwischen Sender und Empfänger schützt, beide Partner also wirksam einwilligen müssen.

III. Urheberrecht und digitale Web-Bibliothek

Dachböden sind für Archivare von besonderem Interesse, denn dort finden sie immer wieder vergessene oder verborgene Informationen. Solche Schätze verbergen sich häufig auch in Bibliotheken. Während Google Print weltweit ganze Bibliotheksbestände via Internet erschließen will, verfolgt die EU mit Quaero (lat. Ich suche) ein weiteres ambitionierte Projekt, dass mehr einer echten Schatzsuche gleichen soll: Das erklärte Ziel der EU ist, das historische und kulturelle Erbe Europas (bedeutende „Dokumente des Kulturerbes“) im Internet zugänglich zu machen. Da die EU-Kommission in der Bibliothek auch urheberrechtlich geschützte Quellen bereitstellen will, plant sie das Urheberrecht dementsprechend zu bearbeiten.

Der amerikanische Jurist J. Band geht davon aus, dass mit dem Projekt Google Print keine Urheberrechtsverletzungen verbunden sind. Google will nach eigenen Aussagen nur Bücher ohne Urheberrechte anbieten. Im Folgenden soll die Frage nach deutschem Recht näher betrachtet werden:

Der Aufbau einer digitalen Bibliothek muss sich im Rahmen des geltenden Urheberrechts halten. Dazu ist anzumerken: Grundsätzlich werden zunächst von Verlegern eingesandte Bücher eingescannt, indexiert und in die Suchmaschine eingestellt. Damit beginnen die Fragen nach dem rechtlichen Rahmen.

Als erstes ist zu fragen: Haben die Verleger selbst die entsprechenden Rechte, die sie Dritten einräumen können? Nach deutschen Recht werden hier die Rechte zur Vervielfältigung sowie das Recht der öffentlichen Zugänglichmachung benötigt. Letzteres dürfte den Verlagen zumindest bei älteren Büchern nicht zustehen. Wenn eine wirksame Rechtseinräumung fehlt, stellt sich die Frage nach den anwendbaren Schrankenregelungen. Hier könnte die Archivschranke sowie weitere Schranken des Urheberrechtsgesetzes zugunsten von Google eingreifen. Das ist aber eher zweifelhaft. Die Schranken begünstigen teilweise auch denjenigen, der für einen anderen Kopien herstellt. Die Archivschranke soll im geplanten 2. Korb der Urheberrechtsreform noch verschärft werden. Greift keine Schrankenregelung ein, dann haftet Google wegen eigener Urheberrechtsverletzung. Weiterhin wäre zu fragen, inwieweit selbst bei einer wirksamen Rechtseinräumung den Urhebern aufgrund der neuen Intensität der Verwertung eine zusätzliche Vergütung zusteht oder zustehen sollte.

IV. Fazit

Im Feld des Urheberrechts und der Internet-Suchmaschinen fehlen teilweise bestimmte, normenklare Regelungen. Zu beachten ist aber, dass sich Google den US- amerikanischen Safe Harbor-Prinziples unterworfen hat, die auf seine personalisierten Startseiten Anwendung finden, das heißt, das sich Google nach EU-Recht (nur) insoweit auf ein angemessenes Datenschutzniveau verpflichtet hat. Das ändert nichts an der Tatsache, dass die Verarbeitung der gewonnenen Daten durch den Nutzer immer dem europäischen bzw. nationalem Recht unterliegt. Mit anderen Worten: Informationen, also auch audiovisuelle Darstellungen, die der Nutzer aus dem Internet herunterlädt und verwendet können das Recht am eigenen Bild bzw. den Schutz der Privatheit verletzen, auch wenn sie im Internet öffentlich zugänglich sind.

6.8 Internetmarketing

Michael Dieckmann
VIAVIUS, München

Seit fünf Jahren befasse ich mich mit Internetmarketing und setze mich damit natürlich auch mit Suchmaschinentechnologie, Werbung und Algorithmen auseinander. Kerngebiet ist bei uns, wie hier auch schon angesprochen, die Datenansammlung, aber aus einer anderen Richtung, nämlich wie es möglich ist, mit den Kenntnissen Geld zu verdienen, um Kunden zufrieden zu stellen oder Märkte zu analysieren (Bild 1).

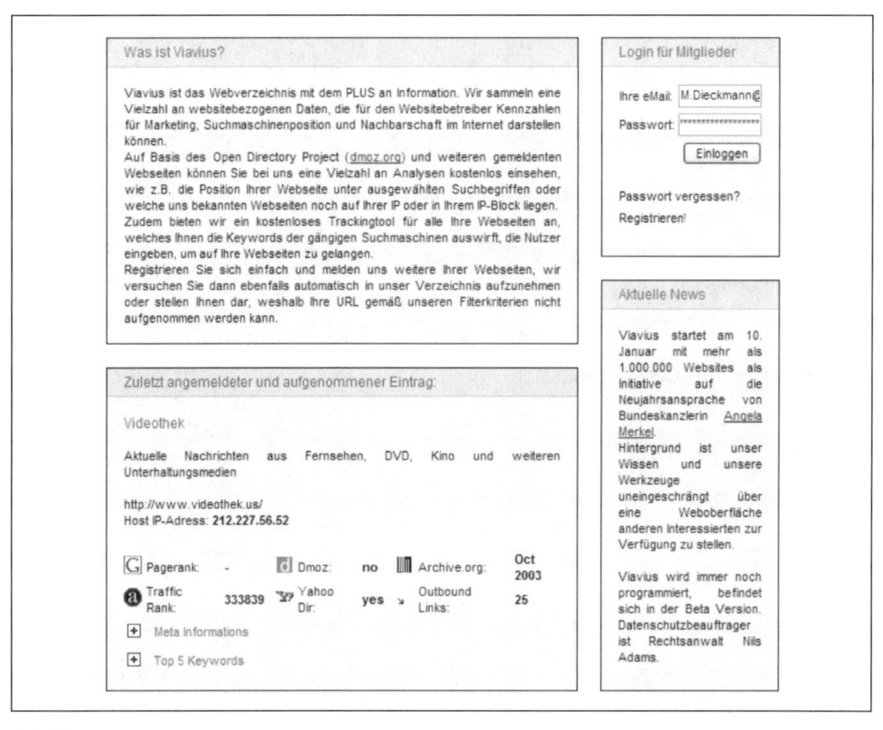

Bild 1

Wie im letzten Panel aufgezeigt, gibt es im Wesentlichen verschiedene Suchmaschinen, die eigene Respositories haben. Einmal wurde auch neben den beiden großen, das so genannte dmoz.org, das ODP genannt. Das ist ein freies unabhängiges Verzeichnis von Webmastern. Dieses analysieren wir mit unseren Tools und

Kenntnissen und können dann zum Beispiel sehen, wenn man sich den Münchner Kreis anguckt, dass dort über 200 Links, die wiederum auf diese Url Links zeigen, die von verschiedenen IPs kommen (Bild 2). Man sieht den Page Rank, den Google bevorzugt. Was auch schon häufig genant wurde, der Link Text, also der Text, der tatsächlich auf dem Link steht. Man sieht beispielsweise hier einen Linktext „Verwaltung ans Netz". So kann man diese Webseite im Kontext zu anderen Webseiten sehen, kann eventuelle Defizite feststellen, kann aber eben auch mit vielerlei Key Word Kompetenz in allen Bereichen die Seite weiter analysieren.

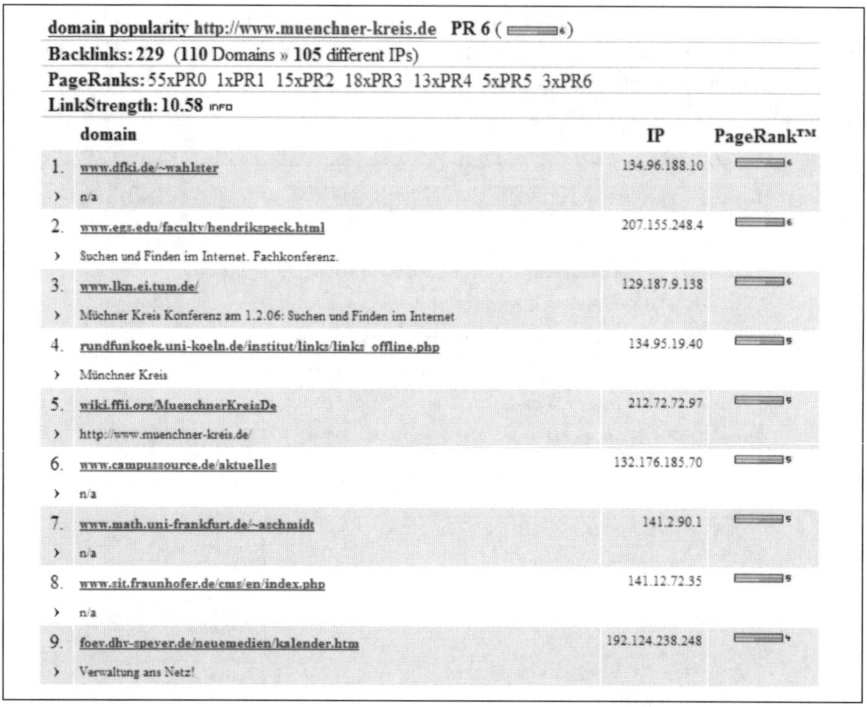

domain popularity http://www.muenchner-kreis.de PR 6 (6)
Backlinks: 229 (**110** Domains » **105** different IPs)
PageRanks: 55xPR0 1xPR1 15xPR2 18xPR3 13xPR4 5xPR5 3xPR6
LinkStrength: 10.58 INFO

	domain	IP	PageRank™
1.	www.dfki.de/~wahlster	134.96.188.10	6
›	n/a		
2.	www.egs.edu/faculty/hendrikspeck.html	207.155.248.4	6
›	Suchen und Finden im Internet. Fachkonferenz.		
3.	www.lkn.ei.tum.de/	129.187.9.138	6
›	Müchner Kreis Konferenz am 1.2.06: Suchen und Finden im Internet		
4.	rundfunkoek.uni-koeln.de/institut/links/links_offline.php	134.95.19.40	5
›	Münchner Kreis		
5.	wiki.ffii.org/MuenchnerKreisDe	212.72.72.97	5
›	http://www.muenchner-kreis.de/		
6.	www.campussource.de/aktuelles	132.176.185.70	5
›	n/a		
7.	www.math.uni-frankfurt.de/~aschmidt	141.2.90.1	5
›	n/a		
8.	www.sit.fraunhofer.de/cms/en/index.php	141.12.72.35	5
›	n/a		
9.	foev.dhv-speyer.de/neuemedien/kalender.htm	192.124.238.248	4
›	Verwaltung ans Netz!		

Bild 2

Ich habe einmal ganz konkret die vier Screen Shot, wie wir mit www.viavius.de arbeiten, dargestellt (Bild 3). Wenn man die Suchanfrage stellt: Private Krankenversicherungen, HUK 24, haben wir im Grunde genommen viele Teile enthalten, die hier auch schon erwähnt wurden. Wir haben Keywords, Brands, wie setzt sich der Nutzer mit dem Begriff „Private Krankenversicherung" auseinander? Indem er nämlich zu einem gewissen Teil die HUK nimmt, zu einem gewissen Teil die Allianz usw. Aber eben auch umgekehrt kann er analysieren und feststellen, wie sich die HUK 24 darstellt. Wird dort eher nach Hausratversicherungen oder nach privaten Krankenversicherungen geguckt? Wenn man dann diese Analysen den Kunden zur Verfügung stellt bzw. selbst mit den gewonnenen Erkenntnissen sucht, sieht man, dass zum Beispiel bei Yahoo bei dieser Suchanfrage der eigentliche Brand, die HUK 24, an erster Stelle steht. Man kann im Grunde genommen alles nehmen, von einem Schauspieler mit einem Adjektiv bis hin zu Tisch von IKEA. Das soll nur beispielhaft sein, und die Suchmaschinenbetreiber nehmen sich in dem Sinne auch kaum was, mal ist Google besser, mal Yahoo.

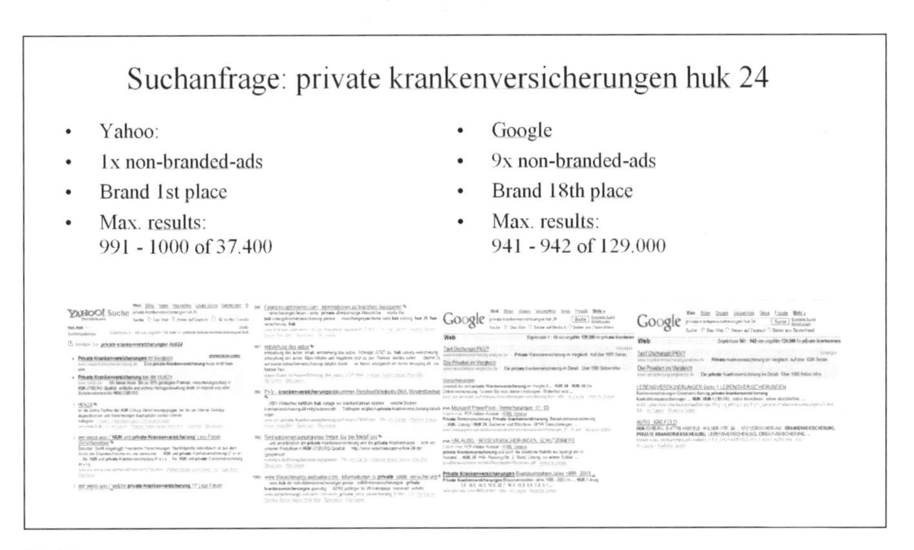

Bild 3

Man sieht, dass bei Yahoo zwei Werbungen gebucht sind für diese Key Words, d.h. dass der Werbetreibende, der selbst vielleicht von der Allianz ist oder private Krankenversicherungen anbietet, gerade nicht nur dieses eine Key Word „Krankenversicherung“ sehen muss, sondern auf einer Vielzahl von weiteren Key Words Gewicht legen muss, um die optimale Wertschöpfung im Rahmen seines Brands zu gewährleisten. Man sieht bei Google eine Vielzahl an Werbung, die zudem noch rechts eingeblendet wird, d.h. man sieht, dass es inzwischen eine ganze Reihe von Dienstleistungen gibt, die sich genau darauf spezialisiert haben: Wo kriege ich den Traffic her, der wirklich konvertiert? Es ist auch völlig klar, dass Leute, die hier im Hilton übernachten, viel affiner auf eine Werbung reagieren würden, wenn dort jetzt Steigenberger stünde als wenn man einfach an einer Litfasssäule vorbei rennt.

In diesem Bereich liegt in dem Sinne unsere Kompetenz von VIAVIUS, dass wir genau dieses sehen, entdecken und dem Kunden bereitstellen. Wenn man jetzt selbst eigene Webseiten analysieren möchte, sieht man, dass Yahoo mit 37.000 angegebenen Ergebnissen durchaus bis zur letzten Zeile das darstellt, während unter diesen hoch kommerziellen Begriffen bei Google beim Platz 942 Schluss ist, ganz einfach, weil Editoren oder andere Mechanismen Seiten in diesem Bereich ganz einfach ausschließen wollen. Wenn ich mich an den vorherigen Vortrag von Frau

Prof. Tinnefeld richtig erinnere, es wohl kaum Intention dieser gesperrten Seiten sein wird, auf Persönlichkeitsrechte klagen zu wollen, weil die im Sinne des Nutzers natürlich gewollt gesperrt sind, wobei Google auch wild, unbegründet oder intransparente Sperrungen vornimmt.

6.9 Diskussion

Moderation: Prof. Dr. Jörg Eberspächer
Technische Universität München

Prof. Eberspächer:
Sehr geehrte Damen und Herren, wie Sie an den Stichworten sehen, die über diesem Panel stehen, haben wir eine Reihe von durchaus unterschiedlichen Themen zusammengefasst. Wir wollten keine zweitägige Konferenz machen, und so bleiben einige wichtige Themen übrig, die wir unbedingt noch ansprechen und natürlich auch wieder mit Ihnen zusammen diskutieren wollen. Als Eingang zu diesem Panel gibt es einen Vortrag von Dr. Hartmut Neven. Er ist ein weltweit bekannter Forscher und erfolgreicher Unternehmer auf dem Gebiet der Computer Vision. Seine Firma heißt Neven Vision und befasst sich mit Bilderkennung, Gesichtserkennung u. ä. sowie mit Produkten in diesem Umfeld Herr Neven, ich darf Sie bitten.

Dr. Neven
(Der Vortrag ist unter Ziffer 6.1 abgedruckt)

Prof. Eberspächer:
Vielen Dank, Herr Neven. Wie Sie sehen, ist Herr Neven ein deutscher Wissenschaftler, der in die USA gegangen ist, weil sein damaliger Chef, der bekannte Professor Christoph von der Malsburg zwei Labors hatte, eins in Deutschland und eins an der Westküste der USA. In diesem US-Labor hat Dr. Neven dann gearbeitet und sich dann dort selbstständig gemacht. Das ist ein Beispiel dafür, dass High-Tech Know how erfolgreicher US-Firmen auch aus Deutschland kommt!

Zu seinem Vortrag, der auch in unserer Podiumsdiskussion noch eine Rolle spielen wird, mag es einige Fragen geben, die wir bereits jetzt stellen können. Ich beginne mal: Welche Auflösung braucht die Kamera für die von Ihnen beschriebenen Anwendungen?

Dr. Neven:
Die notwendige Auflösung wird durch die Anwendung bestimmt. Die Coca Cola Kampagne hat mit einer normalen VGA-Kamera funktioniert. Für Werber ist es sehr wichtig, dass jedes Telefon funktioniert. Es wäre sehr schlecht, wenn z.B. ein Drittel der Telefone nicht teilnehmen könnte. Es war interessant, dass wir für die Coca Cola Anwendung nahezu 100% Erkennungsrate hatten. Ein einziger Fehler kam von einem unserer Testingenieure. Die nächste Kampagne werden wir auch hier in Deutschland machen, weil Deutschland eines der ersten Länder ist, das MMS Shortcodes hat. Das schafft eine einfache Möglichkeit, visuelle Suche anbieten zu können, ohne einen Client auf dem Telefon installieren zu müssen. Man kann ein-

fach ein Bild aufnehmen und an den Shortcode 48899 senden und bekommt dann die Antwort zurück. Das ist im Moment nur in drei Ländern möglich. Deswegen ist Deutschland ein interessanter Markt für uns. Jedes Telefon kann mitspielen.

Prof. Eberspächer:
Ja, aber Sie müssen doch die Nachrichten auch verschicken, und zwar offenbar jedes Mal, wenn dieser Dienst genutzt wird? Je besser dann die Auflösung, umso breitbandiger muss doch die Verbindung sein?

Dr. Neven:
Am Anfang ist der MMS Shortcode eine schöne Art und Weise, einen Service zu starten. Wenn Sie dann das erste Mal mitgemacht haben, werden wir Ihnen einen Client anbieten. Wir werden auch mit Netzwerkbetreibern zusammenarbeiten um den Client auf dem Telefon vorzuinstallieren. Nur dann erreichen sie das Eldorado des One-Click-Shopping. Wenn ich jedes Mal eine fünfstellige MMS-Zahl eingeben muss, ist das zulässig für Werbeapplikationen, aber natürlich nicht unser ultimatives Ziel, weil das die ganze Eleganz von dem Ansatz wegnimmt. Aber es ist schön, das als eine Zwischenstufe zu haben.

Prof. Eberspächer:
Die nächste Frage.

Herr Konitzka:
Ich habe eine Frage zur Gesichtserkennung. Das Gerät geht davon aus, dass die Haut gleich bleibt. Kann ich jetzt meinen Körper, mein Gesicht so präparieren, so dass das Gerät keine Wiedererkennung leisten kann?

Dr. Neven
Die Faustregel ist hier: Wenn Sie sich so verkleiden oder schminken, dass ein guter Freund Sie nicht wieder erkennt, erkennt sie unsere Software auch nicht. Man kann sich also so verkleiden, dass es nicht klappt. In kooperativen Anwendungen, bei denen ich z.B. meine Kreditkarte benutzen möchte, wird das natürlich niemand machen. Für Kriminelle ist das etwas anderes, aber auch da wird es schwierig sein, sich beliebig häufig stark zu verändern. Man kann sich Kontaktlinsen anziehen mit einem aufgedruckten Irisbild, sich schminken und noch ein bisschen Gesichtsoperation betreiben. Aber es wird nicht einfach sein. Man kann sich aber verstecken, das ist keine Frage.

Prof. Eberspächer:
Die Frage ist doch auch, ob man auch ein Foto eines Dritten nehmen und das der Kamera vorhalten kann.

Dr. Neven:
Diese Frage kommt häufig. Das ist das Thema „Live Check“. Unsere Software hat Möglichkeiten festzustellen, ob es ein lebender Mensch vor der Kamera steht und kein Bild bzw. kein Video vorgehalten wird.

NN:
Eine Frage zu beiden Technologien. Wenn ich an die Zukunft denke, wenn ich das kombiniere. Wenn ich auf die Strasse gehe, irgendjemanden fotografiere und an den Server schicke. Gibt er mir dann in Zukunft die Antwort, die Informationen über die Person? Die Möglichkeit bestünde dann doch?

Dr. Neven:
Das ist eine interessante Frage. Ich weiß nicht, wie populär hier in Deutschland dieser Service ist, aber in den USA gibt es „MySpace“. Dies ist eine der größten Websites überhaupt, eine sogenannte Social Networking Site. Wir diskutieren mit mehreren Social Networking Sites, solch einen Service anzubieten, so dass ich, wenn ich demnächst auf eine Party gehe und jemanden sehe, den ich kennen lernen möchte, mein Kameratelefon benutzen kann, um schon mal zu gucken, was so die Anknüpfungspunkte sind. Das ist ein interessantes soziales Abenteuer. Im Moment wird es im ganz großen Stil noch nicht wirklich zufrieden stellend funktionieren. Aber, man weiß ja grob, wo man ist. Wenn ich das z.B. in Santa Monica mache, gucke ich erst einmal nur nach Leuten, die in der Nähe von Santa Monica leben. So etwas ist heute schon möglich.

Prof. Eberspächer:
Vielen Dank. Ich mache jetzt keine Umfrage, wer von Ihnen das alles nutzen möchte, weil wir das falsche Publikum sind, inklusive mir selbst. Es sind sicher Jüngere, die darauf „abfahren“. Vielen Dank, Herr Dr. Neven.

Nun wenden wir uns unserem Panel zu. Ich darf nun die Teilnehmer unseres Panels vorstellen:

Frau Prof. Marie-Theres Tinnefeld ist an der Fachhochschule München zuständig für die Ausbildung im betrieblichen Datenschutz. Sie ist mehrfache Buchautorin auf diesem Gebiet. Wir haben ja über die Rechtsfragen heute fast noch gar nicht gesprochen.

Herr Richard Charkin ist der Chef eines großen Verlags in London, Macmillan. Der Verlag, den viele vielleicht nur indirekt über seine Produkte kennen, ist ein Wissenschafts-, Technik- und auch Lehrmaterial-Verlag. Bei Macmillan erscheint die berühmte wissenschaftliche Zeitschrift „Nature“. Eingeladen haben wir ihn u. a. deswegen, weil die Frage, wie solche wissenschaftlichen Inhalte künftig in Suchmaschinen verfügbar sind, eine wichtige Frage ist

Der nächste Teilnehmer ist Herr Michael Dieckmann. Er ist Chef der Firma VIAVUS, aber auch andere Firmen hat er gegründet. Er ist Suchmaschinenexperte bzw. Suchmaschinen-Optimierer, ein Dienstleister, und wird uns sicher etwas berichten können über Search Machine Optimising und dessen Anwendungen.

Herr Hermann Friedrich ist bei Siemens Corporate Technology, der zentralen Forschung, und dort im Kompetenzzentrum Knowledge Management u.a. für ein Thema zuständig, das wir heute noch nicht diskutiert haben: Das Semantische Web – wie manche meinen, die nächste Generation des Web.

Herr Bradley Horowitz vertritt hier Yahoo! Er kommt aus Kalifornien und ist Senior Director of Media and Desktop Search. Er war vorher in mehreren Firmen im Umfeld tätig, darunter z.B. als CTO von Autonomy und anderen Firmen. Er kümmert sich jetzt bei Yahoo um die Zukunftsthemen wie Neue Medien, Video und multimediale Suchtechniken.

Herr Dr. Lewandowski lehrt an der Heinrich-Heine-Universität in Düsseldorf im Bereich Informationswissenschaften und hat u. a. ein sehr lesenswertes und gar nicht teures Buch zum Thema Suchmaschinen geschrieben. Ich habe mich auch mit Hilfe dieses Buchs vorbereitet und kann es nur empfehlen.

Herr Dr. Sander-Beuermann kommt von der Universität Hannover. Er ist dort im Rechenzentrum tätig im Suchmaschinenlabor, aber auch sehr aktiv in dem so genannten Suchmaschincnverein SuMa-eV. Er wird noch erzählen, was SuMa ist und macht.Wir geben jetzt jedem die Möglichkeit, ein Statement abzugeben.

Wir starten mit den Fragen, die Frau Tinnefeld aufwirft.

Prof. Tinnefeld
(Der Vortrag ist unter Ziffer 6.7 abgedruckt)

Prof. Eberspächer:
Ich danke Ihnen. Bitte merken Sie sich Ihre Fragen. Ich darf jetzt Herrn Charkin bitten, seine Ausführungen zu machen.

Richard Charkin:
(Der Vortrag ist unter Ziffer 6.2 abgedruckt)

Prof. Eberspächer:
Es gibt dazu sicher noch einige Bemerkungen aus dem Panel, aber jetzt gehen wir weiter. Herr Dieckmann!

Herr Dieckmann
(Der Vortrag ist unter Ziffer 6.8 abgedruckt)

Prof. Eberspächer:
Danke schön. Wir gehen nahtlos über zu der Anwendung von Suchtechniken innerhalb von Unternehmen, Stichwort: Wissensmanagement. Herr Friedrich wird uns dazu einige Informationen geben.

Herr Friedrich
(Der Vortrag ist unter Ziffer 6.3 abgedruckt.)

Prof. Eberspächer:
Vielen Dank, Herr Friedrich. Nun zu Yahoo. Bradley, bitte!

Bradley Horowitz
(Der Vortrag ist unter Ziffer 6.4 abgedruckt.)

Prof. Eberspächer:
Danke. Wir machen weiter mit Herrn Dr. Lewandowski. Bitte schön.

Herr Lewandowski:
(Der Vortrag ist unter Ziffer 6.5 abgedruckt.)

Prof. Eberspächer:
Danke schön. Qualität ist wirklich ein so wichtiges Thema, dass wir natürlich einen halben Tag lang diskutieren müssten! Nun zu Herrn Sander-Beuermann!.

Dr. Sander-Beuermann
(Der Vortrag ist unter Ziffer 6.6 abgedruckt.)

Prof. Eberspächer:
Danke schön. Wir wollen nun in die Diskussion eintreten. Vorher hat Herr Charkin das schöne Wort „Kleptomaniacs" verwendet. Da will ich doch meinem Nachbarn die Gelegenheit geben, dazu Stellung zu nehmen. Bradley, would you like to comment on this publishing issue?

Herr Horowitz:
I think if you think about search engines and the kind of risks that we run in the world right now, at least in the States, some of our competitors are threatening many different lines of businesses, e.g. Telecom is very nervous about the power and influence that search engines have. Rather internet companies, when you think about messaging and getting into telephony and things like that. Retail is very concerned. Again if the ability of buy and find things is in the hand of a monopolist or very few companies that makes other industries nervous. Another one would be media. Now, that we and Google and Microsoft are all getting into delivering distribution of media. That is making these industries which are multi billion dollar industries extremely nervous.

So, our approach at Yahoo, if you think about the leadership at Yahoo, the CEO of Yahoo is Terry Semel and he spent more than 20 years building content. He was a content creator. He worked with Warner Brothers Studio and is very sensitive to and familiar with the content world and how Yahoo needs to work in partnership with content creators to preserve value for those content creators, not becoming kleptomaniacs that grab all the value and accrue it to Yahoo, but rather participate in an ecosystem where we help all three parties which for Yahoo is the user first and foremost. Everything we do is user-centric.

The second is the publisher, the people who have actually created the content and then finally the advertisers, the people that are willing to subsidize that experience. And if we do our jobs right then there is harmony in that ecosystem and it is a beneficial thing. An example would be a commercial query like digital cameras. If we get a query like digital camera we have the tens of millions of organic search results and we do not temper with the ranking although we do have tools like mindset which allow you to play with how commercial you want your result to be. In the general web experience which is algorithmically based people cannot pay to move up or down in the search results. So, you have degree of trust and confidence in the organic search results that we have there.

Then we have the sponsored search results which are clearly labelled and distinguished from the organic search results. If we do our job when somebody queries for digital camera that sponsored section is not an imposition. It is not like a television commercial which is an imposition, and the PVRs show that people will skip though. This is the first feature that they love about these PVRs. The actual sponsored listings are valuable. When we can connect a user to people that provide a service like the sale of a digital camera that is a benefit to all parties. So, if we do our job right and I think Yahoo is very sensitive to making sure that we don't try to grab too much value and take away the rights to the publishers or compromise the users in ways. We talked a lot about privacy. I think we as a company are perhaps the most conservative and the most careful in the industry to make sure that we play nice and participate fairly in this ecosystem. So, I think if we were to steal all the value and actually become kleptomaniacs and preserve it for Yahoo we would be guilty of that. But I think if we do a good job of returning value to the publisher, the user and the advertiser that's an unfair characterisation.

Prof. Eberspächer:
Thank you.

Ich würde nun vorschlagen, dass wir die Fragen aus dem Publikum sammeln. Bitte schön.

Dr. Freytag, Anwaltskanzlei Taylor Wessing:

Meine Frage bezieht sich auf die Zukunft des Verhältnisses zwischen Verlegern und Medienunternehmen einerseits und Suchmaschinen andererseits. Wir haben spätestens heute gesehen, dass Suchmaschinen immer mehr Content anbieten oder spezialisierte Suchen, die geeignet sind, auch in Konkurrenz zu traditionellen Produkten der Verlage und Medienunternehmen zu treten, die eingestiegen sind in Online-Publishing. Meine Frage geht insbesondere an Richard Charkin und Bradley Horowitz als Vertreter eines großen Verlagshauses, der Verlegervereinigung und einer Suchmaschine. Wie wird aus Ihrer Sicht mittel- bis langfristig das Verhältnis zwischen Verlagen einerseits und Suchmaschinen andererseits aussehen? Läuft es auf einen brutalen Wettbewerb hinaus zwischen unabhängigen Produkten einschließlich juristischer Schlachten auf dem Gebiet des Urheberrechts, einschließlich eines Wettbewerbs auch um das Ohr des Gesetzgebers, wenn es um neue Regelungen des Urheberrechts geht, Einführung von Schrankenbestimmungen oder zugunsten von Online-Archiven oder Suchmaschinen oder aber Einengung oder Abschaffung bestehender Schrankenbestimmungen? Oder wird es in Richtung auf eine Partnerschaft hinauslaufen mit einem System von Lizenzvereinbarungen, Vermarktungskooperationen, und wenn Letzteres möglich ist, eine Partnerschaft? Was sind aus Ihrer Sicht die Schlüsselelemente, die in so einer Partnerschaft vorhanden sein müssen, um es zu einer fairen Partnerschaft zu machen?

Prof. Eberspächer:
Dankeschön. Maybe these are questions to Richard Charkin.

Richard Charkin:
So many questions! If I could take the last one, what is the key element? I think it has to be recognition of the rights of the copyright owner or agent. In the recent debate with Google one argument that was put up by Google was, if you don't want your content to appear you are perfectly free to opt out, simply write us a letter and we will not put that content on the web. That is a complete contradiction of copyright law which says you have to ask permission to put something in. You have to ask permission. So it's an opt in rather than an opt out. And that mindset characterizes the issue. I think publishers will be working with search engines. It is potentially a hugely fruitful partnership. Yahoo quite rightly is taking a very positive view of copyright and is a partner we can work with. What we ought to avoid at nearly all cost is paying a lawyers' fees and I hate the idea of suing partners and potential clients. It is absurd but we have got to get through this process. I am absolutely certain we will. Just one thing I'd add to that; publishers sometimes get grandiose and think they are very important. Actually we really aren't. The authors we represent are important and we try to do the best we can. Sometimes we come up with mission statements. The Macmillan one changes every week because we don't really have one. But this week's mission statement is 'To do our best'. Contrast that with 'enable people to find, share and expand all human knowledge' or 'to organise the world's information and make it universally accessible and useful'. One of the problems we face is that mission statements do establish people's perceptions of companies and if the mission statement is universal and about control it worries little publishers like us.

Herr Horowitz:
We are part of a program which in spirit hopes to accomplish many of the same things as what is known as Google print. That is called the 'Open Content Alliance', the OCA. It has a couple of interesting distinctions that are most important to you. The first is that it is opt in. So, until a publisher tells us that they want to be part of the program we make no assumptions. The second is that it is a consortium of companies. It is not that Yahoo has the boldness to say: give us your content, we will manage it, we are the site that gets it to the public. We are working in partnership even with direct competitors. Microsoft is also part of this alliance. But importantly there is a bunch of non-profit institutions that are well respected, folks like the Internet Archive which is doing great work in terms of the preservation of digital content on the internet. That is our approach to working in partnership even with competitors where necessary and give the outmost respect to copyright owners and allow them to opt into these programs when they feel it makes sense for them.

One other thing I would just say is that Creative Commons is another aspect of how we are democratising this process so that this whole new category of user generated content can also have associated rights with it. We are working closely with that organisation and power the search on Creative Commons today as well as having integration in partners like 'flickr' which allow someone who has a photo that is posted to decide whether that photo can be repurposed in the internet and if so, what are the terms of use around that. Even down to, I wouldn't call it a publisher, but as consumers become producers of content we want to empower them not only with the platforms and tools to distribute that content but also to make informed decisions about how and when that distribution happens.

Prof. Eberspächer:
Danke schön. Die nächste Frage bitte.

Herr Tobias Layer, Siemens AG:
Ich habe zwei Fragen an Herrn Horowitz, Yahoo.

Es ist viel die Rede gewesen von mangelnder Transparenz über die Suchmaschinen-algorithmen, gerade was das Thema Relevanz anbelangt. Es war auch der Verdacht geäußert worden, dass zwischen kommerziellen, so genannten sponsored links, und dem regulären Suchergebnis ein gewisser Zusammenhang bestehen könnte.

Erste Frage: Wäre es eine Möglichkeit für Yahoo, sich gegenüber Google dadurch zu differenzieren, dass Sie Ihren Algorithmus offen legen?

Die zweite Frage: Gibt es bei Yahoo diese Verbindung zwischen sponsored links und Relevanzbewertung in normalen Suchergebnissen?

Herr Horowitz:
That's a great question regarding the algorithm. Obviously that is proprietary. One of the reasons why it stays proprietary is the minute you explain the actual rules of

ranking the spammers begin to game the systems and it is an arms race basically. We have entire spam techniques that identify spam and „link networks" and try to filter those out of the results. But it is very much a closely guarded secret in order that we can provide excellent results to our users and to completely disclose that would basically give the spammers an unfair advantage to try to game the system and we'd have to accelerate that arms race. That is one of the reasons why it is proprietary.

The other question around sponsored search; I think the key and this goes for a lot of the issues around privacy is to be absolutely explicit to users what is what. So, when you blend sponsored results into the search results or allow people to promote sites unfairly through monetary means I think that compromises the integrity of the search experience. We do this and Google does this as well. There is a portion which is based on monetary bidding. Those sponsored results, the relevance is contrived and it has an agenda, both in terms of what we present to you and what the advertisers want to get there. But that is very explicit. That is even a different section of the results. And we try to make that explicit so that users understand that this is a category of search result that has an agenda behind it And then the organic results we try to keep absolutely pure and untainted by those kinds of motives.

The final thing I'll say is that here have been some independent studies. The issue of search engine quality is vast and deep and we have many scientists at Yahoo that are constantly studying what it means to do excellent ranking. But one interesting consumer facing study: a company in the US took the Yahoo search results and took the Google search results and this was relatively recently about eight or nine months ago and it was published in the Wall Street Journal. They showed them to people in a blind taste test. When you removed the branding and you removed the display aspects and you just asked people to rate these pages of results, are they right, are they wrong, are they relevant, are they not. People found that there was literally no difference in the Yahoo search result and the Google search results in the case of this study. That is an interesting finding. We celebrated that at Yahoo in the time of 16 months we had caught up in terms of base level, technology, infrastructure and platform to do that good a job with the leader in the space. It present interesting problems and I think this is mentioned earlier in the panel that choice of search engine may have to do a lot more with habit, may have a lot more to with brand cache and kind of non-technical reasons than it does necessarily the ranking itself within the results. Part of our strategy is to change that. We would like to make it so that our results are differentiated on a per case basis so that you do build up a relationship with the search engine and it gets better and better and more personalised the more you use it. That reflects the state of the problems today. But we are working to provide differentiation in the search experience itself and that is what our social search strategy is about.

Prof. Eberspächer:
Danke schön. Jetzt möchte ich selbst noch eine Frage an Sie stellen. Es war den ganzen Tag über die Rede von eigenen Anstrengungen der Europäer und die euro-

päische Initiative Quaero ist auch bereits erwähnt worden. Vielleicht machen wir eine Abstimmung hier im Saal? Wer von Ihnen ist der Meinung – und hier sitzt jemand vom BMBF (Herr Dr. Dietrich), der vielleicht ganz dankbar ist für dieses Meinungsbild der Experten des Münchner Kreises – wer ist der Meinung, dass wir hier wirklich etwas tun müssen in Europa und dafür natürlich auch Geld in die Hand nehmen? Herr Dr. Dietrich, drehen Sie sich bitte um und schauen Sie das Ergebnis an! Klare Mehrheit für „JA"! Ich stelle jetzt aber nicht die nächste Frage: „Und wer glaubt, dass wir dann erfolgreich sein werden"?

Eines muss man immer wieder sagen. Niemand ist in dieser schnellen Welt der Informationssysteme uneinholbar. Ich glaube auch, Ihre Aussagen zeigen, dass man sich permanent anstrengen muss. Gibt es weitere Fragen?

NN:
Ich wollte nur aufgreifen, was Herr Sander-Beuermann gesagt hat zum Thema deutsche Eigenentwicklung, wofür wir jetzt sicherlich auch die Unterstützung vom BMBF haben werden. Wir haben vorhin ein Slide gesehen, wie das vor zehn Jahren aussah. Da gab es eine kleine Firma, die hieß Fireball. Und Fireball war eine der großen Suchmaschinen vor geraumer Zeit, die aus Berlin kam, und die eine Ausgründung aus der Technischen Universität war. Ich denke, nicht nur das BMBF ist hier, sondern auch viele andere Wissenschaftler, hochkarätige Leute aus Rechenzentren, die eigentlich auch selbst das Interesse haben sollten, daran zu arbeiten und vielleicht wenn man mal wieder einen gute Idee hat, das nicht gleich an Gruner + Jahr zu verkaufen wie damals.

Dr. Dietrich, BMBF:
Das BMBF ist jetzt zweimal erwähnt worden in diesem Kontext, weil wir die Grundlagen und Algorithmen und dergleichen fördern. Herr Sander-Beuermann weiß natürlich am besten, dass die Bundesregierung bei diesen Projekten durchaus aktiv ist. Aber innerhalb der Bundesregierung hat es eine Abstimmung gegeben, welche Projekte in wessen Zuständigkeit fallen und das Suchmaschinen-Thema Quaero wird vom BMWi bearbeitet und zwar im Zusammenhang mit einer deutsch-französischen Initiative und unter Beteiligung eines Bertelsmann-Tochterunternehmens. Sie haben es vielleicht auch in den Zeitungen lesen können. Das wird im Augenblick sehr ernsthaft verfolgt und wenn Sie sachliche Inhalte dazu beitragen oder sich beteiligen wollen – die Firma Siemens ist da auch im Gespräch – dann können Sie das tun. Der Bearbeiter auf Arbeitsebene ist mein Kollege Dr. Goerdeler beim BMWi. Das ist einfach eine Frage der Zuständigkeit. In jeder Firma würde man auch regeln, wer sich dieser Thematik annimmt. Den Zusammenhang des Projektes Quaero mit BMBF sollten Sie vergessen; es ist einfach Quaero im Zusammenhang mit BMWi. Vielen Dank.

Prof. Eberspächer:
Vielen Dank für diese Klärung. Mit diesem positiven Ausblick, dass wir positive Anstrengungen machen, national und europäisch Boden zu gewinnen, um unser wissenschaftliches Know How, das vorhanden ist, umsetzen zu können, möchte ich dieses Panel schließen. Ich bedanke mich bei den Teilnehmern hier auf dem Panel. Ich danke Ihnen, dem Publikum, für die Diskussionsbeiträge und übergebe zum Schlusswort an Herrn Picot. Danke schön.

7 Schlusswort

Prof. Dr. Arnold Picot
Universität München

Ich möchte zusammenfassend feststellen, dass wir eine sehr interessante, anregungs- und facettenreiche Tagung zu einem Thema hatten, das uns bestimmt noch lange begleiten wird und das sich, wie wir heute gehört haben, auch sehr rasch weiter verändert.

Ich möchte vor allen Dingen den Mitgliedern des vorbereitenden Programm- und Forschungsausschusses wie auch des Vorstands des Münchner Kreises für die gute Planung und Realisierung dieser Konferenz danken, insbesondere Herrn Holtel und Herrn Eberspächer, die das gemeinsam mit einem Team gemacht haben. Besonderer Dank gebührt natürlich den Rednerinnen und Rednern des heutigen Tages, ohne deren Expertise wir sicherlich nicht so viel mitnehmen könnten von dieser Veranstaltung. Ihnen und allen Diskutanten und Teilnehmern ganz herzlichen Dank.

Anhang

Liste der Referenten und Moderatoren / List of Speakers and Chairmen

Ingvar Aaberg

Director Strategic Projects
Fast Search & Transfer ASA
P.O. Box 1677, Vika
0120 Oslo
NORWAY
ingvar.aaberg@fast.no

Richard Charkin

CEO
Macmillan Ltd.
The Macmillan Building, 4 Crinan Street
London N1 9XW
GREAT BRITAIN
richard@macmillan.co.uk

Michael Dieckmann

CEO
VIAVIUS
Gartenstr. 10
80809 München
dieckmann@viavius.de

Prof. Dr.-Ing. Jörg Eberspächer

Technische Universität München
Lehrstuhl für Kommunikationsnetze
Arcisstr. 21
80290 München
joerg.eberspaecher@tum.de

Hermann Friedrich

Siemens AG
CT IC 1
Otto-Hahn-Ring 6
81739 München
hermann.friedrich@siemens.com

Oliver Gerstheimer

Geschäftsführer
chilli mind GmbH
Ludwig-Erhard-Str. 4
34131 Kassel
oliver.gerstheimer@chilli-mind.com

Volker Gläser

Yahoo! Deutschland GmbH
Direktor Y! Suche
Holzstr. 30
80469 München
vglaeser@de.yahoo-inc.com

Volker Heise

Vorstandsvorsitzender
Infopeople AG
Am Weichselgarten 7
91058 Erlangen
volker.heise@infopeople.de

Udo Hertz

Manager Information
Management Development
IBM Deutschland Entwicklung GmbH
Schönaicher Str. 220
71032 Böblingen
Udo_Hertz@de.ibm.com

Prof. Dr. Thomas Hess

Universität München
Institut für Wirtschaftsinformatik
und Neue Medien
Ludwigstr. 28
80539 München
thess@bwl.uni-muenchen.de

Stefan Holtel

Vodafone Pilotentwicklung GmbH
Chiemgaustr. 116
81549 München
stefan.holtel@vodafone.com

Bradley Horowitz

Yahoo! Inc.
701 First Avenue
Sunnyvale, CA 94089
USA
bradleyh@yahoo-inc.com

Dr. Dirk Lewandowski

Heinrich-Heine-Universität
Abt. Informationswissenschaft
Universitätsstr. 1
40225 Düsseldorf
dirk.lewandowski@uni-duesseldorf.de

Klaus Marwitz

Institut für Kommunikation und Zeitdesign
Zum Kalkofen 60
53844 Bergheim bei Bonn
klaus@marwitz.de

Dr. Nelson M. Mattos

Vice President Information Integration
IBM Silicon Valley Lab
555 Bailey Avenue
San José, CA 95141
USA
mattos@us.ibm.com

Dr. Hartmut Neven

CEO
Neven Vision
Mobile Machine Vision
2400 Broadway, Suite 240
Santa Monica, CA 90404
USA
neven@nevenvision.com

Hellen K. Omwando

Forrester Research B.V.
Rijnsburgstraat 9-11
1059 AT Amsterdam
NIEDERLANDE
homwando@forrester.com

Prof. Dr. Dres. h.c. Arnold Picot

Universität München
Institut für Information, Organisation und Management
Ludwigstr. 28
80539 München
picot@lmu.de

Dr. Wolfgang Sander-Beuermann

Universität Hannover
Leiter Suchmaschinenlabor RRZN
Schloßwenderstr. 5
30159 Hannover
wsb@rrzn.uni-hannover.de

Dipl.-Wi.-Ing. Nadine Schmidt-Mänz

Universität Karlsruhe (TH)
Institut für Entscheidungstheorie und Unternehmensforschung
Kaiserstr. 12
76128 Karlsruhe
nadine.maenz@wiwi.uni-karlsruhe.de

Prof. Dr. Hendrik Speck

Fachhochschule Kaiserslautern
Informatik und Mikrosystemtechnik
Amerikastr. 1
66482 Zweibrücken
speck@informatik.fh-kl.de

Prof. Dr. Marie-Theres Tinnefeld

Stolzingstr. 41
81927 München
tinnefel@rz.fh-muenchen.de

Stefanie Waehlert

Leiterin des Bereichs Context
T-Online International AG
T-Online-Allee 1
64295 Darmstadt
s.waehlert@t-online.net

Programmausschuss / Program Committee

Prof. Bernd Brügge, Ph.D.
Technische Universität München
Institut für Informatik
Boltzmannstr. 3
85748 Garching
bruegge@in.tum.de

Prof. Dr.-Ing. Jörg Eberspächer
Technische Universität München
Lehrstuhl für Kommunikationsnetze
Arcisstr. 21
80290 München
joerg.eberspaecher@tum.de

Hermann Friedrich
Siemens AG
CT IC 1
Otto-Hahn-Ring 6
81739 München
hermann.friedrich@siemens.com

Udo Hertz
Manager Information
Management Development
IBM Deutschland Entwicklung GmbH
Schönaicher Str. 220
71032 Böblingen
Udo_Hertz@de.ibm.com

Stefan Holtel
Vodafone Pilotentwicklung GmbH
Chiemgaustr. 116
81549 München
stefan.holtel@vodafone.com

Stephan Lauer
Geschäftsführer
TNS Infratest GmbH
Landsberger Str. 338
80687 München
stephan.lauer@tns-infratest.com

Michael Maretzke
Vodafone Pilotentwicklung GmbH
Chiemgaustr. 116
81549 München
michael.maretzke@vodafone.com

Klaus Marwitz
Institut für Kommunikation und Zeitdesign
Zum Kalkofen 60
53844 Bergheim bei Bonn
klaus@marwitz.de

Jürgen Mayer
Head of Business
Yahoo! Deutschland GmbH
Holzstr. 30
80469 München
jmayer@de.yahoo-inc.com

Dr. Wolf v. Reden
Fraunhofer Institut für Nachrichtentechnik HHI
Einsteinufer 37
10587 Berlin
reden@hhi.fhg.de

Dr. Albert Schappert
Flurstr. 32
85244 Röhrmoos
albert.schappert@gmx.net

Druck: Krips bv, Meppel
Verarbeitung: Stürtz, Würzburg